Geist und Psyche

Freud, Adler, Jung

Einführung in die
Tiefenpsychologie für Theologen,
Mediziner und Pädagogen

Tagungsbericht der Stuttgarter Gemeinschaft
»Arzt und Seelsorger«

herausgegeben von
Prof. Dr. med. Dr. phil. Wilhelm Bitter

Kindler
Taschenbücher

Die Vorträge wurden auf der Tagung der Gemeinschaft
»Arzt und Seelsorger« im Juli 1951 in Stuttgart gehalten

Kindler Verlag GmbH, München
Ungekürzte Ausgabe
Lizenzausgabe mit Genehmigung des Herausgebers
Redaktion: W. Keienburg
Korrekturen: E. Seitz
Satz und Druck: Appl, Wemding
Bindearbeiten: Oldenbourg, München
Printed in Germany
ISBN 3 463 18091 X

Inhalt

Vorwort

Die mit diesem Buch vorgelegte Veröffentlichung unserer Stuttgarter Gemeinschaft »Arzt und Seelsorger« bezeichnet den Abschluß einer sehr erfolgreichen Jahresarbeit. Am Anfang stand unsere Mitarbeit auf der Pfarrertagung der Evangelischen Akademie, Bad Boll, vom 8. bis 12. Januar 1951. An ihr nahmen über 100 Pfarrer der Evangelischen Landeskirche teil. Es wurde dort der Versuch gemacht, eine Einführung in die brennenden Grundfragen der Beziehung von moderner Medizin, Psychotherapie und Seelsorge zu vermitteln. Das allgemeine Interesse daran war so lebhaft, daß wir uns alsbald entschlossen, noch im Sommer desselben Jahres eine eigene Tagung in interkonfessionellem und interfakultativem Rahmen abzuhalten mit der Aufgabe einer systematischen Einführung in die Hauptrichtungen der Tiefenpsychologie und neueren Psychotherapie. Auf dieser Tagung vereinigten sich über 150 Geistliche beider Konfessionen sowie andere Berufsvertreter (Ärzte, Lehrer usw.) aus dem ganzen Bundesgebiet zu fruchtbarer gemeinsamer Arbeit und zu Gedanken- und Erfahrungsaustausch. Der Erfolg dieser Arbeitstagung fand in folgender Resolution seinen Ausdruck:

»Die Arbeitsgemeinschaft ›Arzt und Seelsorger‹ veranstaltete vom 2. bis 6. Juli in Stuttgart-Degerloch eine Woche zur Einführung in die Tiefenpsychologie. Die Versammlung stand nach einer Reihe von Referaten erfahrener Forscher und Praktiker unter dem starken Eindruck der bedeutsamen und umwälzenden Erkenntnisse der neueren Seelenforschung, die noch lange nicht in dem Maß für das menschliche Einzel- und Gemeinschaftsleben nutzbar gemacht werden, wie das möglich und nötig wäre. Sie richtet daher die Bitte vor allem an die Leitung von Kirche und Schule, dafür besorgt zu sein, daß geeigneten Seelsorgern und Erziehern eine gründliche Sonderausbildung in der modernen Tiefenpsychologie ermög-

licht und der Gesamtheit der Pfarrer und Lehrer zum mindesten ein lebendiger und umfassender Eindruck von dem vermittelt werde, was die Tiefenpsychologie und die Psychotherapie an schützenden und helfenden Kräften und Möglichkeiten zu bieten vermag.«

Wir sind uns darüber im klaren, daß mit unserer Arbeit nur
ein erster Anfang gemacht wurde; weitere Tagungen und
Kurse müssen und werden folgen. Es gilt heute, weite Kreise
der Ärzteschaft, der Theologen, aber auch der Erzieher einzuführen in all die neuen Einsichten und Erkenntnisse über
das Wesen des Menschen und in die daraus abgeleiteten Fol-
gerungen für Menschenführung, -erziehung und -hilfe. Hier
fehlt es auch noch immer an brauchbarer Literatur, vor allem
an einführender für den gebildeten Laien. Diese Lücke hofft
vorliegende Sammlung der Referate unserer Juli-Tagung
schließen zu helfen. Doch man soll sich nicht täuschen: Die
Lektüre dieses Buches kann ein gründliches Studium der einzelnen Sachgebiete nicht ersetzen. Eine solche Sammlung von
Vorträgen – selbst wo diese im systematischen Zusammenhang einer geschlossenen Tagung gehalten wurden – kann gewisse Überschneidungen nicht ganz vermeiden; stilistisch haben wir absichtlich den Charakter der ursprünglich gesproche-
nen Rede erhalten wollen. So möge der Leser gelegentliche
Unebenheiten verzeihen.

Einleitung

Schon immer gab es im ärztlichen Bereich Probleme, die auch den Seelsorger angingen, die eine enge Fühlungnahme zwischen den beiden »Fakultäten« als dringlich erscheinen ließen. Soll etwa einem unheilbar Kranken – z. B. einem Krebskranken – die Hoffnungslosigkeit seiner Lage eröffnet werden? Auch dann, wenn er offensichtlich die Wahrheit nicht erfahren will, wie das so häufig zu beobachten ist? Soll einem Todgeweihten, etwa in einer euphorischen Phase, mitgeteilt werden, daß seine Stunden gezählt sind, damit er sich auf sein Ableben vorbereiten kann? Viele derartige ärztliche Anliegen sind auch solche der Seelsorger. Sie fordern heraus zu einem Gespräch zwischen Arzt und Seelsorger, oder besser: zu Gemeinschaft und Zusammenarbeit.

Doch heute erhebt sich diese Forderung gebieterischer, dringlicher, und sie ist dabei auf Wesentlicheres gerichtet: die Psychotherapie greift tief hinein in die seelisch-geistigen Bereiche des Menschen, und berührt unmittelbar und wesentlich das Gebiet des Religiösen. Andererseits wurde eben diese moderne Seelenheilkunde zum dringenden Anliegen der Zeit angesichts der erschreckend überhandnehmenden Charakterneurosen und neurosebedingten Krankheitserscheinungen. Die medizinische Wissenschaft ist nach beispiellosen Fortschritten auf dem organischen Gebiet, die im letzten halben Jahrhundert gemacht wurden, in eine geradezu umstürzende Bewegung gekommen. Der Begriff der Körper-Seele-Geist-Einheit beginnt sich in der praktischen Arbeit des Arztes durchzusetzen. Zusammenhänge zwischen krankhaften Störungen und innerseelischen Vorgängen sind aufgedeckt und Einsichten zutage gefördert worden, die eine völlige Neuorientierung des medizinischen Denkens eingeleitet haben.

All diese hier nur eben anzudeutenden Dinge sind nicht minder bedeutsam für den Theologen und Seelsorger, der an diesen Erkenntnissen nicht mehr vorübergehen kann, der sich vielmehr genötigt sieht, die Seelsorge von den neu gesehenen praktischen Voraussetzungen her völlig neu durchzudenken. So ist es heute an der Zeit, das Nebeneinander von Arzt und Seelsorger radikaler abzubauen und eine viel engere Gemeinschaft und wesentlichere Zusammenarbeit zu verwirklichen.

Es ist nicht mehr von der Hand zu weisen, daß die neuen Erkenntnisse von der »Tiefenperson« richtungweisend geworden sind für eine Revision unserer gesamten Auffassung vom Menschen, daß sie den Anstoß gegeben haben zu einer neuen Anthropologie, die freilich noch durchaus im Entstehen begriffen ist. Die Tiefenpsychologie ist nicht, wie oft fälschlich angenommen wird, im wesentlichen eine auf den Neurotiker zugeschnittene Seelenkunde. Ihre Anwendung als Charakteranalyse erstreckt sich auf den *gesunden* Menschen. In Form der sog. Lehranalyse wird sie sogar *verlangt* von Ärzten und Psychologen, deren Ausbildung zum Psychotherapeuten nach allgemeiner Erfahrung ohne eine solche *eigene* Analyse nicht ausreicht. In zunehmendem Umfang findet sie ferner Anwendung auf Menschen, die die neue Wissenschaft von der Seele zur Vertiefung und Reifung ihrer Persönlichkeit auswerten und fruchtbar machen. C. G. Jung ganz besonders weist darauf hin, daß für Menschen der zweiten Lebenshälfte solche Analysen häufig den bisher gänzlich verschütteten Zugang zum religiösen Leben freilegten. Das bedeutet eine Herausforderung für den Seelsorger – nochmals –, sich mit dem neuen Fach zu befassen und auseinanderzusetzen. Damit soll nicht etwa einer Grenzverwischung der beiden Bereiche – der Psychotherapie und der pastoralen Seelsorge – das Wort geredet werden. Der Auftrag des Theologen ist ein grundsätzlich anderer als der des Psychotherapeuten und Psychologen. Die Theologie geht aus von Offenbarung, die Psychotherapie dagegen von klinischer Beobachtung und religiöser Erfahrung. Ebensowenig soll einem Psychologismus der religiösen Phänomene Vorschub geleistet werden, wie auch keineswegs einem psychotherapeutischen Dilettantismus des Seelsorgers. Psychotherapie arbeitet mit den *wissenschaftlichen Methoden* der Beobachtung, Sammlung, Ordnung und stellt Hypothesen auf, die ständig durch klinische Erfahrungen auf die Brauchbarkeit hin zu untersuchen sind. Der christliche Theologe aber schöpft aus dem Glauben, der im Worte Gottes verankert ist. Die angedeutete neue Anthropologie hat – einmal für den Arzt und zum andern für den Theologen – grundsätzlich von verschiedenen Positionen auszugehen. Beide müssen jedoch ständig im Auge halten, daß es nur *einen* Menschen gibt, daß letztlich die Lehre vom Wesen und Sinn menschlicher Existenz die Ganzheit des Körper-Seele-Geist-Wesens umfassen muß.

In den letzten Jahren sind auf zahlreichen Kongressen und Zusammenkünften von Ärzten und Seelsorgern Versuche gemacht worden, von den beiden Positionen her sich die Hand zu reichen und die neuen Erkenntnisse für den Leidenden sowohl wie für den Gesunden fruchtbar zu machen. Vorträge von Theologen, Ärzten, Philosophen, Pädagogen sind unter den verschiedensten Aspekten zur Diskussion gestellt worden. Soweit wir sehen, ist aber bis jetzt auf keiner Tagung der Versuch gemacht worden, eine *systematische Einführung* in die Tiefenpsychologie besonders für *Theologen* und *Pädagogen* zu bieten. Unsere Sommertagung 1951 in Stuttgart sollte diesem Ziel dienen. Sie sollte eine grundlegende Einführung in das Werk von Freud und seinen Schülern, von Adler und den ihm nahestehenden Forschern und zuletzt von C. G. Jung in verständlicher Form darbieten. Darüber hinaus sollte die Beziehung zwischen Tiefenpsychologie und Religion von theologischer und philosophischer Seite untersucht und zur Aussprache gestellt werden. Daß etwa 150 Tagungsteilnehmer, meist Theologen der *beiden* Konfessionen, über volle fünf Tage mit lebhafter Anteilnahme den Vorträgen und Aussprachen folgten, darf als Beweis dafür genommen werden, daß unser Versuch geglückt ist. Dafür spricht auch der von der Versammlung ausgesprochene dringliche Wunsch, die gesammelten Referate möchten in Buchform veröffentlicht werden. Unsere Gemeinschaft »Arzt und Seelsorger« legt nun dieses Buch vor, das als eine Art Fibel der Tiefenpsychologie, also als erste Einführung und Anregung dienen könnte.

Wir hoffen, auf weiteren Tagungen, Fragen und vordringliche Probleme der psychotherapeutischen und seelsorgerlichen Praxis zum Gegenstand von Vorträgen und Aussprachen machen zu können. *Wilhelm Bitter*

Der Theologe, der die Begegnung mit der modernen Tiefenpsychologie, der Psychotherapie und deren Vertretern sucht,
ist, wie die Erfahrung lehrt, vorzüglich von zwei Gefahren
bedroht: der der Überheblichkeit und der der falschen Bescheidenheit. Diese beiden Komplexe (vielleicht ist es im
Grunde ein und derselbe) müssen ganz bewußt abgebaut
werden, wenn die Begegnung für beide Teile fruchtbar werden soll.

Der Theologe ist nur zu sehr geneigt, zu denken: was können wir schon für unser ureigenes Gebiet der Seelsorge von
diesen Laien lernen? Sie mögen zwar mancherlei wissen von
den Funktionen der Psyche, deren Zusammenhang mit körperlichen Vorgängen und dergleichen; das eigentlich Entscheidende jedoch kommt aus einer anderen Welt als der der
auf Empirie und Hypothese gegründeten Psychologie. Zuflucht ist bei dem lebendigen Gott und seiner erbarmenden
Liebe. Gott aber entzieht sich der letztlich doch mit naturwissenschaftlichen Methoden arbeitenden psychologischen Forschung und tut sich nur dem Glaubenden kund.

Diese kurzschlüssige Selbstsicherheit schlägt nur allzu leicht
um in die Verzagtheit: haben wir überhaupt noch etwas zu
melden? Der Mensch von heute geht mit seinen inneren
Nöten zum Arzt und zum Psychotherapeuten; er hat den
Eindruck, der wisse unendlich viel mehr von den Bedräng-
nissen und Irrwegen der Menschenseele als der sogenannte
Seelsorger, bei dem er immer befürchtet, verurteilt zu werden; der Psychotherapeut aber, der wolle nur verstehen und
zurechthelfen.

Wir haben in jahrelanger Zusammenarbeit mit Psychologen
und Ärzten die Erfahrung gemacht, daß weder zu jener
Überheblichkeit noch zu dieser falschen Bescheidenheit Anlaß
besteht. Wir sind dankbar für vieles, was wir von der Tiefenpsychologie lernen konnten, und sind überzeugt, daß für
unsere Amtsbrüder beider Konfessionen und aller Richtungen,
aber auch für jeden, der es mit Menschenerziehung und -füh-
rung zu tun hat, eine *gründliche tiefenpsychologische Schu-
lung und Ausbildung* überaus wertvoll wäre. Es eröffnen sich
dabei Einsichten und Durchblicke, die weit über die »seelsorgerliche Praxis« hinaus für das eigene Leben, zumal für
das Verständnis der religiösen Symbolsprache, des Kultus

und der Liturgie von gar nicht zu überschätzender Bedeutung sind.

Aber wir haben auch immer wieder erkannt, daß letztlich die Hilfe nicht von *uns, unserer* Weisheit, *unseren* Methoden kommt, sondern daß Liebe, Glaube und Hoffnung noch immer das Geheimnis jeder echten Seelsorge sind. Ein schlichter Dorfpfarrer, der in der heiligen Ordnung seiner Kirche lebt und im lebendigen Wort Gottes daheim ist, wird vielleicht im entscheidenden Augenblick einer ratlosen Seele mehr zu geben haben als der gelehrteste Professor, der das »einfältige Auge« verloren hat und darum im Grunde doch die »Wirklichkeit« nicht sieht.

Wir denken in Dankbarkeit an manche Stunden des Austausches im kleinen und im größeren Kreis, denken mit besonderer Dankbarkeit an die Tage im Degerlocher Waldheim und hoffen auf Fortsetzung dieser gemeinsamen Arbeit. Wir hoffen auch, die Wiedergabe der dort gehaltenen Vorträge werde insbesondere unseren Amtsbrüdern einen Dienst tun für ihr persönliches Werden und für ihre seelsorgerliche Tätigkeit, nicht minder aber auch Eltern, Lehrern und Erziehern, die ihre Aufgabe recht erfüllen möchten. Es wäre uns eine besondere Freude, wenn durch solches Studium auch das uns so am Herzen liegende offene brüderliche Gespräch zwischen den Konfessionen Befruchtung und Vertiefung erführe. Aber wir wissen – und gerade die Beschäftigung mit der Psychologie hat dies Wissen bestärkt –, daß es auch hier nicht an »jemandes Rennen und Laufen« liegt, sondern an Gottes Erbarmen.

Rudolf Daur und Hermann Breucha

Die Hysterieforschung der Französischen Schule und die Neurosenlehre von Breuer und Freud

von Wilhelm Bitter

Jeder kennt Menschen vom *hysterischen Typ oder Charakter:* stimmungslabil (himmelhoch jauchzend, zu Tode betrübt), leicht beeinflußbar, sich anpassend bis zur Selbstauslöschung und Unechtheit. Geltungsbedürfnis und das Streben, mehr zu scheinen als zu sein, sind seine Merkmale. Der hysterische Typ ist der extrem Extravertierte, der die an sich normale Anpassung an die Außenwelt übertreibt. Von diesem Typ und Charakter gibt es fließende Übergänge zur eigentlich hysterischen Persönlichkeit und zur Hysterie als Krankheit. Jaspers kennzeichnet die hysterischen Persönlichkeiten so: »Sie spielen immer eine Rolle, machen sich interessant, selbst auf Kosten ihres Rufes und ihrer Ehre. Sie können nicht unbeachtet sein, sind daher maßlos eifersüchtig. Gelingt es auf keine andere Weise, so ziehen sie durch Krankheit die Aufmerksamkeit auf sich und führen das Theater eines Märtyrers des Leidens auf. Dabei sind sie unter Umständen rücksichtslos gegen sich selber in der Zufügung von Leiden (Verletzungen); sie haben geradezu einen Willen zur Krankheit, falls ihnen nur eine entsprechende Wirkung auf andere verbürgt erscheint.«

Das alles sind zutreffende Feststellungen der Erscheinungsform. Die Entstehung dieses abnormen Phänomens zu erforschen, blieb der Tiefenpsychologie vorbehalten. Von der Antike her bis gegen Ende des 19. Jahrhunderts glaubte man, daß die *Hysterie vom Uterus her,* also rein organisch verursacht und ausschließlich auf Frauen beschränkt sei. (Das griechische Wort hystéra heißt Gebärmutter!) Noch 1885 wurde von den bedeutendsten Frauenärzten die Heilung der Hysterie durch die operative Kastration für möglich gehalten, während zuvor die großen, psychoseähnlichen Hysterieanfälle als Teufelsbesessenheit angesehen und entsprechend angegangen wurden. Erst der *französischen Hysterieforschung* der achtziger Jahre des vorigen Jahrhunderts gelang es, innerpsychische Zusammenhänge bei der *Hysterie* aufzudecken. An seinem umfangreichen Krankengut in der berühmten Klinik Salpêtrière in Paris konnte der exakt arbeitende Neurologe Charcot immer wieder nachweisen, daß hysterische Phänomene, einschließlich Lähmungen und Anaesthesien (Unempfindlichkeiten) durch Suggestion in der Tiefenhypnose herbeigeführt werden konnten. In zahlreichen Krankengeschichten hat dann sein Schüler Janet die psychische Genese (seelische Entstehung) hysterischer Phänomene bestätigt, und zwar bei Männern wie bei Frauen. Die berühmteste Erscheinungsform war damals der große hysterische Anfall, arc de cercle genannt, der heute in den Kliniken zu den Raritäten zählt. Die Symptome, die Bewegungsstörungen, konnten im hypnotischen Dämmerzustand herbeigeführt werden. So lag der Schluß nahe, daß sie auch in ähnlichen seelischen Ausnahmezuständen erworben worden seien. In der Tat stellte sich heraus, und zwar sowohl in Paris wie in Wien, daß Hysterie nicht selten *als Folge eines schockartigen Erlebnisses* sich eingestellt hatte; eines Erlebnisses, das in einem seelischen Sonderzustand erlitten worden war. Man sprach von einem psychischen Trauma (Verwundung) und von traumatischer Entstehung hysterischer Phänomene. Den seelischen Zustand nannte Janet Bewußtseinsspaltung, die auf einer angeborenen Schwäche zur psychischen Synthese, auf der Enge des sog. Bewußtseinsfeldes beruhe. Im Gegensatz zu Janet steht die Auffassung Breuers, Wien, wonach traumartige Bewußtseinszustände die Grundlage der Hysterie bilden; die Assoziationsfähigkeit ist eingeschränkt. Die Bewußtseinsspaltung ist nach Breuer eine sekundäre, erworbene und nicht die Folge einer Degeneration des Hysterikers.

Wie Charcot bediente sich auch Breuer dieses seelischen Ausnahmezustandes, indem er den Patienten hypnotisierte. Dabei fragte er die Kranken systematisch nach den einzelnen äußeren und inneren Situationen, in denen das Symptom entstanden war, und nötigte sie somit, ihre Erlebnisse in Reden und Gebärden darzustellen. Das Trauma, die seelische Verwundung, wurde wiederbelebt. Es stellte sich heraus, daß bei genügender Wiederholung und Intensität dieser Wiederbelebung die Kranken nach dem späteren Erwachen von dem betreffenden Symptom frei waren. Breuer nannte dieses Verfahren, das er in den achtziger Jahren entwickelte, ein reinigendes, kathartisches, und den Prozeß das *Abreagieren.*

Erst 1893, nachdem Janet bereits 1889 mit einigen Publikationen vorausgegangen war, veröffentlichte Breuer mit seinem jungen Mitarbeiter, dem Neurologen Freud, seinen berühmten »Fall der Anna O.« in dem Aufsatz »Über den psychischen Mechanismus hysterischer Phänomene«. Man kann 1893 als das Geburtsjahr der modernen Psychotherapie und Tiefenpsychologie bezeichnen. Auch heute noch spielt die *Katharsis* eine Rolle in der Therapie der Neurosen, nachdem sie eine Zeitlang durch das rein analytische Verfahren in den Hintergrund getreten war: In der Hypnose, in der autosuggestiven Selbstentspannung oder in einem seelischen Sonderzustand, herbeigeführt durch chemische Mittel (Narko-Analyse), kann in bestimmten Fällen eine solche Katharsis herbeigeführt werden. Besonders die Narko-Analyse hat im zweiten Weltkrieg eine große Rolle gespielt. Die Amerikaner haben Neurosen, die durch schockartige Erlebnisse entstanden waren, wie z. B. bei Fliegern, durch Narko-Analysen geheilt.

Freud hatte sich als junger klinischer Student der Medizin dem weit älteren Breuer angeschlossen, war an die Salpêtrière zu Charcot nach Paris gegangen, setzte dann seine intensiven Arbeiten mit Breuer in Wien fort und ging später für kurze Zeit auch nach Nancy, um an der Hypnoseschule der großen französischen Psychiater Liébault und Bernheim die Wiener Forschungsergebnisse im wesentlichen bestätigt zu finden. Das Hauptverdienst an der Entdeckung des »kathartischen Verfahrens« hatte Breuer. Es ist als Vorstadium der Freudschen Psychoanalyse anzusehen. Freud selbst schreibt über die Entdeckung Breuers, daß sie ausgehe von der Grundtatsache, daß die Symptome der Hysterischen von eindrucksvollen, aber vergessenen Szenen ihres Lebens (Trauma) abhängen, die darauf gegründete Therapie, sie diese Erlebnisse in der Hypnose erinnern und reproduzieren zu lassen (Katharsis).

Hören wir nun einiges aus der berühmt gewordenen Krankengeschichte der Anna O. Es handelt sich um ein junges Mädchen von 21 Jahren, das durchaus nicht zu dem Bild der »Degenerierten« paßte, wie es für Hysteriker bis dahin galt:

dégénérée in moralischer und geistiger Beziehung. Sie wird geschildert als eine Persönlichkeit – ich zitiere Breuer und Freud – von »bedeutender Intelligenz, erstaunlich scharfsinniger Kombination . . ., reicher poetischer und phantastischer Begabung, kontrolliert durch sehr scharfen und kritischen Verstand . . . Zu den wesentlichsten Zügen des Charakters gehörte mitleidige Güte«. Ihre lebhaften geistigen Interessen, die starke Lebenssehnsucht des Mädchens fanden jedoch in dem »höchst monotonen« Leben ihrer Familie nicht genügend Nahrung. So flüchtete es sich – wie wir das auch heute bei neurotischen Charakteren, und nicht nur bei solchen beobachten können – in Wachträume. Anna O. pflegte sie systematisch und nannte sie ihr »Privattheater«. In Gesellschaft schien sie durchaus dabei zu sein, in Wirklichkeit aber hatte sie ihre Phantasiewelt, die nebenherlief. So lebte sie eine Art Doppelleben, das der Wirklichkeit und das der Phantasie, beides in virtuoser Weise verkoppelnd. Bei einer hoffnungslosen, schweren Erkrankung des Vaters, an dem die Patientin mit großer Liebe hing, widmete sie sich mit vollem Einsatz der Pflege, und zwar bei Tag und oft die Nächte hindurch; bis sich eine zunehmende Schwäche, Ekel vor der Nahrung und ein nervöser Husten als Beginn ihrer Erkrankung einstellten und sie zwangen, die Pflege aufzugeben. Es folgten dann schwere Lähmungen und Anaesthesien (Empfindungslosigkeiten) und verschiedene Sehstörungen. Zwei verschiedene Bewußtseinszustände wechselten: ein klar bewußter mit gedrückt trauriger Gemütsstimmung und ein verworrener, erregter, der mit Halluzinationen – oft feindselig und ungezogen gegen die Umwelt – einherging. Dann folgten schwere Sprachstörungen. Die Kranke konnte nicht mehr in der eigenen Muttersprache sprechen oder sie nicht mehr verstehen. Am Schluß bediente sie sich des Englischen. Gegen Abend traten Dämmerzustände ein, in denen sie zu halluzinieren begann und mit heftigen Gefühlsäußerungen und den dazu gehörigen Gesten sich aussprach. Das hatte erstaunliche Erleichterungen und Beruhigung zur Folge.

Breuer hat nun die »Redekur«, wie er sie nannte, absichtlich und erfolgreich herbeigeführt, indem er die Patientin sich in der Hypnose an die vergangenen Erlebnisse erinnern ließ, an die sich die Krankheitserscheinungen knüpften.

Er spricht in seinem Aufsatz von Abreagieren traumatischer Erlebnisse. Ein Zufall half zur Entdeckung eines besonders quälenden Symptoms. Die Kranke litt bei starkem Durst lange Zeit an einem unüberwindlichen Widerwillen gegen Wasser, – was ihr selbst unerklärlich war. Eines Tages gab sie in der Hypnose die Szene wieder, die diesen Widerwillen verursacht hatte. Mit allen Zeichen des Unwillens und Ekels trat sie in das Zimmer der ihr unsympathischen englischen Gesellschafterin ein und sah hier, daß der Hund aus einem Glase trank. Mit der Aussprache war das Symptom verschwunden, »wegerzählt«. In ähnlicher Weise nahmen die Symptome, eines nach dem anderen, ab und verschwanden, so auch der nervöse Husten, der eintrat, »als während der Krankenwache aus einem benachbarten Hause Tanzmusik herübertönte und der aufsteigende Wunsch, dort zu sein, ihr Selbstvorwürfe erweckte«.

Hysterische Krankheitssymptome beruhen auf vergangenen, peinlichen und quälenden Erlebnissen, die im wachen, normalen Bewußtseinszustand nicht erinnert werden können – das war die Schlußfolgerung Breuers. Gelingt es, den Kranken in der Hypnose zur Erinnerung und zur affektbetonten Aussprache jener Erlebnisse zu führen, so sind die Symptome beseitigt.

Warum nun die Unfähigkeit, den Zugang zu den Erinnerungen zu gewinnen? Die Antwort Breuers war, daß die schmerzlichen Erlebnisse in einer Art Dämmerzustand eingetreten waren, nämlich während der Tagträumereien, als die Kranke durch die Pflege völlig übermüdet war. Zur Heilung kam es also darauf an, einen Zugang zu diesen Sonderzuständen zu gewinnen, d. h. den Assoziationen einen Weg zu bereiten. Das geschah bei der künstlichen Herbeiführung dieses Zustandes in der tiefen Hypnose.

Diese Theorie paßte nun allerdings nicht für alle Symptome. Das Mädchen war z. B. zeitweise verstummt. Diese hysterische Stummheit war dadurch erworben worden, daß die Patientin sich bei normalem Bewußtsein gekränkt fühlte. Sie hatte den Wunsch, die ihr zugefügte Kränkung durch eine scharfe Antwort zurückzuweisen. Sie wehrte diesen ihren »feindseligen Impuls« ab, sie »schluckte die Kränkung herunter« und rief dadurch eine Spaltung des Bewußtseins hervor. Die durch diesen Willensakt der Kranken herbeigeführte Bewußtseinsspaltung wurde »Abwehrhysterie« genannt.

Eine zweite Frage erhob sich: Warum können diese »vergessenen Erlebnisse« eine solche schädigende Dauerwirkung haben? Wie können sie Erregungen, Angstzustände und körperliche Symptome hervorrufen? Zur Beantwortung dieser Frage diente die Theorie des *»abgespaltenen Affektes«*. Es liegt in der Natur jedes Affektes, daß er sich äußern will, sei es in Worten, Handlungen oder Bewegungen. Wir sprechen vom Ausweinen eines traurigen Affektes. Die Fäuste ballen sich zusammen im Zustande des Zornes. Hier wird eine Handlung vorbereitet. Der Affekt lebt sich also »aus«. Die ausgetobte Wut hinterläßt einen Zustand der Beruhigung. Hat dagegen der Affekt seinen natürlichen Ablauf nicht gefunden, wird er vielmehr zurückgewiesen, weil seine Äußerung nicht zu vereinbaren ist mit moralischen oder anderen Grundsätzen, so entsteht ein eingeklemmter oder abgespaltener Affekt. Damit aber ist die Energie, die an einen Affekt gebunden ist, nicht beseitigt. Sie wird im Unbewußten gestaut und in Symptome umgewandelt. Das »Vergessen« ist also nicht gelungen, vielmehr hat der mißglückte Versuch des Vergessens krankmachende Wirkungen. Nun sind nach Freud nicht nur kränkende Erlebnisse, etwa Beleidigungen, diesem Prozeß des Fortschiebens und Unterdrückens vorausgegangen, sondern es sind in erster Linie *sexuelle Triebansprüche,* deren Befolgung mit den Moralansprüchen unvereinbar erscheint. Bei der Hysterie werden nun diese unverträglichen Vorstellungen dadurch unschädlich gemacht, daß deren Erregungssumme ins Körperliche umgesetzt wird. Freud bezeichnet diesen Vorgang als *Konversion.* Mit dieser Theorie ging er über die seines Freundes Breuer hinaus, insbesondere was die Betonung des Sexuellen anbelangt. Von der Französischen Schule wich er ferner dadurch ab, daß er den Prozeß der Verdrängung unverträglicher Triebtendenzen nicht auf Kranke beschränkte, sondern bei jedem normalen Menschen vorfand. Weiterhin faßt er die Bewußtseinsspaltung als *Folge* eines krankmachenden Erlebnisses auf, und nicht als erblich vorhandene, primäre Gegebenheit.

Nachdem Freud sich von Breuer getrennt hatte, änderte er bald seine Technik: er behandelte seine Patienten nicht mehr in der Hypnose, sondern drängte sie zur Erinnerung an die traumatischen Erlebnisse im Wachbewußtsein. Angeregt hierzu wurde er durch Beobachtungen, die er in Nancy bei Bernheim in ähnlicher Richtung machen konnte. Die Erinnerungen wurden herbeigeführt durch die Methode der freien Einfälle. Über die Verwertung dieser Einfälle, der *freien Assoziationen,* wird Ihnen im nachfolgenden Referat weiteres berichtet werden. Eine entscheidende Wendung nahm diese Technik dadurch, daß die *Träume* des Patienten mit herangezogen wurden. Auch sie und ihre einzelnen Symbole wurden Gegenstand der freien Einfälle. Die wissenschaftliche Erforschung des Traumes, als des wichtigsten Zuganges zum Unbewußten, zählt zu den größten Entdeckungen, die Freud überhaupt gemacht hat.

An Bedeutung danebenzustellen ist seine Lehre vom *Widerstand* und von der *Übertragung.* Die Handhabung dieser letzteren Phänomene bietet auch dem heutigen analytischen Psychotherapeuten oft große Schwierigkeiten, sie ist aber auch oft das entscheidende Werkzeug zur Heilung.

Einer der Grundbegriffe der analytischen Psychotherapie ist der des *Unbewußten.* Die Tiefenpsychologie, im Gegensatz zur überwiegenden naturwissenschaftlich und experimentell fundierten Schulpsychologie um 1900, beschränkt sich nicht auf das Bewußtsein, wie in der Einleitung dargelegt worden ist. Sie schließt vielmehr die Tiefenschichten der Seele ein, die früher das Unterbewußte, jetzt das Unbewußte genannt werden. Die heutige Universitätspsychologie ist im Begriff, wesentliche Positionen der Tiefenpsychologie zu übernehmen. Das ist nicht nur der Fall in dem Zweig der praktischen Psychologie, die in ihren verschiedenen *Testverfahren* immer feinere Methoden zur Erfassung des ganzen Menschen unter Einbeziehung seines Unbewußten anstrebt; die sogenannten Projektionstests bewirken das Herausstellen unbewußter Inhalte der Seele, das »Projizieren«. Lersch spricht von den Tiefenschichten der Seele als dem »endothymen Grund«. Pfahler gibt seinem neuesten Buch den Untertitel »Die Psychologie der Tiefe« und übernimmt darin wesentliche Forschungsergebnisse unseres Fachs. In der Medizin spricht man schon seit längerer Zeit von der »Tiefenperson« (Kraus), als jenem Teil der Persönlichkeit, der mit dem Stammhirn »korrespondiert« im Gegensatz zum bewußten Menschen mit seinen höheren Funktionen. Dieser wird mit der Hirnrinde, dem entwicklungsgeschichtlich jüngeren Teil des menschlichen Gehirns, in Korrelation gebracht.

Unter den Tiefenpsychologen herrscht weitgehende Übereinstimmung darüber, daß der Begriff des Unbewußten ebensowenig befriedigt wie der des Unterbewußten der Hypnose-Schulen. Kritisch ist zu sagen, daß in dem Begriff des »Unbewußten«, also Nichtbewußten, eine Negation, ein Non ausgedrückt ist. Eine geeignete Nomenklatur mit positivem Inhalt hat sich bis jetzt nicht herausgebildet. Die Adler-Schule spricht vom *Unverständlichen*, andere Autoren vom Kaum-Erinnerbaren, womit ja auch Negatives bezeichnet wird. Ebensowenig erscheint mir der Jasperssche Begriff des *Außerbewußten* als konstruktiver Beitrag.

Bewußtes und Unbewußtes stehen in einer komplizierten Wechsel- und Austausch-, genauer gesagt: *kompensatorischen Beziehung*. Ohne die Berücksichtigung beider Seelenteile bleibt die Seelenkunde Stückwerk. Die Inhalte des Unbewußten bilden den besonderen Forschungsgegenstand unserer werdenden Wissenschaft. Berechtigt ist auch die Kritik daran, daß die Funktion und der Umfang dieses Seelenteiles noch nicht klar umrissen sind. Mit den bisherigen Methoden wissenschaftlicher Arbeit läßt sich das Insgesamt der menschlichen Seele nicht erforschen. Das Kausalitätsprinzip kann nicht ausschließlich angewandt werden. Wir dürfen uns ermutigen lassen durch die Modifikation wissenschaftlicher Methodik auf vielen anderen Gebieten, besonders denen der theoretischen Physik, der Biologie usw. Auch bei der Atomforschung und den Mutationsphänomenen ist nicht mit dem Kausalitätsprinzip auszukommen. Bei aller Kritik sollte nicht vergessen werden, daß erst seit etwa 70 Jahren die wissenschaftliche Erforschung des Unbewußten in Angriff genommen worden ist. Den entscheidenden Durchbruch verdanken wir neben Charcot den Wiener Forschern Breuer und Freud. Ohne sie, zumal ohne Freud, wäre auch die Fortentwicklung durch Adler und seine Schüler sowie durch C. G. Jung nicht zu denken. Waren doch beide, Adler und Jung, in den ersten Jahren dieses Jahrhunderts die bevorzugten Schüler Sigmund Freuds.

Bevor Sie nun Einzelheiten über die Äußerungen des Unbewußten und die Vorgänge der Verdrängung, der Übertragung und des Widerstandes erfahren, seien einige *historische* Bemerkungen gestattet. Es wurde schon erwähnt, daß die Forschungsergebnisse um 1900, wie ich sie Ihnen jetzt in großen Zügen dargelegt habe, durchaus noch von aktueller Bedeutung sind. In den kathartischen Methoden, in der Suggestiv- und Hypnosebehandlung leben sie in den letzten Jahren wieder auf, nachdem sie zu Unrecht eine Zeitlang in den Hintergrund getreten waren. Wie alle großen Entdeckungen, ist naturgemäß auch die Hysterieforschung der Französischen und Wiener Schulen nicht ohne geschichtliche Vorgänger. Bereits Leibniz kannte das Unbewußte, von ihm als »petites perceptions« gekennzeichnet. Es deckt sich etwa mit dem Schopenhauerschen Begriff des »Willens« (im Gegensatz zur »Vorstellung«). Unter den Romantikern sind Herder, Schelling und vor allem der bedeutende, ärztliche Freund Goethes, C. G. Carus, zu nennen. Den stärksten Einfluß aber übten die von zwei ganz verschiedenen Grundlagen her forschenden Philosophen Kierkegaard und Nietzsche aus. Ihre Werke sind voller tiefenpsychologischer Erkenntnisse, wenn auch der Begriff des Unbewußten kaum verwendet wird. Geniale Dichter wie Shakespeare (denken Sie an den Waschzwang im Macbeth) und Goethe haben Werke geschaffen, die eine Fundgrube darstellen für Belege unserer heutigen medizinischen Psychologie. Schiller mit seinem »Verbrecher aus verlorener Ehre« wird auch von unserem Kollegen Neumann, Wetzlar, als klassischer Darsteller der individualpsychologischen Phänomene angeführt. Unter den russischen Schriftstellern sei auf Dostojewski hingewiesen. Der tiefenpsychologisch Geschulte findet in der gesamten Geistesgeschichte, nicht zuletzt in der bildenden Kunst, Bestätigungen unserer Forschung.

In der Geschichtsbetrachtung fangen wir erst an, durch Analyse der führenden Persönlichkeiten wie durch massenpsychologische Untersuchungen neue und vertiefte Einblicke in die Zusammenhänge zu gewinnen. Die Auswirkungen auf die Gebiete des menschlichen Lebens zeigen sich nicht nur in der *Medizin* und in der *Pädagogik*, sondern auch in der *Strafrechtspflege*, und, wie wir hoffen dürfen, auch in der

praktischen *Theologie*. Das Schrifttum auf unserem Gebiet
wächst sich in den letzten Jahren zu einem Umfang aus, der
es selbst dem Fachpsychotherapeuten fast unmöglich macht,
ganz auf dem laufenden zu bleiben. Kann man doch damit
rechnen, daß etwa täglich ein Werk oder eine Zeitschriften-
ausgabe erscheint, die sich mit Psychotherapie und ihren unmittelbaren Grenzgebieten befaßt! Das ist kein Wunder,
wenn man bedenkt, in wie erschreckender Weise die Forschung sich auf die sog. Naturwissenschaften (Physik, Chemie
und Biologie) beschränkt hatte und wie unsere erst seit etwa
70 Jahren im Aufbau begriffene Wissenschaft noch bis heute
schärfsten, oft rein affektiv geleiteten Anfeindungen ausgesetzt ist. Erst die Neurose als beängstigend wachsende Welt-
krankheit – heute hauptsächlich in der Gestalt seelisch beding-
ter Organstörungen und charakterlicher Fehlhaltungen –
zwingt dazu, das Versäumte nachzuholen.

Äußerungen des Unbewußten nach Freud

Fehlleistungen, Träume, Symptome

von Vera Scheffen

Wenn wir vom Unbewußten sprechen wollen, taucht als erstes die Frage auf, was ist dieses Unbewußte; wie kommt Freud zu der Annahme, daß es ein Unbewußtes gibt? Es ist etwas Merkwürdiges um dieses *Es,* von dem auch die Patienten sprechen, von dem sie nur angeben können, es ist ein *Gefühl,* es hat mich, es ist unbedingt stärker als mein Wille, kommt oft ganz plötzlich und ungemein zwingend, beherrschend; erscheint oft völlig sinnlos. So muß zum Beispiel eine Patientin sich unentwegt bei der kleinsten Berührung waschen und immer wieder waschen, obwohl sie ganz genau weiß, sie nicht schmutzig, aber das Gefühl, beschmutzt worden zu sein, zwingt sie dazu, und je mehr sie sich bemüht, diesem inneren Antrieb zu widerstehen, um so mehr wird sie gezwungen, sich zu waschen. Oder ein anderer Patient, der genau weiß, es ist nichts Störendes auf dem und dem Platz: trotzdem kann er mit der größten Willensanstrengung nicht über den Platz gehen, ohne einen fürchterlichen Angstanfall zu bekommen; er ist in Beruf und sonstigem Leben ganz gewiß kein Angsthase, aber wenn er über einen Platz gehen soll, überkommt ihn dieses Es wie eine dämonische Macht, weit mächtiger als sein Wille, und ist durch noch so große Willensanstrengung nicht zu bekämpfen. Sie alle haben das Gefühl von zwei Willen, von einem bewußten Willen und von einem außer ihnen liegenden anderen Willen. Janet und Freud nennen das: »doppeltes Wissen«, »*double conscience*«. Es sind offenbar in ein und demselben Individuum mehrere seelische Gruppierungen möglich, die ziemlich unabhängig voneinander bleiben können und voneinander nichts wissen. Bei dieser Art Spaltung der Persönlichkeit nannte Freud das konstant an Bewußtes gebundene Wissen: *Bewußtsein* – und den von ihm abgetrennten Seelenzustand: *Unbewußtes.* Eigenartig, daß sich dieses gebieterisch im Bewußten durchsetzen kann!

Beispiele für dieses Phänomen haben wir in den sogenannten *posthypnotischen Aufträgen*. Wenn Sie einem Menschen in Hypnose den strikten Auftrag geben, um soundso viel Uhr das Fenster zu öffnen, und ihn dann aus seinem hypnotischen Schlaf wecken, so hat er keine Erinnerung an diesen Auftrag. Genau zur angegebenen Zeit aber – das kann Tage nach der Hypnose sein – öffnet er dann das Fenster auftragsgemäß, ohne angeben zu können, warum er solches tut, d. h. er wird, nach einem Grund gefragt, sekundär erst nach einem Grund suchen. Der Betreffende kommt sich selbst oft fragwürdig vor, aber zwingend setzt sich aus dem Unbewußten der gegebene Auftrag durch. Noch drastischer wirkt ein posthypnotischer Auftrag, der etwa einem Herrn zumutet, bei schönstem Sonnenschein mit geöffnetem Regenschirm durch die Straßen der Stadt zu gehen. Er wird diesen Auftrag zu rationalisieren versuchen und etwa sagen, der Schirm müsse trocknen: es bleibt auch für ihn der Auftrag absurd, aber er wird ausgeführt. Dieses Merkwürdige, aus einer unbekannten Schicht des menschlichen Seelenlebens Kommende, hat durchdringende Kraft und setzt sich trotz Besserwissen des Bewußtseins durch. Dieses eigenartige Phänomen können Sie täglich und stündlich beobachten an gesunden und nervösen oder kranken Menschen. Ist es nicht eigenartig, wenn nach zwanzigjähriger Ehe eine Dame nach einem kleinen Ehekrach wieder mit ihrem Mädchennamen unterschreibt, ohne daß sie es bemerkt? Setzt sich hier ein Wunsch, lieber nicht verheiratet zu sein, durch? Oder was bedeutet es wohl, wenn ein Soldat, der behauptet, gerne Soldat zu sein, sein ganzes Koppelzeug vergißt, wenn er aus dem Haus geht? War hier nicht etwas in ihm ehrlicher und aufrichtiger, was nicht mit dem Schwert umgürtet sein wollte? Wenn ein Vertreter in Unterredung mit einem Chef wegen seiner Anstellung sich verspricht und statt: »ich will Ihnen ein guter Vertreter sein«, sagt: »ich will Ihnen ein guter *Verräter* sein«? So ist es etwas Eigenartiges um dieses Verschreiben, Vergessen, Versprechen. Wir achten es nur als Kleinigkeit und nennen es Zufall. Aber dann ist es doch ein eigenartiger Zufall, wenn mir eine Patientin erzählt, daß sie sämtliche Schlüssel des Hauses verloren habe. Diese Patientin lebt zur Zeit in argem Konflikt mit ihrer Mutter und wollte sich eigentlich schon längst von der

Mutter lösen. Die Mutter besitzt ein Haus, und dieses Haus ist mit ein Grund, warum die Tochter nicht freigegeben werden kann. So hat sie gegen dieses Haus wohl einen berechtigten Affekt. Und nun verliert sie sämtliche Schlüssel des Hauses und versperrt sich so gewissermaßen den Zugang zum Haus. Während der Behandlungsstunde fiel ihr plötzlich ein, wo die Schlüssel sein mußten. Sie war kurz zuvor beim Schuster gewesen und hat sie wohl dem Schuster in die Schuhe geschoben. Und so war es auch. Aber nicht genug damit. Tags darauf sind die Schlüssel wieder verschwunden. Das ganze Haus wird beinahe auf den Kopf gestellt. Es ist unmöglich, sie zu finden. Aufgeregt kommt meine Patientin wieder zu mir, sie erkennt, wieviel intensiver, als sie geglaubt, ihr Problem mit der Mutter doch sein müsse, und weiß plötzlich: Die Schlüssel sind im Abfalleimer. Dieser Wink des Unbewußten war unmißverstehlich. Die Schlüssel waren dort und konnten gerade noch vor dem Zugriff der Müllabfuhrmänner gerettet werden. Da ist etwas am Werk, was eine eigene, zwingende, aufrichtige Sprache spricht, jenseits von Kompromissen, Zugeständnissen, guter Erziehung und Konvention. Da gesteht mir eine andere Patientin während der Behandlungsstunden, daß sie sich sehr mit Suicidgedanken getragen habe, sie glaube aber, daß sie jetzt darüber hinweg sei. Sie steigt in die Straßenbahn mit zwei schweren Taschen, erinnert sich, daß die Linie 1 an der Haltestelle, an der sie aussteigen wollte, nicht hält, daß sie gezwungen ist, weiterzufahren, ärgert sich und springt aus der fahrenden Straßenbahn – wie unter einem zwingenden Muß – als die Straßenbahn die bewußte Haltestelle durchfährt. Im Fallen erinnert sie sich an mich und fällt dann doch so geschickt, daß sie sich nicht weh tut. Eine merkwürdige Fehlhandlung; es hat sich der Wunsch zum Suicid durchgesetzt und irgendwie mit dem Versprechen, es doch nicht zu tun, vereint und halbe Sache gemacht. Wir glauben ja oft nur zu gerne, daß dieses Vergessen, Verschreiben, Versprechen, Verhören, Verlesen, Verlieren, Verlegen, Zerbrechen (in Bayern sagt man »Verbrechen«) von Gegenständen reiner *Zufall* sei, etwa auf Grund von Zerstreutheit, Unaufmerksamkeit, Beschäftigen der Gedanken mit wichtigeren Dingen, ähnlich den unbewußten Gesten, Drehen an Knöpfen, Spielen mit den Fingern, Summen von immer wiederkehrend gleichen Melodien. Diese kleinen »Zufälligkeiten«, diese *Fehlhandlungen*, wie wir sie nennen, sind nicht so bedeutungslos, wie gerne allgemein angenommen wird. Sie sind, wie Sie an den Beispielen sehen, durchaus sinnvoll und sicher zu durchschauen und zu deuten. Sie verraten Impulse, Wünsche und Absichten, die offenbar dem Bewußten irgendwie unbemerkbar oder verborgen bleiben sollten, weil sie sich nicht mit den Bedingungen des konventionellen Lebens vertragen. Mit Hilfe dieser Fehlhandlungen aber verrät der Mensch seine intimsten Gedanken und Wünsche, die er nie sonst preisgegeben hätte, die ihm selbst oft unbewußt waren. Sie kommen verhältnismäßig leicht und häufig zustande, wahrscheinlich, weil sie im allgemeinen für zu *geringfügig* und unbeachtenswert gehalten werden. Für den Therapeuten aber bedeuten sie wichtige Hinweise und geben Aufschlüsse über unbewußte Seelenzustände. Er ist gewohnt, auf Kleinstes und Feinstes zu achten, für ihn gibt es nichts Zufälliges oder Willkürliches.

Bei seinen Studien über das Seelenleben und über das Unbewußte sah Freud besonders an dem Fall Breuers und bei anderen Patienten *ähnliche* Vorgänge, wie sie etwa in den Fehlhandlungen ablaufen. Auch hier waren offenbar Wünsche, Impulse, Absichten, die sich nicht mit den Forderungen des gesellschaftlichen Lebens vertrugen oder unverträglich waren mit ethischen oder ästhetischen Ansprüchen der Persönlichkeit. Im Gegensatz zu den Fehlhandlungen aber muß sich diesem Durchbrechen verpönter Wünsche etwas entgegengestellt haben, das stärker als der Durchbruchswunsch war; offenbar, meint Freud, hat es einen Kampf gegeben, und der Wunsch mußte wieder zurück, wo er hergekommen war: ins Unbewußte. Er wurde aus dem Bewußten gedrängt und vergessen. Die Unverträglichkeit der betreffenden Vorstellung mit dem bewußten Ich des Kranken war offenbar das Motiv, die Causa dieses merkwürdigen Vorganges, den Freud *Verdrängung* nannte. Wäre dieser für das Bewußte unerträgliche Wunsch weiterhin am Wirken geblieben, so hätte das für das Bewußtsein einen schweren Konflikt bedeutet, mit viel Unlustgefühlen begleitet; so aber wurden Kampf und Unlustgefühl mit dem Verdrängen und Vergessen beseitigt und dem Menschen viel Unangenehmes erspart, so daß dieses Verdrängen wie eine Schutzhaltung und Schutzvorrichtung der seelischen Persönlichkeit wirkt. In einem guten, einfachen Vergleich macht Freud diese Vorgänge deutlich. »Nehmen Sie an«, sagt er, »hier in diesem Saal und in diesem Auditorium, dessen musterhafte Ruhe und Ordnung ich nicht genug preisen kann, befände sich doch ein Individuum, welches sich störend benimmt und durch sein ungezogenes Lachen, Schwätzen, Scharren mit den Füßen meine Aufmerksamkeit von meiner Aufgabe abzieht. Ich erkläre, daß ich nicht so weiter vortragen kann, und daraufhin erheben sich einige kräftige, junge Männer unter Ihnen und setzen den Störenfried nach kurzem Kampf vor die Türe. Er ist also verdrängt, und ich kann meinen Vortrag fortsetzen. Damit aber die Störung sich nicht wiederhole, wenn der Herausgeworfene versucht, wieder in den Saal einzudringen, rücken die Herrn, welche meinen Willen zur Ausführung gebracht haben, ihre Stühle an die Türe an und etablieren sich so als *Widerstand* nach vollzogener *Verdrängung*. Wenn Sie nun die beiden Lokalitäten hier als das Bewußte und das Unbewußte aufs Psychische übertragen, so haben Sie eine ziemlich gute Nachbildung des Vorganges der Verdrängung vor sich. Aus dem Bewußten ist etwas mit dem Bewußten Unverträgliches, Störendes hinausgeworfen worden, und zur Sicherung, daß es nicht wiederkehre und wieder störe, ist eine bewachte Türe dazwischen gesetzt, ein *Widerstand*.« Hier ist nun die völlig neue Auffassung Freuds gegenüber der damals um die Jahrhundertwende herrschenden Auffassung der psychischen Spaltung der Persönlichkeit, diesem doppelten Wissen, von dem ich eingangs sprach. Seinerzeit wurde sie von einer *angeborenen* Unzulänglichkeit des seelischen Apparates zur Synthese abgeleitet und damit die Unauflöslichkeit und Unheilbarkeit der Spaltung propagiert. Während Freud sich diesen Vorgang als einen *dynamischen* erklärte und damit dann auch die Frage der Heilungsmöglichkeit anschnitt. Es ist etwas Merkwürdiges, daß solche intensiven Verdrängungen verpönter Wünsche und Impulse nun nicht, wie im Augenblick der Verdrängung angenommen, erledigt sind. In der Tiefe des menschlichen Seelenlebens bleiben sie Störenfriede, ähnlich dem Verhalten des Störenfrieds in Freuds Gleichnis. Denken Sie, wenn der Mann nun aus der Versammlung ausgeschlossen und vor die Türe gesetzt worden ist, er würde so nun ohne weiteres sein ungebührliches Verhalten einsehen und sich draußen friedlich verhalten? Ich glaube, er wird vielmehr versuchen, nachdem er erkundet hat, daß hinter der verschlossenen Türe Wächter, und zwar kraftvolle Wächter sitzen, denen er nicht so leicht begegnen kann, durch eine der Seitentüren den Saal wieder zu betreten oder zum mindesten durch Randalieren und Schreien seinen Protest kundtun und den Vortrag weiterhin stören. Oder, mit anderen Worten gesagt: Das Verdrängen unerträglicher Wünsche ist nur momentan gelungen; wohl sind sie aus dem Bewußtsein verschwunden und eine Menge Unlustgefühle sind damit erspart geblieben, im Unbewußten aber besteht die verdrängte Wunschregung weiter und wartet auf die Gelegenheit wiederzukehren. Wie wir sehen werden, geschieht dies dann in einer Art Ersatzbildung, einer entstellten Form des ursprünglichen Wunsches, begleitet von denselben Unlustgefühlen, die man gerade durch die Verdrängung sich ersparen wollte. Man spricht in Fachkreisen von der *Wiederkehr des Verdrängten* und vom Wiederholungszwang des Neurotikers. Diese Ersatzbildung für die verpönte Wunschregung, die nun gewissermaßen von der Seite her kommt, und die für das Ich und das Bewußtsein unkenntlich gemacht ist, ist das *Symptom,* das durch seine Unkenntlichkeit gegen weitere Angriffe des Ich geschützt ist. Aber an Stelle des kurzen Konfliktes, der einstmals hätte durchgefochten werden müssen, tritt jetzt ein langes Leiden. Dabei hat das Symptom oft noch Erinnerungen oder Ähnlichkeit mit dem ursprünglich Verdrängten.

Ich möchte das eben Gesagte an einem Beispiel einer Erkrankten Freuds nochmal im Konkreten zeigen.

Ein junges Mädchen, das, wie im Breuerschen Fall kurz zuvor ihren geliebten Vater durch Tod verloren und ihn auch bis zum Tode gepflegt hatte und damit gewissermaßen geschwächt im Auffangen seelischer Erregungen war, erkrankte plötzlich an schweren hysterischen Symptomen. Freud nahm sie in Behandlung und versuchte, durch intensives Sich-wieder-erinnern-Lassen und durch Traum-Verstehen, das ursprünglich Verdrängte wieder in den Bewußtseinsraum hereinzuholen. Unter heftigsten Gemütsbewegungen erinnerte sie sich, wie sie völlig unvorbereitet und unerwartet an das Totenbett ihrer Schwester gerufen wurde und ihr mit einem Moment die kurze Idee kam: »Jetzt ist er frei für mich und kann mich heiraten.« Ein ungeheuerlicher Gedanke am Bett der toten Schwester, und mit aller Macht mußte der verpönte Wunsch verdrängt werden und mit ihm die plötzlich zum Bewußtsein gekommene Liebe zu ihrem Schwager, die zuvor mit verwandtschaftlicher Sympathie getarnt war. Die Wünsche wurden als völlig unzulässig verdrängt, und an ihre Stelle traten die hysterischen Symptome und mit ihnen Leiden und Kranksein! Der Prozeß war mit dem Verdrängen nicht abgeschlossen; wohl war der ganze Vorgang aus dem Bewußten verschwunden und fürs erste erledigt, in der Tiefe des Unbewußten aber bestand er weiter und dringt nun als hysterisches Symptom – ich glaube, es handelte sich um hysterische Lähmungen – ins Bewußte zurück, entstellt und dem Ich unkenntlich gemacht. Mit dem intensiven Wiedererinnern, unter heftigen Gemütsbewegungen wurde die Patientin wieder von ihren Symptomen befreit und gesund. Es ist oft keine leichte Aufgabe, dieses Verdrängte auf *dem* Weg wieder zurückzuholen, den es einstmals aus dem Bewußten gegangen ist; denn vor dem Verdrängten sitzen ja die Wächter, die den Störenfried aus dem Bewußten hinausdrängen mußten, die *Widerstände*. Und nur durch Überwinden dieser Widerstände kann das Verdrängte und die Ersatzbildung, das Symptom, wieder ins Bewußte zurückgeholt werden, unter Mithilfe des Therapeuten. Und mit seiner Hilfe auch kann dann dieses einmal *unüberwindlich*, *unannehmbar*, für einen Kulturmenschen *unmöglich* Erscheinende zu besserer Lösung geführt werden, sei es, daß der Konflikt in kindlicher Situation hervorgerufen, jetzt im Erwachsenenalter sich als überholt erweist oder ein seinerzeit verpönter Wunsch nun doch akzeptabel geworden ist; sei es, daß dieser Impuls auch heute noch als unerfüllbar erklärt werden muß, aber daß nun ruhig und mit Überlegung Verzicht geleistet werden kann. Wir nennen solche Vorgänge *Verarbeitung* des Konfliktes. Lassen sich solche einst verpönten Wünsche gewissermaßen zu höheren ethischen Gesichtspunkten umleiten und verwirklichen, so sprechen wir von *Sublimierung*.

Vielleicht darf ich kurz noch über *Symptome* berichten. Es

gibt eine Unzahl neurotischer Symptome, solche, die als psychische bezeichnet sich im Psychischen abspielen und somatische, die im Körperlichen ihren Ausdruck finden. Als psychische sind Ihnen wohl bekannt der hysterische Anfall, die Absencen der Hysterischen, die Depressionen, vielleicht auch die unter dem Namen Phobie bekannten *Ängste*, z. B. Brükken zu überschreiten, Treppen hinunterzugehen, Plätze zu überqueren. In wirklicher Gefahr oft sehr beherzte Menschen können beim Anblick eines freien Platzes trotz größter willentlicher Anstrengung in einen ungeheuren Angstanfall geraten und mit bestem Willen den Platz nicht allein überqueren. Dasselbe kann solchen Kranken in einem engen oder auch in einem dunklen Raum passieren. Einer Patientin war es unmöglich, eine Türschwelle zu überschreiten, sie mußte darüber getragen werden. Andere psychische Symptome sind die verschiedenen Zwänge. Beim Zwangsdenken schiebt sich zwischen geordnetes, bewußtes Denken wie ein Fremdkörper ein zweiter Gedanke mit zwingender Macht, oft scheinbar völlig sinnlos und absurd, nicht im entferntesten zur Sache gehörend, jede Konzentration störend. So muß eine im Leben, in Familie, im Haushalt durchaus geordnete Frau, die vier gesunde Mädchen hat, mitten in der Arbeit denken: »Jetzt bringst du am besten die Kinder um«. Sie stemmt sich mit aller Macht gegen diesen Gedanken, ist verzweifelt, daß sie solche Gedanken überhaupt denken kann, aber er setzt sich immer wieder durch, je mehr sie sich dagegen sträubt. Ähnlich wird ein zweiter Patient gequält. Immer wieder kommt ihm der Gedanke: »Jetzt mußt du den neben dir stehenden Menschen unter den einfahrenden Zug stoßen«, und er kann nur mit größter Kraftanstrengung unbeweglich stehen bleiben, bis ein intensiver Schweißausbruch ihn von der Ausführung der Tat abhält. Mindestens genauso furchtbar quälend sind die Zwangshandlungen oder das Zwangszählen und -rechnen: wenn ein Patient 60mal 1, 2, 3 zählen muß, bis er dann endlich 3, 2, 1 sagen darf und eine Handlung nun ausführen kann, oder wenn ein Mensch sich unentwegt bei der kleinsten Berührung waschen muß. Man kann sich denken, wie diese Menschen, in jeder Arbeit gehemmt, im Lebenskampf nicht mehr mitkommen, bei *klarem* Verstand und *bestem Wollen* zusehen müssen, daß ihnen niemand ihren Willen zur Ar-

beit glaubt. Jeder Gesunde meint, ihnen gute Ratschläge
geben zu müssen und verurteilt sie dann am Ende als Feig-
linge und Arbeitsscheue. Sie fühlen sich oft so gänzlich unverstanden und ausgestoßen, daß mancher von ihnen schon
aus großer Verlassenheit heraus zum Selbstmord getrieben
worden ist. Dagegen werden die neurotisch Kranken, die
ihren Konflikt ins Körperliche übertragen konnten, eher als
krank angesehen, gehegt und gepflegt. Irgendwie ist man fürs
körperlich Kranksein nicht selbst schuld, da hat eher ein
Schicksal gesprochen, man *hat* eine Krankheit bekommen und
nun auch das Recht, betreut, umhegt und umsorgt zu werden.
Ob das nun Herzsymptome sind in allerlei Formen oder Ma-
gen-Darm-Erscheinungen, ob Asthma, Migräne, Gallen-
krämpfe, Ischias oder Rheuma oder Hauterkrankungen, der
Zusammenhang mit dem verdrängten, nicht verarbeiteten
Wunsch ist nirgends zu erkennen. Der Kranke steht vor sich
und der Welt gerechtfertigt da und schuldlos, er hat eine
Krankheit, vom Schicksal oder Zufall gegeben. Diese Art
von Krankheiten haben nur die eine unangenehme Eigenschaft unentwegt immer wieder aufzutreten wie eine Mah-
nung, die nicht verstanden sein kann und will, die ihre
Symptome immer weiter verstärkt und allen medikamen-
tösen und physikalischen Behandlungen trotzt. Gerade an
diesen sog. Organneurosen versuchte Freud seine Studien fort-
zusetzen, aber nun nicht mehr wie Breuer in Hypnose. Er
versuchte dieses Vergessene, Verdrängte zum Wiedererinnern
zu bringen, und zwar durch intensives Drängen und Auffor-
dern des Kranken, alle Einfälle, die ihm zum Symptom durch
den Kopf gehen, ohne Korrektur und ohne jede Beschönigung
zu sagen, ohne den Gedanken zu sieben, ob er nun zur Sache
und Frage gehöre oder nicht. Wo nun Vergessenes unter nur
geringem Widerstand gehalten wurde, durfte die Erinnerung
unentstellt und fließend kommen, wo aber der Widerstand
gegen das Bewußtwerden des Gesuchten größer war, da
wurden die Einfälle mit zunehmendem Widerstand immer
entstellter, verhüllter, so daß der Einfall, wie nicht zum Ge-
fragten gehörend, anmutete und mit der vergessenen Vorstellung unmöglich identisch sein konnte. Oder mit anderen
Worten gesagt: auch der *freie Einfall* unterliegt den gleichen
Bedingungen und Gesetzen wie das Symptom. Das Unbe-

wußte will dem Vergessenen den Weg ins Bewußte durchaus freigeben, aber die einstmals schon am Werk gewesenen verdrängenden Kräfte setzen dem Wunsch des Unbewußten den Widerstand entgegen, und nur da, wo schließlich der Druck des Unbewußten größer als der Widerstand ist, darf das Gesuchte ins Bewußtsein treten, aber nur in verschleierter, entstellter, künstlicher Form, gleich wie das Symptom. Dabei ist die Entstellung des freien Einfalls um so größer, je größer der Einfluß des Widerstandes war. Und doch ist es möglich, eine manchmal zwar nur sehr entfernte Ähnlichkeit mit dem Gesuchten nachzuweisen und bei nicht zu großem Widerstandseinfluß das Gesuchte aus dem Einfall zu erraten. So ließ Freud seine Kranken reden, wie sie wollten. Er hielt aber an der Voraussetzung fest, daß ihnen nichts anderes einfallen kann als das, was, wenn auch oft in indirekter Form oder als Deckerinnerung oder eine Art Ersatzerinnerung, wie eine Anspielung mit Auslassung, aber immer irgendwie zum gesuchten Komplex gehört. Es gilt in der Freudschen Analyse die eine Grundregel für alle Patienten: alles zu sagen, was irgend als Einfall kommt, auch Peinliches, Verpöntes, auch wenn es unsinnig oder lächerlich erscheint. So sichert man sich das Material, das zu den verdrängten Komplexen führt.

Das ist aber nicht der einzige Weg zur Erschließung des Unbewußten und zum Befreien des Verdrängten. Das Unbewußte enthält nach Freud nicht nur Verdrängtes, ein schon einmal im Bewußten Gewesenes, sondern auch unterschwellige Wünsche, Triebe, die wahrscheinlich schon in statu nascendi, ohne je das Bewußtsein ganz erreicht zu haben, wieder zurückgedrängt wurden in Symptome, aber doch recht wirksam und störend sein können. Ich denke an frühkindliche Inzestwünsche und ähnliche. Es gibt eine via regia, um zu diesem Verdrängten im Unbewußten zu gelangen: durch die Kenntnisse und das Verständnis der *Träume.* Im Schlaf ist das Bewußtsein ausgeschaltet, ist die Zeit des Unbewußten, hier kann es schalten und walten und wirken und bewirken und beeinflussen. Es spricht im *Traum.* Aber auch die Träume unterliegen der Zensur der verdrängenden Kräfte, die wir vielleicht so an der Grenze zwischen Bewußt und Unbewußt uns denken können; auch hier ist wieder wie beim Symptom, wie beim freien Einfall die entstellende Kraft

am Werk. Der Traum wird dann gewissermaßen vom Unbewußten *chiffriert,* so daß er die strenge Kontrolle im Bewußten passieren darf. Deshalb muten uns Träume oft so
sinnlos an, wie Wahnideen, wie Schäume. Es sind nicht alle
Träume entstellt, unverständlich und verworren. Kinder-
träume sind oft, so wie sie erzählt werden, abzulesen, sind,
wie Freud schon sah, Wunschträume, die Wünsche erfüllen,
die tags zuvor aus irgendeinem Grund versagt worden waren.
So kann ein Kind von ganzen Bergen von Kirschen träumen,
wenn es sie sich tags zuvor heftig gewünscht, aber keine bekommen hatte. Es ist in jedem Traum ein Rest vom Tag
zuvor mit enthalten, und dieser erinnerte *Tagrest* gibt oft den
Schlüssel zum Verständnis des ganzen Traums. Es passierte
mir in den ersten Nachkriegsjahren, daß ich spät abends
einen völlig unerwarteten und unbekannten Besuch bekam,
vier Mann hoch! Er war mir von Freunden zugeschickt worden, und ich konnte trotz inneren Widerspruchs höflicher-
weise den sehr ungelegen gekommenen Besuch nicht abweisen. Zu allem hin sollte die Weiterfahrt um 4 Uhr morgens
starten, und ich hatte also als gute Hausfrau, noch dazu so
früh am Tage, ein gutes Frühstück zu richten. Ich muß gestehen, daß das Frühaufstehen für mich ein recht großes
Opfer bedeutet hätte. Was macht mein gutes Unbewußtes? Es
läßt mich träumen, wie ich aufstehe, einen reizenden Früh-
stückstisch richte und die Gäste höflich und freundlich ver-
abschiede; und es erfüllt sich mein intensiver Wunsch nach
Langschlaf: ich erwache erst am Morgen, meine Gäste sind
längst schon über alle Berge. Nun sind bei weitem nicht alle
Träume so durchsichtige Wunscherfüllungsträume. Wie gesagt, es ist das Unbewußte häufig gezwungen, den Traum
zu chiffrieren, damit der Traum überhaupt ins Bewußte darf
und vom Bewußten Gehör bekommt. Die Träume haben eine
Entstellung erfahren, und wir müssen den Context dazu erst
suchen. Wir nennen den Traum, so wie er erscheint und an-
gegeben wird, den manifesten *Trauminhalt* und wissen, daß
der latente *Traumgedanke* anders lauten muß. Der manifeste Trauminhalt ist der entstellte Ersatz für den latenten
Traumgedanken. Die Entstellung ist wieder das Werk der
abwehrenden Kräfte des Ichs, welche den verdrängten Wünschen des Unbewußten den Zugang zum Bewußten im Wach-

leben strikte verwehren, die im Halbschlafzustand aber anscheinend nicht so stark sind und die Gedanken und Wünsche in Chiffrierung durchlassen. Und nun versuchte Freud nach diesen Erkenntnissen (wie auch wir heute noch in unserer analytischen Technik es tun), sich zu jedem Punkt des Traumes Assoziationen vom Kranken geben zu lassen, um aus diesem erinnerten Material den latenten Traumgedanken erraten zu können. Es ergibt sich, daß auch die Träume Erwachsener, selbst oft ganz entstellte Angstträume, nichts weiter sind als Wunschträume oder vielmehr Wunscherfüllungen und daß sie, wie schon gesagt, an Eindrücke des Vortages anknüpfen, so daß wir sagen können, der Traum ist eine verkappte Erfüllung verdrängter Wünsche. Nichts gibt mehr Aufschluß über das Sein und Wirken des Unbewußten wie der Traum. An ihm lassen sich die Vorgänge des Psychischen studieren, läßt sich ein eigenes Denken dieses Unbewußten nachweisen, Möglichkeiten eines Bildsehens, Bildempfindens weit über Zeit- und Raumempfinden des Bewußtseins hinaus. Es zeigt sich, daß dieses Unbewußte Möglichkeiten kennt, eine eigenartige *Traumarbeit* zu leisten, den Traum und das im Traum zu Sagende oft auf ganz feine, witzige Art zu verschieben, zu verdichten, in einem *Symbol* sich auszudrücken, um trotz Entstellung doch das zu sagen, was ausgedrückt werden soll. Im Unbewußten sind früheste Kindheit, Jugend, alle Zeit des Lebens wie *gegenwärtig* mit allen ihren Wünschen, Hoffnungen, Impulsen, es kennt keine Zeit- oder Raumbegrenzung. Ein fundamentaler Fund Freuds ist auch noch, daß er nachweisen konnte, daß das Unbewußte für die Darstellung der sexualen Konflikte, die in der Zeit um die Jahrhundertwende, in dieser Zeit der besonderen Prüderie, wohl eine exklusive Rolle gespielt haben, eine ganz besondere typische Symbolik weiß, die wohl individuell etwas variabel, im ganzen aber recht häufig in derselben Form wiederkehrt. Lange, schmale, spitze Gegenstände wie Stöcke, Latten, Türme und Waffen aller Art, insbesondere Säbel, Sicheln, Sensen, Scheren, Revolver usw. gelten als phallische Symbole – und Hohlräume, Schachteln, Schiffsinnenräume, Flugzeugrumpf, alles Runde als Uterussymbole.

So träumt eine ältere, unverheiratete Patientin, die wegen eines Waschzwanges in Behandlung war: Sie liegt im Zimmer des Bruders im Bett und erwartet den Bruder. Das Zimmer hat im Gegensatz zum tatsächlich Gegebenen zwei Betten, die wie Ehebetten angeordnet sind. Der Bruder kommt und bringt ein Paket Zeitungen mit und wirft ihr das ganze Bündel aufs Bett. Sie ist darüber sehr ungehalten im Traum, denn er muß doch wissen, daß ihr die Berührung mit Gegenständen, die der Bruder in Händen gehabt hat, unangenehm ist und sie sich wieder waschen muß. Sie ist aber noch ungehaltener, daß der Bruder sich nicht weiter um sie kümmert, und steht empört wieder vom Bett auf. Da erst entdeckt sie, daß der Bruder blind ist. Sie läßt ihn aber dann ruhig – trotz dieses Wissens um die Blindheit – ganz vereiste Treppen außen am Haus hinuntergehen, sie selbst aber bewaffnet sich mit einer großen Schere und, diese vor sich herhaltend, geht sie auf eine Frau zu, die eine Innentreppe hochkommt.

Der Traum enthält eine Unmenge von Symbolik, die dem Eingeweihten ablesbar ist, ich möchte ihn nicht in alle Einzelheiten auseinanderlegen. Zum besseren Verständnis muß ich erst noch hinzufügen, daß im bewußten Leben diese Frau angibt, ihren Bruder zu lieben, wie es unter Geschwistern üblich sei, daß sie aber eine unendliche Scheu und Angst habe, den Bruder zu berühren. Diese Berührungsangst geht so weit, daß sie schon Gegenstände meidet, die auch nur im entferntesten mit dem Bruder in Berührung gekommen sein könnten, zum Beispiel jeden Türgriff, Telefonzellen, Straßenbahn; diese könnte der Bruder berührt haben, oder andere Menschen könnten durch einen Händedruck mit dem Bruder die Berührung auf diese Gegenstände weitergegeben haben. Wenn trotz größter Sorgfalt sich eine Berührung nicht vermeiden ließ, dann mußten stundenlang die Hände und die Kleider gewaschen werden. Diese Frau träumt nun, allerdings nach vielen vorbereitenden Träumen, die erst den Weg gewissermaßen zu diesem Traum frei machten, völlig neu und gibt Wünsche frei, die sie nie sich im bewußten Leben je hätte eingestehen können. Ihr Im-Bett-Liegen, ihr sehnliches Warten auf den Bruder, ihre große Enttäuschung über das Nichtbeachten zeigen ihre Inzestwünsche, die sie im bewußten Leben peinlichst vermieden hätte. Im Symptom der Berührungsangst ist aber etwas von diesem ganz verpönten Inzest-

Wunsch enthalten. Sie muß, um nie durchschaut werden zu können, immer zu neuen und drastischeren Vorsichtsmaßnahmen greifen, um die Entlarvung vor sich und anderen zu verhindern. Voll Enttäuschung stellt sie im Traum fest, wie blind der Bruder sich ihren Wünschen gegenüber verhält, blind für ihre frühkindlichen Wünsche, und sie läßt ihn voll Haß über die Enttäuschung ruhig als Blinden über die vereisten Stufen außerhalb ihres Hauses hinuntergehen, ungerührt über sein Schicksal, und macht sich dann mittels des Symbols der Schere selbst zum Mann. Sie greift die die Treppe hochkommende Frau an, die in der Assoziation auch wieder als sie selbst erkannt wird. Sie macht sich aus Enttäuschung an der eigenen Weiblichkeit, die der Bruder nicht annahm, selbst zum Mann und greift ihre eigene Weiblichkeit an. So ist auch ihre Haltung im Leben, sie hat ein völlig asexuelles Leben geführt, Männer existieren für sie gar nicht, hat aber im Beruf zäh und verbissen wie ein Mann gekämpft und zeigt ihr Mannseinwollen auch äußerlich in einem hageren, knöchernen Wuchs und Bartwuchs. Der Traum gibt Aufschluß über ein streng vor sich selbst verpöntes Geheimnis und Aufklärung über das geheimnisvolle Symptom des Waschzwanges. So kann der Traum helfen, eine sonst unmöglich erscheinende Aufgabe zu lösen, pathogenes, verdrängtes psychisches Material dem Bewußtsein zuzuführen und die krankhaften Symptome beseitigen helfen. So hilft uns das Verständnis des Traumes auch zu einer tieferen, reicheren Kenntnis des Psychischen und Unbewußten. Das Unbewußte bietet immer wieder mahnend seine Hilfe an und versucht in Fehlhandlung, Symptom und Traum, sich mit seinen Wünschen und Forderungen durchzusetzen, um eine Harmonie zwischen Ich und Es herzustellen und die unerträglichen Spannungen des Gespaltenseins aufzuheben.

Triebe und Triebschicksale nach Freud

von Ursula Laessig

Die Freudsche Trieblehre ist wohl der am schärfsten bekämpfte Teil seines Systems. Für viele Menschen verbindet sich der Name Freud zunächst mit dem Schlagwort »Pansexualismus«. Als er um die Jahrhundertwende mit seinen Entdeckungen und den ersten Versuchen zur Theoriebildung an die ärztliche Öffentlichkeit trat, wurde er – ganz gewiß zu Unrecht – auch persönlich aufs schwerste diffamiert, und bis heute bildet seine Sexualtheorie für viele das größte Hindernis, sich ernsthaft mit diesem großen Forscher und Arzt zu beschäftigen. Aber auch wenn man als Tiefenpsychologe nicht zu dem engeren Kreis der »Freudianer« gehört – ich persönlich gehöre nicht mehr dazu –, so muß man sich doch aufmerksam in seine Trieblehre vertiefen, um dem wirklich Wahren und Bleibenden der Freudschen Entdeckungen gerecht zu werden. Ohne Kenntnis dieser Entdeckungen scheint mir eine tiefenpsychologische Arbeit unmöglich.

Zunächst muß gesagt werden, daß die Behauptung, bei Freud gäbe es nur Sexualtriebe, falsch ist. Er hat sehr wohl die »Ich-Triebe« gekannt, biologisch ausgedrückt: die Selbsterhaltungstriebe. (Die spätere Einteilung in Lebens- und Todestriebe soll uns in unserem Referat nicht beschäftigen.) Was aber in seiner Zeit, der bürgerlich-viktorianischen, nötig war, das war die Erforschung der Gesetze des Sexualtriebes. Es galt, den großen Naturstrom des Geschlechtlichen überhaupt erst wieder fühlen zu lassen, ihn wahrzunehmen und anzuerkennen. Verdrängt ins Unbewußte, verliert er ja nicht etwa seine Dynamik, sondern er übt sie inkognito nur um so unwiderstehlicher aus und büßt nur seinen Sinn, die Fruchtbarkeit, ein. Freud rückte wieder ins Licht, was, der menschlichen Beherrschung und Verantwortung entzogen, als Perversion, als Freude an obszönen, seichten Witzen und Spielereien, als neurotisches Symptom – wie Sie von Frau Dr.

Scheffen gehört haben – oder als unerfreuliche und quälende Charakterhaltung, als Angst und Hemmung gleichsam durch die Poren drang.

Das heißt nun nicht etwa, wie man es oft allzu gern mißverstanden hat, daß man sich »ausleben« müsse, um gesund zu bleiben. Eine libertinistische Haltung lag dem ernsten und unbestechlichen Freud auch persönlich ganz fern. Er machte eine klare Unterscheidung zwischen zwei Formen der Triebverarbeitung, wenn die unmittelbare Befriedigung versagt ist: der Verdrängung und der Verurteilung. Über die Verdrängung haben Sie heute früh etwas gehört; sie geschieht meist kaum oder gar nicht bewußt aus einer ängstlichen Gesamthaltung heraus. Der Mensch ist nicht fähig, sich dem Konflikt zwischen den Triebansprüchen und den Forderungen des bewußten Ich auszusetzen (Freud spricht hier von dem Kampf zwischen Lustprinzip und Realitätsprinzip), und er versucht das durch Ableugnen, Abschieben, Nichthinfühlen zu erreichen. Das geschieht, wie gesagt, fast automatisch; die Reaktion der Verdrängung ist oft von Kindheit an zur zweiten Natur geworden, und der Mensch erfährt praktisch kaum mehr die lebendigen Impulse seiner Natur in ihrer Ursprünglichkeit. Die »Verurteilung« ist etwas psychologisch ganz anderes: sie ist das Ergebnis eines bewußten Abrückens, oft eines schweren Kampfes mit den Triebimpulsen, die wahrgenommen wurden, mit denen man sich offen konfrontiert hat. Die Verurteilung und Beherrschung, besser Meisterung* eines Triebes, kann Leid bringen, macht aber den Menschen nicht neurotisch krank.

Die praktisch wichtigsten Ergebnisse der Freudschen Sexualforschung möchte ich nun in sträflich zusammengedrängter und vereinfachter Form skizzieren.

Durch die Analyse erwachsener Patienten, später durch direkte Beobachtung an Kindern fand Freud, daß die reife Liebes- und Hingabefähigkeit des Menschen eine komplizierte Entwicklung durchmachen muß und daß es mancherlei Gefahren gibt, an denen eine gesunde Entwicklung scheitern kann. Die Libido, von Freud im speziell sexuellen Sinn ver-

---

* Das Wort Selbstbeherrschung wird subjektiv so oft verwechselt mit Selbst-Tyrannei, also dem Zerrbild echten Herrschens, daß ich den Ausdruck »Meisterung« vorziehen möchte.

standen, beginnt ihre Entwicklung schon im Säuglingsalter, verborgen in enger Anlehnung an die Selbsterhaltungstriebe, und durchläuft verschiedene Stufen, ehe sie in der Pubertät als das erscheint, was der Erwachsene als seinen Geschlechtstrieb erlebt. Im großen Überblick sind diese Stufen die Prägenitalität vor der Frühblüte der Sexualität etwa im fünften bis siebten Lebensjahr, der eine Latenzzeit folgt, bis in der Pubertät die Entwicklung sich vollendet.

Freud vergleicht den Strom der Libido, die diese Stufen durchlaufen muß, mit einem Heer, das in feindliches Land vorstößt. Das Heer läßt auf seinem Vormarsch Stützpunkte zurück, während die Hauptmacht weiterzieht. Stößt diese auf unüberwindlichen Widerstand, wird sie beim Rückzug zunächst die alten Stützpunkte besetzen, und die am besten ausgebauten haben die größte Anziehungskraft für die Flüchtenden. Ohne Bild gesagt: Auf ihrem Entwicklungsweg zur reifen Sexualität hinterläßt die Libido gesunderweise Etappen primitiver Reaktionsweisen, die später, wenn der Primat der Genitalität erreicht ist, ihre Bedeutung behalten beim Vorspiel der Liebesvereinigung und als Resonanzboden, durch den der gesamte Leib einbezogen wird in das geschlechtliche Erleben. Durch besondere Konstitution oder durch schädigende Erlebnisse auf den frühen Stufen kann aber eine starke *Fixierung* entstehen, die dem Hauptstrom zu viel Energie entzieht und seine Stoßkraft vermindert. In diesem Fall besteht die Gefahr der späteren *Regression:* die Auseinandersetzung mit den äußeren und inneren Widerständen gegen das Geschlechtliche mißlingt, und die früheren Stufen werden erneut aktiviert, besonders die, an die der Mensch stark fixiert war. Das kann auch dann geschehen, wenn der Vorstoß in den eigentlichen Bereich des Geschlechtlichen so massiv verwehrt wird durch schwere Angsterlebnisse, daß auch ohne besonders schwere Fixierungen die Libido wenigstens partiell zurückströmt auf frühere Stufen, die angstfreier gelebt werden konnten. Diese werden nun übermäßig libidinös besetzt und zur Quelle der verschiedenen Perversionen, Neurosen und Charakterstörungen.

Dieses sehr schematisch skizzierte Bild muß nun im einzelnen ausgeführt werden. Die früheste Libidostufe nennt Freud die orale oder oralerotische (os = Mund). Für den

Säugling ist der Mund nicht nur Aufnahmeorgan für die Nahrung, steht also nicht nur im Dienst der Selbsterhaltung, sondern er ist auch eine »erogene Zone«. Daß auch das gesättigte Kind lutscht, beweist, daß es hier eine besondere Lustquelle gefunden hat. Der Säugling ist gleichsam ganz »Mund«; auch bei seinen ersten Entdeckungen spielt dieser eine große Rolle: die Gegenstände werden nicht nur mit den Händen »begriffen«, »erfaßt«, sondern auch in den Mund gesteckt, um sie sich gleichsam einzuverleiben, wirklich zu eigen zu machen.

Daß beim Erwachsenen der Mund als erogene Zone seine Bedeutung behält, beweist der Kuß als Ausdruck der Zärtlichkeit, als Vorspiel im Bereich des Sexuellen und als dominierendes Ziel mancher Perversionen. Eine gesunde Erogeneität der Mundzone muß erhalten bleiben – wo wir Menschen mit übertriebenen Ekelreaktionen, psychogenen Eßstörungen und Brechneigungen antreffen, können wir verdrängte Impulse dieser libidinösen Komponente vermuten.

Sie erinnern sich, daß ich auch von Charakterstörungen sprach, als ich die Folgen einer gestörten Libidoentwicklung aufzählte. Ich verstehe hier unter Charakter die habituelle Reaktionsweise eines Menschen auf äußere oder innere Wahrnehmungen, sei diese nun konstitutionell bedingt oder im Lauf der Entwicklung zur »zweiten Natur« geworden und in diesem Fall durch Erziehung, Selbsterziehung oder tiefenpsychologische Arbeit beeinflußbar.

Auf jeder Entwicklungsstufe entscheidet sich nun nicht nur das Schicksal libidinöser Triebneigungen oder -aversionen im engeren Sinn, sondern es entstehen auch allgemeine Charakterhaltungen. Das Habenwollen, das Besitzverlangen wird in der oralen Phase mit besonderer und ausschließlicher Gewalt erlebt. Der Berliner Nervenarzt Harald Schultz-Hencke, der die Freudsche Psychoanalyse unter der Bezeichnung »Neo-Analyse« weiterentwickelt hat, hat gerade diese »kategoriale« Seite der Triebentwicklung besonders eingehend erforscht und spricht von »kaptativen« Tendenzen anstatt von Oralität. (Auf die feineren Unterscheidungen beider Begriffe kann hier nicht eingegangen werden.) Praktisch heißt das: die gesunde Fähigkeit, Besitz zu wünschen und zu erwerben, zuzulangen und sich etwas schenken zu lassen, entwickelt sich in diesem frühen Alter. Diese gesunden kaptativen Strebungen sind ebenso weit entfernt von Unersättlichkeit, Habgier und Neid wie von falscher Bescheidenheit. Ein Kind, dessen berechtigtes Verlangen nach Nahrung gestillt wird, das aber auch sonst das bekommt, was seine Natur verlangt: Zuwendung und Zärtlichkeit, Zeit und Raum für sein Spiel und seine Entdeckungsfreude, kurz das Kind, das mit einer instinktsicheren Mutter leben darf, wird normalerweise so viel von diesem ersten Ur-Hunger in sein erwachsenes Leben mitnehmen, daß es ein richtiges Verhältnis zum Besitz hat. Wenn es hingegen in dieser Phase schwere Versagungen erlebt – und auch das verwöhnte Kind ist Versagungserlebnissen besonders ausgesetzt – entstehen Fixierungen. Dann werden Versagungen später übertrieben leidvoll erlebt, der Mensch neigt zum Neid, wo er bei anderen Besitz sieht, selbst dann, wenn ihm eigentlich nichts an den Dingen liegt, die die anderen haben.

Je schmerzhafter das unstillbare Verlangen ist, und je weniger es zu vereinen ist mit den Forderungen der Erzieher, desto größer ist die Gefahr, daß sich das Kind unbewußt in eine Haltung flüchtet, wie wir sie aus der Fabel vom Fuchs und den sauren Trauben kennen. Die Gier wird verdrängt, man weiß nichts mehr von ihr, man ist in einem falschen, unelastischen Sinn bescheiden geworden. Denken Sie an Menschen Ihrer Bekanntschaft, denen Sie freundlich einen bequemen Sessel anbieten und die sich nur auf die äußerste Kante zu setzen wagen! Solche Haltung kann ein ganzes Menschenleben verkümmern: Wo sich Fülle bietet, können diese »Bescheidenen« nicht dankbar aufnehmen und genießen. Das kann bis ins religiöse Leben hineinwirken. Ich denke da an Guardinis Wort: »Der Christ soll wohl demütig sein, nicht aber bescheiden.« (In »Der Herr«, 2. Auflage, Seite 169.) An einem Beispiel kann ich hier zeigen, was auch für die später zu behandelnden Triebstufen gilt: die Tendenz des Verdrängten, oft in versteckter Form, den Wall der Verdrängung zu durchbrechen. Ich denke an eine frühere Schülerin, eine Sozialpädagogin, die mit einer Freundin zusammen lebte, ein fast bis zur Askese bescheiden lebendes Mädchen. Aber sie litt furchtbar, wenn diese Freundin eine selbständige Unternehmung wagte. Einmal brach es bei ihr heraus: »Ich bin doch wirklich nicht unbescheiden, aber daß mir *ein* Mensch ganz gehört, das ist doch wohl nicht zuviel verlangt!« – Sie kennen sicher auch Menschen, die durch ihr ganzes Gehabe andere bis aufs Blut seelisch ausnutzen, wie ein Schmarotzer von ihnen leben und die doch nicht unbefangen ein Geschenk annehmen können.

Unter den neurotischen Krankheiten, deren Disposition in Störungen der oralen Stufe zu suchen ist, ist besonders die Depression zu nennen. Das unendliche Leeregefühl, der unstillbare Heißhunger nach Liebe, Verständnis, Anerkennung ist Ihnen bekannt. Was immer man diesen Kranken gegenüber an Liebe und Interesse aufbringen mag, kann nicht wirklich den Hunger stillen. Für Ihre Praxis scheint mir besonders wichtig das benachbarte Gebiet der Süchte. Einige zeigen ja deutlich den oralen Ursprung, die Alkohol- und Nikotinsucht. Aber auch durch Spritzen einverleibte Rauschgifte wie das Morphium sollen einen Heißhunger stillen, einen qualvollen Spannungszustand beseitigen: der Mensch sucht zurückzusinken in früheste Kindheitszustände, geradezu in den Mutterleib, wo alle Qual, alle Verantwortung ausgelöscht sind in einem Meer des Träumens und Vergessens.

Soviel über die erste Libidostufe, die orale.

Die zweite ist schwieriger darzustellen, nicht nur, weil sie vielfältiger ist, sondern weil sie stärkere Widerstände hervorzurufen pflegt, an peinlichere Probleme rührt. Freud nannte sie die anal-erotische, auch die anal-sadistische (anus = Darmausgang). Im zweiten und dritten Lebensjahr wird der Darm zur erogenen Zone, und das Kind gewinnt spontanes Interesse an seinen Exkrementen und den Entleerungsfunktionen.

Daß der Darm als erogenes Organ bei gewissen Perversionen und Psychosen eine große Rolle spielt, ist dem Psychiater bekannt. Aber diese selteneren Fälle sind für uns nicht so wichtig. Daß aber Verdauungsstörungen, besonders die so sehr verbreitete Stuhlverstopfung, in der Mehrzahl der Fälle psychogen sind, auf Fixierungen an diese Stufe zurückzuführen und psychotherapeutisch heilbar sind, muß man heute wissen. Besonders interessant aber ist das Studium der Charakterformen, die sich in dieser Phase entwickeln.

Es ist die Zeit der Reinlichkeitserziehung. Das Kind, das ursprünglich keinen Ekel empfindet vor seinen Exkrementen, muß ein Gefühl entwickeln für den Unterschied von Sauber und Schmutzig. Nicht nur dieser Wertung des Erwachsenen muß es sich anpassen, auch der zeitlichen Ordnung, die von der Mutter gewünscht wird. Wenn solche Anpassung nicht zu früh und zu rigoros verlangt wird, ist das Kind bereit, um der immer stärkeren menschlichen Beziehung zur Mutter willen auf seine frühere Lust am willkürlichen Festhalten und Ausstoßen des Stuhles zu verzichten. Und wenn man ihm genügend Möglichkeit gibt, mit Wasser, Sand, Knetmasse zu planschen und zu schmieren und so eine urwüchsige Beziehung zum Stoff zu entwickeln, gibt es sein Interesse an den Exkrementen bereitwillig auf. Aber nur dann! Die übersaubere, überordentliche und ungeduldige Mutter kann zwar zunächst oft die schönsten Erziehungserfolge vorzeigen (oder auch nicht!), setzt aber gefährliche Fixierungspunkte. Es bleibt eine Lust am Schmutzigen bestehen, etwa als Freude an schmutzigen Ausdrücken und Witzen, die nicht witzig, sondern eben nur schmutzig sind, und eine Abneigung gegen Ordnung und Pünktlichkeit bis zur Verwahrlosung. Oder aber es entwickelt sich durch »Gegenbesetzung« anstelle einer gesunden Freude an Sauberkeit und Schönheit eine sterile Überreinlichkeit und Pedanterie, auch im ethischen und religiösen Bereich. Eine Überbewertung des Aesthetischen, formal Gesetzlichen und der abstrakten Theorie bahnt sich an und isoliert den Menschen mehr und mehr von der stofflichen Wirklichkeit auch seines eigenen Leibes. Die Erschütterung durch die geheimnisvolle »dunkle Seite« des Geschlechtlichen ist ihm versagt und damit eine Grunderfahrung des Lebens überhaupt.

Das Verdrängte aber, das sahen wir schon, lauert immer auf eine Gelegenheit, sich unbemerkt doch noch zu realisieren. Ein Beispiel aus der Praxis eines Kollegen mag das deutlich machen. Eine zwangsneurotische (später geheilte) Patientin sieht sich außerstande, das Eßgeschirr ihres Mannes in dem Spülstein abzuwaschen, den sie soeben aufs peinlichste gesäubert hat. Um eine Beschmutzung zu vermeiden, findet sie den Ausweg, den Teller ins Klosettbecken zu halten und durch die Spülung zu reinigen – wohlgemerkt: aus Reinlichkeitsgründen! Der Alltag zeigt uns etwa die Hausfrau, bei der alles geleckt sauber sein muß, die aber bei ihren Nachbarn stets das Schlechte und Schmutzige wittert und sich daran erquickt, oder den »Spieß« seligen Angedenkens, der nach dem kleinsten Stäubchen Jagd macht, in dessen Wortschatz es aber von »analen« Ausdrücken wimmelt.

Die zweite seelische Haltung, die sich auf der analen Stufe entwickelt, ist die Stellung zum Besitz. Bei der Sauberkeitserziehung muß das Kind zum erstenmal etwas willig abgeben, und zwar der Mutter zulieb zu einem Zeitpunkt, da es selber gar nicht möchte. Es muß die Erfahrung machen: man kann abgeben, loslassen, ohne daß man wirklich dadurch ärmer wird. Sie wissen, daß viele Kinder das nur mit großen Schwierigkeiten lernen; viele Erwachsene bleiben hier körperlich fixiert, was sich in einer chronischen Stuhlverstopfung zeigt. Neben diesem Zeichen eines krampfhaften Festhaltenwollens, entstehen hier bestimmte Charakterzüge, die Sparsamkeit bis zum Geiz, das Hängen am Besitz. Schon das Wort »Besitz« verrät, daß die Leute auf ihrem Geld sitzen möchten. Das Gefährliche einer solchen Fixierung für die Gesamtpersönlichkeit liegt in der Überbewertung des Besitzes um seiner selbst willen, also der Unfähigkeit, ihn in den Dienst wichtigerer Dinge zu stellen. Bis ins Geistige kann sich das auswirken, etwa in der Überbetonung des geistigen Eigentums, und auch in der Liebe, die dann beherrscht wird von dem Trieb, den anderen zu besitzen und festzuhalten. Die krankhafte Eifersucht ist ja gekennzeichnet durch die Zwangsvorstellung, daß Liebe dadurch geringer wird, daß auch andere Menschen an ihr teilhaben, so als wäre sie etwas Stoffliches.

Der dritte Aspekt dieser Libidostufe ist dadurch ausgedrückt, daß Freud sie auch die anal-sadistische nennt. Wir bekommen wohl am ehesten Zugang zu dieser Tatsache, wenn wir uns klar machen, daß hier die ersten Formen des Trotzes, der Kampfansage gegen die Umwelt sich zeigen. Das bekannte Zitat aus Götz von Berlichingen zeigt deutlich genug die Beziehung des Kämpferischen mit der analen Sphäre, ebenso wie eine Anzahl anderer Kraftausdrücke. Hier gilt es, ähnlich wie wir es bei der Reinlichkeitserziehung sahen, das Gesunde solcher kindlichen Herausforderung und Aggression zu entwickeln, etwa im Sport, in Aktivität und Selbständigkeit, anstatt den »Trotz zu brechen«. Dadurch nämlich würde er nur um so starrer bleiben und sich z. B. auch im Geistigen später als Rechthaberei um jeden Preis äußern. Schwere Verdrängungen der aggressiven Tendenzen können sich, besonders wenn sie sich mit sexuellen Strömungen verbinden, bis zum Sadismus steigern, der zwar oft durch eine übertriebene Sanftmut und Selbstaufopferung überdeckt ist, dann aber doch als Tendenz, sich oder die anderen grausam zu quälen, wirksam werden kann.

Die Neurose, die durch Fixierung auf dieser Stufe entstehen kann, ist die Zwangsneurose (z. B. Waschzwang, Zählzwang, Grübelzwang, Skrupel). Auch das Stottern wäre hier zu nennen, denn auch bei diesem Leiden handelt es sich ja darum, daß der bewußte Wille zum Hergeben gestört wird durch ein Nicht-hergeben-Können durch unbewußte Hemmungen.

Wenn wir mit der Hauptmacht der Libido weiterziehen, kommen wir zu dem Stadium, das Freud die Frühblüte der kindlichen Sexualität oder besser Genitalität nennt. Die genitale Stufe wird etwa mit dem fünften Jahr erreicht. Noch ehe später der Sturm der Pubertät einsetzt, müssen schon in der Kleinkindzeit Vorstufen gereift sein, wenn die Entwicklung später gesund verlaufen soll. Das Kind kommt in die Zeit der Ödipusproblematik, bzw. des Ödipuskomplexes, wenn diese Problematik sich nicht in gesunder Weise löst. Ödipus, über den Frau Dr. von Graevenitz ausführlicher sprechen wird, ist ja der Held der griechischen Sage, der unwissentlich seinen Vater erschlug und seine Mutter heiratete; mit seinem Namen ist ein Urproblem der Menschheit verbunden, der Inzest. Auf das Kind übertragen: auch der erste Schritt in das dunkle, geheimnisvolle Gebiet der Geschlechtlichkeit wird zunächst innerhalb des Nestes gewagt und hat die Personen der nächsten Umgebung zum Gegenstand. Die erste geschlechtlich betonte Liebe wird noch in der elterlichen Obhut gelebt, und von dem Schicksal dieser Liebe hängt unendlich viel ab für die spätere Liebesfähigkeit überhaupt.

Normalerweise zeigt sich das beim Kind in der Vorliebe für den andersgeschlechtlichen Elternteil, in stürmischer Zärtlichkeit und Eifersucht. Wenn die Eltern diesen Stürmen allzusehr entgegenkommen oder die Verhältnisse zu ungesunder Lebensweise führen (wenn etwa das Söhnchen im Ehebett neben der Mutter schläft), kann eine gefährliche

Fixierung entstehen: der Junge kommt niemals recht von der Person seiner Mutter los, bleibt etwa Junggeselle, heiratet eine ältere mütterliche Frau, oder nimmt seine Mutter real oder psychisch mit in seine Ehe, oder die Tochter sucht im Mann in erster Linie ihren Vater. Die Schöpfungsordnung, daß der Mensch Vater und Mutter verlassen muß, um seinem Weibe anzuhangen, gelingt später gar nicht oder schwer.

In einer gesunden und liebevollen Familie pflegt sich die Ödipusproblematik dadurch zu lösen, daß etwa der Junge trotz seiner Eifersucht seinen Vater nicht nur haßt. Er ist ja auch der Mann, mit dem man eine Fülle herrlicher Dinge erleben kann und der einem als Beispiel imponiert, ebenso wie das kleine Mädchen niemals auf die Liebe ihrer Mutter verzichten möchte. In diesem Fall wird der Konflikt unbewußt, und seine Energien fließen einer psychischen Instanz zu, die Freud das Über-Ich nennt. Das Bild der gleichzeitig geliebten und doch auch distanzierten Eltern wird tief in die Seele hineingenommen. Was später als »innere Stimme«, als Gewissen im Menschen wirkt, hat nach Freud seine Energie sowohl wie seinen Inhalt durch die elterlichen Vor-Bilder und Gebote bekommen. In einer gesunden Entwicklung ist diese Instanz bei aller Festigkeit doch elastisch genug, um später etwa durch Belehrung oder Lebenserfahrung andere Inhalte hinzuzufügen oder umzulernen und sich mit dem großen Problem der Schuld in echter Weise auseinanderzusetzen. Aus Ihrer Seelsorgepraxis kennen Sie aber auch Menschen, die z. B. unfähig sind zu einem echten Schulderlebnis, ebenso aber auch solche, die eine Absolution nicht wirklich aufnehmen können. Ihr Gewissen ist starr und unzugänglich wie es die Eltern waren, darum ist es nicht durch ein gläubig angenommenes Absolvo te zu beruhigen. Es besteht aber auch die Gefahr, daß sich der Mensch von einem Übermaß an Druck zu retten versucht, indem er seine Gewissensstimme durch Verdrängung ganz zum Schweigen bringt.

Zu der Problematik der genitalen Stufe gehören aber nicht nur die seelischen Beziehungen zu den Eltern. Diese sind von Anfang an schon von sinnlichen Erregungen oft nur ganz flüchtiger Art begleitet. Die Genitalorgane werden jetzt zur erogenen Zone, wie es vorher der Mund und der Darm

waren. Auch bei ganz gesunden Kindern finden wir hier ona-
nistische Betätigungen, die zum großen Teil aus der Ent-
deckerlust entspringen. Das Kind beginnt sich Gedanken zu
machen über die körperlichen Geschlechtsunterschiede und
die Entstehung des Menschen. Wenn man hier unbefangen
entgegenkommt und dem Kind erklärt, was es beunruhigt,
dann pflegt es sich bald anderen Interessen zuzuwenden. Es
hat ja am Tage so unendlich viel zu tun, daß es abends müde
ist und bald einschläft. Eine allzu häufige, zwangshafte
kindliche Onanie ist ein Zeichen für eine infantile Neurose.
Hier liegt meist eine Ersatzbefriedigung vor: das Kind tröstet sich über einen Mangel an Liebe und Interesse hinweg;
das Geschlechtliche wird fremden Zwecken unterworfen.

Eine unbefangene und vertrauensvolle Haltung der Eltern
dem Kind auf dieser Entwicklungsstufe gegenüber ist nicht
häufig. In den meisten Fällen wird gedroht oder gestraft,
wobei die Drohung, daß Krankheit eine Folge der Onanie
sein wird, nur scheinbar eine sanftere Form der Strafe ist.
Wenn diese frühe Stufe der Sexualität mit Angst verknüpft
wird, entsteht das, was Freud den »Kastrationskomplex« genannt hat, der in seiner Neurosenlehre eine so große Rolle
spielt. Die Erfahrung zeigt tatsächlich, wie gefährlich es ist,
wenn die Vorstöße des kleinen Kindes in die ohnehin schwer
zu bewältigende und geheimnisvolle Welt der Geschlechtlichkeit auf einen Wall von angsterregender Abwehr stoßen.
Nicht nur, daß später ein unbefangenes Geschlechtserleben,
bzw. überhaupt eine gesunde Stellung zur eigenen Männlichkeit oder Weiblichkeit erschwert ist. Sie erinnern sich an
unser Bild von den zurückflutenden Truppen, wenn sie auf
einen zu starken Widerstand stoßen. Die Libido regrediert
auf frühere Stufen, zunächst auf die anale, und erst dadurch
entstehen die schweren Formen der Zwangsneurose. Die Beziehung zu der Welt der Liebe muß in diesem Alter zwar
vorsichtig und schamhaft, aber eben doch positiv und erwar-
tungsvoll sein, wenn der Mensch später fähig sein soll, sich
ihrem Feuer auszusetzen. Je mehr in seinem Erleben präge-
nitale, also anale und orale Haltungen überwiegen, um so
weniger ist er später zu echten Beziehungen fähig.

Auf die »Ödipusphase« folgt nun nach Freud die sogenannte Latenzzeit, etwa vom siebten Lebensjahr bis zur Pu-

bertät, in der das Kind sich vorwiegend der Eroberung und Bewältigung der äußeren Umwelt widmet und das libidinöse Interesse zurücktritt. Dieses setzt dann in der Pubertät um so stürmischer ein. Wie diese Zeit von dem jungen Menschen verarbeitet wird, hängt weitgehend davon ab, wie er in der Kleinkindzeit darauf vorbereitet wurde. Jetzt muß sich die personale Liebe mit den Trieben verbinden, und der junge Mensch muß sich endgültig mit der Tatsache befreunden, daß er sein Leben als Mann oder als Frau zu leben hat.

Auch das Geistige kann nur dann gesund, d. h. also schöpferisch sein, wenn es nicht durch »anale« Komponenten gefesselt ist. Je mehr diese überwiegen, um so größer wird die Neigung zum Grübeln, zum pedantischen Sammeln von Material und Einordnen in Kartotheken sowie zum Rechtbehalten-Wollen auch um den Preis der Wahrheit. Geistiges Leben aber hat etwas mit »Zeugen« zu tun und mit geduldigem Austragen der Erkenntnisse, es bedarf des Austausches mit anderen Suchenden, der liebevollen Betrachtung und der Möglichkeit zum freien Gedankenspiel. Es gehört zu den beglückendsten Erlebnissen unserer Praxis, zu sehen, wie mit der ehrlichen Verarbeitung der Triebkonflikte auch der Geist immer mehr an Freiheit und Produktivität gewinnt.

Die Individualpsychologie von Alfred Adler

von Johannes Neumann

Unsere Aufgabe ist es, nun die zweite Schule der Tiefenpsychologie darzustellen. Diese Aufgabe wurde geteilt in die Darlegung der Ansichten Adlers selbst und – so wie das Thema uns gestellt wurde – der Gemeinschaftspsychologie von Leonhard Seif und Fritz Künkel. – Das ist eine nicht ungeschickte Formulierung. Denn dem Formalprinzip nach ist der Name, den Adler seiner Schule gab: Individualpsychologie, d. h. Psychologie des Individuums, der unteilbaren Einheit und Ganzheit der Person. Adler setzt sich damit in Gegensatz zu der Wissenschaftstheorie des 19. Jahrhunderts, die von den Teilen ausging (etwa den Einzelvorstellungen oder den Einzeltrieben), aus denen sich dann die Ganzheit zusammensetzen sollte. Die Ganzheit, so sieht es Adler, ist am *Anfang*, und zwar historisch wie systematisch. Die *Ganzheit* ist das Primäre; nicht aber ein Gegensatz von Unbewußt und Bewußt. Und noch in einem anderen Sinne spricht Adler von »Individualpsychologie«: er meint damit die *Einmaligkeit* der *Einzel*person. Es war ein Erlebnis eigener Art, wenn man Adler in der intuitiven Erfassung des *einzelnen* Menschen zuhören konnte.

Die Tiefenpsychologie leidet bis heute sehr darunter, daß ihre Gründer der wissenschaftlichen Herkunft nach Mediziner, und nicht Fachpsychologen waren: so ist im exakt fachpsychologischen Sinne mancherlei nicht korrekt. Das ist wohl auch der Grund dafür, daß sie in der offiziellen psychologischen Forschung nicht recht Fuß fassen konnte – sichtlich zum Schaden beider Teile. So hat Adler übersehen können, daß ja der Terminus Individualpsychologie schon vergeben war, nämlich an eine Unterdisziplin der Psychologie: an die Disziplin einer *Individual*psychologie, im Gegensatz zu einer *Sozial*psychologie. – Nun ist aber die *Individual*psychologie Adlers eine *Sozial*psychologie im eminentesten Sinne! Denn das Materialprinzip, das sie lehrt, ist eine ganz spezifische Sozialpsychologie, nämlich eine Psychologie der Gemeinschaft. Darum offenbar wurde uns das Thema gestellt, im zweiten Teil zu berichten über die Gemeinschaftspsychologie von Seif und Künkel. Und ohne Frage liegt bei beiden der Zentralgedanke in eben dieser Richtung.

Der Terminus »Gemeinschaftspsychologie« stammt aus dem Dritten Reich, wo Freud wie Adler nicht gelitten waren. Aber man konnte ja nicht entbehren, was sie geschaffen hatten. Und so nannte man denn die Psychoanalyse *Entwicklungs*psychologie und die Individualpsychologie wurde in Gemeinschaftspsychologie umbenannt, Namen, die es ja nur in Deutschland gab, die darum von ihren Freunden auch stillschweigend wieder fallen gelassen wurden.

Es ist nun nicht einfach, die Individualpsychologie darzustellen. Denn es sind nur wenige Grundbegriffe, die außerdem großenteils so sehr in den allgemeinen Sprachgebrauch übergegangen sind, daß man oft gar nicht weiß, daß sie von Adler stammen. Ebenso wie Hitler das Wort Minderwertigkeitskomplex brauchte – freilich ohne offenbar den Schöpfer dieses Wortes zu kennen –, so sprach auch General Smuts davon; er allerdings mit voller Anerkennung Adlers, dem er nach dessen plötzlichem Tode von Südafrika aus einen Nachruf widmete. Wir alle kennen die Worte: Minderwertigkeitsgefühl, Geltungsbedürfnis, Leitlinie, Leitbild, Lebensstil, Lebensplan, »Wille zur Macht« (auf den Lebensplan angewandt), um nur die Hauptbegriffe zu nennen. Eben weil diese so leicht eingehen, ist es schwer, sie im Einzelfall anzuwenden. Und hier teilt die Individualpsychologie das Schicksal aller Disziplinen, die es mit der Seele zu tun haben, ob es nun die Religion, die Ethik, ob es die Kunst, ob es die Politik ist: Worte sind Schall und Rauch: »Was ihr nicht fühlt, ihr werdet's nicht erjagen.« Nur wer mit der Individualpsychologie lebt, wem sie etwas für sein Leben zu sagen hat, wer sich von ihr ansprechen und formen läßt, nur der kann sie recht erfassen. Und auch der hat das Recht zur Kritik. Nur wer etwas zuvor liebt, darf auch Kritisches sagen. Denn dann ist Kritik nicht Herabsetzung des Kritisierten und Hebung der eigenen Person. Die Kritik, die aus der Liebe kommt, will fördern. So können wir denn die irrtümlichen Auffassungen der Individualpsychologie hier gleich abweisen: sie ist keine Triebpsychologie, keine Psychologie des Selbstbehauptungstriebes in Gestalt des »Willens zur Macht«, wie man vielfach meint, um einen Gegensatz zu Freuds Vereinseitigung des Sexualtriebs zu konstruieren. Adler spricht sogar von der »Depossedierung des Selbstbehauptungstriebes«. Die Individualpsychologie ist auch keine Milieutheorie, die meint, der Mensch werde aus dem Milieu bestimmt wie ein Objekt. Sie ist auch keine rein rationale Psychologie; ebensowenig ist sie »reduktiv«, indem sie sich damit begnügt, die Ableitung der seelischen Schwierigkeiten aus ihrer Entstehung als Therapie anzuzeigen. Mit Recht würde man dann fragen: was hilft es, wenn ich weiß, wo meine Schwierigkeiten herkommen? – All das sind Mißverständnisse solcher Kritiker, die die Individualpsychologie von außen sehen, aber sich ihrer Forderung, ihr eigenes Leben von ihr ändern zu lassen, nicht unterwerfen, sich im Gegenteil mit solchen Mißverständnissen eine eigene Änderung ersparen wollen.

Seit fast 30 Jahren in der Individualpsychologie lebend und 25 Jahre mit ihr arbeitend, wollen wir sie darstellen. Dabei wird es uns freilich gehen wie einem Dirigenten, der 25 Jahre eine Symphonie dirigiert hat: er ist mit ihr so verwachsen, daß er nicht wird sagen können, was bloßes Wiedergeben und was Interpretation sei. Wenn auch wir nicht, einfach Adler zitierend, berichten, so ist doch, was ich Ihnen bringen will, genuine Individualpsychologie.

Adler ist wie Freud – trotz seines relativ kurzen Lebens – in seiner Theorie nicht immer derselbe geblieben. Sein Prinzip freilich, das *der Ganzheit des auf die Gemeinschaft bezogenen Menschen,* der Auffassung *der Neurose als einer sozialen Erkrankung,* steht von Anfang an fest. Aber er mußte noch die Terminologie, gleichsam die Eierschalen des 19. Jahrhunderts abstreifen. Zu Anfang hat er noch den Sprachgebrauch des Triebes (Aggressionstrieb), glaubt auch, daß zu jeder Neurose eine Organminderwertigkeit des Sexualapparates gehört usw. Ja, bis zum Schluß seines Lebens ist er in dem Sinne Darwinist geblieben, daß er an eine Evolution glaubte, in der die Individualpsychologie Entscheidendes zur Entwicklung der Gemeinschaft der Menschheit zu bringen habe. In der Tat: wenn alle Völker und innerhalb der Völker jeder

einzelne seinen Willen zur Macht (darüber noch später) ab-
gestreift hätte, wenn es mehr um die Gemeinschaft, um das
Verstehen, um das Entgegenkommen, um das Geltenlassen
des anderen gegangen wäre – hätten wir dann das Elend
der Weltkriege gehabt? Es gäbe keine Lehre, die für die
Menschheit wichtiger wäre als die Seine, war das stolze
Selbstbewußtsein Adlers. Aber Adler war im privaten Gespräch kritisch genug, den kommenden Untergang Europas
schon um 1930 als wahrscheinlich vorauszusehen. – Noch bis
zum Ende seines Lebens sprach Adler vom Begriff der Nütz-
lichkeit und Unnützlichkeit, an dem sich der Lebensstil scheidet.

Ronge-Utrecht hat die *Weiterentwicklung der Theorie der
Individualpsychologie* dargestellt; sie geht bei den Schülern
und Freunden Adlers dahin, daß diese aus den Prinzipien
der Individualpsychologie heraus die Reste der Anthropologie
des 19. Jahrhunderts abstreifen und so all das, was in Adlers
genialem Ansatz steckt, zur Entfaltung bringen. Gibt es doch
keine »reine« Psychologie – was hier nicht darzustellen ist.
Alle Theorien, ja schon die Prinzipien jeder Psychologie, ihre
Grundbegriffe, sind abhängig von dem Menschenbild, das ihr
zugrunde liegt. Ihrer Anthropologie nach ist die Individualpsychologie – was zu zeigen über den zeitlichen Rahmen
hinausgeht, der uns hier zur Verfügung steht – Existenzphilosophie, ja, sie geht weit über diese hinaus, indem sie nicht
nur eine ontologische Existenzphilosophie ist, sondern eine
axiologische, indem sie den Selbstwert des Menschen ins
Zentrum stellt; nicht allein also das *Sein*-Können, sondern
das *Selbstwert*-sein-Können. Wir denken dabei an die theologische Formulierung vom »unendlichen Wert der Menschenseele«.

Nun können wir uns der Darstellung der Grundgedanken
der Individualpsychologie zuwenden. Wir Deutschen neigen
dazu, überall wissenschaftliche Linien zu ziehen. Die Individualpsychologie hat es auch getan. In der Tat finden sich
Grundgedanken der Individualpsychologie schon bei Friedrich Schiller, der ja nicht nur Dichter und Professor der Geschichte, sondern auch Arzt war. Ich verweise auf Schillers
kleine Schrift »Der Verbrecher aus verlorener Ehre«, in der
er im »Sonnenwirt« das historische Modell des Franz Moor
beschreibt:

»Christian Wolf war der Sohn eines Gastwirts. – Er half bis in sein zwanzigstes Jahr seiner Mutter, die Wirtschaft besorgen, denn sein Vater war tot. Die Wirtschaft war schlecht, und Wolf hatte müßige Stunden. Schon von der Schule her war er für einen losen Buben bekannt. Erwachsene Mädchen führten Klage über seine Frechheit, und die Jungen huldigten seinem erfinderischen Kopfe. Die Natur hatte seinen Körper verabsäumt. Eine kleine, unscheinbare Figur, krauses Haar von einer unangenehmen Schwärze, eine platt gedrückte Nase, eine geschwollene Oberlippe, welche noch überdies durch den Schlag eines Pferdes aus ihrer Richtung gewichen war, gaben seinem Anblick eine Widrigkeit, welche alle Weiber zurückschreckte und dem Witz seiner Kameraden reichliche Nahrung bot. Er wollte ertrotzen, was ihm verweigert war; weil er mißfiel, setzte er sich vor zu gefallen. Er war sinnlich und beredete sich, daß er liebe. Das Mädchen, das er wählte, mißhandelte ihn. Er hatte Ursache zu fürchten, daß seine Nebenbuhler glücklicher wären. Doch das Mädchen war arm. Und ein Herz, das seinen Beteuerungen verschlossen blieb, öffnete sich vielleicht seinen Geschenken. Aber ihn selbst drückte Mangel, und der eitle Versuch, seine Außenseite geltend zu machen, verschlang noch das Wenige, was er durch eine schlechte Wirtschaft erwarb. Zu bequem und zu unwissend, seinem Hauswesen durch Spekulation aufzuhelfen, zu stolz, auch zu weichlich, den Herrn, der er bisher gewesen war, mit dem Bauer zu vertauschen, sah er nur einen Ausweg vor sich ... den Ausweg, honnett zu stehlen ... er wurde Wilddieb.«

Ein krasser Fall von Organminderwertigkeit: Klein, auffallend häßlich und dadurch in verstärktem Maß den Kameraden gegenüber benachteiligt, setzt sein Selbstwertgefühl weit unterhalb eines normalen Selbstgefühls an. Dieses erlebte Minderwertigkeitsgefühl soll durch forciertes Geltungsbedürfnis ausgeglichen werden. So entsteht ein Charakter kompensatorischer Art. Das ist das Grundgesetz, das Schiller intuitiv voraussah und das Adler nun theoretisch formulierte: Aus der Minderwertigkeit von Organen entsteht ein Minderwertigkeitsgefühl, das nach einem Ausgleich strebt. Solche Organminderwertigkeiten sind angeboren, etwa des Herzens, des Magen-Darm-Traktes, auch des Nervensystems u. a.; für Schulkinder besonders zu beachten: der Augen! Auch Kleinheit, ebenso besondere Größe, Rothaarigkeit, neuerdings Kriegsbeschädigungen werden als Minderwertigkeiten erlebt. Das Minderwertigkeitsgefühl ist ein fixer Punkt (unten). Aus dem Gefühl der Ohnmacht zu einem Gefühl der Steigerung der Selbstmächtigkeit zu kommen, gilt als erstrebenswertes Ziel (oben). Das *Ziel* ist ein *Leitbild,* die Linie der seelischen Bewegung dorthin die *Leitlinie.* So ist das Seelenleben zukunftsgerichtet, *final.* Und zwar *ganzheitlich,* Leib und Seele umfassend, auch das Bewußte und das Unbewußte einheitlich bildend, womit für die Individualpsychologie der Gegensatz Bewußt–Unbewußt als neurosebildend entfällt. Da diese Lebenseinstellung in der Kindheit entsteht, ist der *Lebensplan* noch *unverstanden,* womit Adler dem formalen Begriff des Unbewußten einen Inhalt gibt. Das ganze Leben bewegt sich geformt nach einem solchen Leitbild zielgerichtet. Das *Persönlichkeitsideal* formt das Schicksal, bestimmt Gesundheit und Krankheit, bestimmt, was wir erleben, bestimmt auch, was wir nicht erleben. Auch die nervösen Symptome sind final zu sehen; es wird die Frage gestellt: welchen Zweck erfüllt eine nervöse Erkrankung im Lebensplan? Der Sonnenwirt in Schillers Novelle z. B. benutzt Frechheit und Sinnlichkeit, um das verletzte Selbstwertgefühl auszugleichen, um durch die Geltung bei den Kameraden zu gewinnen, was die Natur ihm verweigert hat. (»Kleen, aber oho«, sagt der Berliner, »Kloane Dippcher koche gern iber«, sagt der Hesse, »Im Buckel steckt die Bosheit«, Thersites bei Homer.)

Adler fand, daß sein entdecktes Kompensationsgesetz als die Ursache des »nervösen Charakters« auch sonst noch vorkommt. Das Kind ist dem Erwachsenen gegenüber benachteiligt, es empfindet seine Kleinheit; es leidet darunter, daß der Erzieher immer oben, es immer unten ist. Es will auch groß sein und seine Kleinheit ausgleichen. Ein forciertes Minderwertigkeitsgefühl ersteht in der *autoritären,* in der strengen, in der vernachlässigenden, harten Erziehung. Der autoritäre Erzieher operiert mit der Angst des Kindes.

Auf verschiedene Art nun kann das Kind versuchen, mit diesem Minderwertigkeitsgefühl fertig zu werden. Es könnte sachlich aktiv antworten, das Erlebte positiv verarbeiten, eine bessere, sachlichere Welt schaffen. Es kann auch aggressiv werden und einen Willen zur Macht entwickeln, als Leitbild eine Rolle erstreben, in der es auch herrscht, auch grausam ist, wie es selbst es erlebte. Dann entwickelt es die Züge des Autoritären, z. B. ausschließliche Dominanz des eigenen Willens:

Gewalttätigkeit, Reizbarkeit, Starrheit der Gedanken und des Willens, Gefühllosigkeit, Skrupellosigkeit. (Ausführlich beschrieben in »Macht und Liebe, ein Grundproblem einer Psychopolitik«, Internat. Zeitschrift für Individualpsychologie, Wien 1949.) Das Kind kann auch Gegenideen entwikkeln, eine neue Welt schaffen wollen, die besser ist; was Nietzsche als Machiavellismus der Macht ansieht. – Ein anderer Weg ist die Flucht in die Angst in Gestalt nervöser Symptome. An dieser Stelle sind viele Angstneurosen verwurzelt mit Examensangst in Form von Kopfschmerzen, Erbrechen, Gedächtnisstörungen, Schlaflosigkeit, vielerlei Spasmen (Verkrampfungen); bei Frauen zufolge eines autoritären Vaters die Angst vor der Liebe, seelisch und körperlich (Nicht-heiraten-Können, Dysmenorrhoe); bei Männern durch eine autoritäre Mutter Angst vor der Frau, Potenzstörungen, auch Homosexualität.

Die entgegengesetzte Erziehung, die *verwöhnende,* verzärtelnde Erziehung macht das Kind ebenfalls lebensuntüchtig. Sie hält vom Kind alles fern, was schwierig sein könnte. Dadurch gewinnt das Kind auch ein Minderwertigkeitsgefühl: »Ich bin der harten Welt nicht gewachsen, der Erwachsene *muß* mir helfen.« Die Verwöhnten werden die Tyrannen ihrer Verwöhner. Sie werden parasitäre Wesen: Neid, Eifersucht, Weichlichkeit, Affektausbrüche, Angst vor allem Neuen, allgemeine Lebensuntüchtigkeit wachsen hier. Mit Hilfe unverstanden *arrangierter* nervöser Erkrankungen weichen diese Menschen dem Leben aus. Süchte, Verwahrlosung, Hochstapelei, auch Kriminalität wie Scheckfälschungen, Betrügereien gehen aus solcher Erziehung hervor.

Ein Beispiel aus der Praxis: eine Arbeiterfrau vom Land wird von ihrem Hausarzt zur Behandlung überwiesen. Ihre Krankheitssymptome begannen während ihrer Verpflichtung im Reichsarbeitsdienst. Sie sei schon immer sehr empfindlich gewesen, wenn etwas nicht klappt, rege sie sich auf. Schon als Kind sei ihr das meiste zu haben gerade genug gewesen. Wenn sie Weihnachten, wo sie von ihrem Mann einen Besteckkasten, der nur mit Papier gefüttert war, erhalten habe, habe sie sich weinend ins Bett gelegt, sie habe einen solchen mit Samtfutter haben wollen... Ihr Vater dagegen habe alles für sie getan, habe sie abends ins Bett getragen, ihr das Essen »eingegeben«, die Medizin vorprobiert und wenn diese bitter war, gesagt: das könne sie nicht nehmen. Heute behandle er den Enkel ebenso, dieser lasse sich nur vom Opa ins Bett bringen. – Die Mutter hingegen habe sie härter behandelt: wenn sie nicht essen wollte, habe diese nur gesagt: Iß oder stirb, und zum Vater: »Jetzt hast du Lämmer, später hast du Schafe.« – Dieser Lebensstil des verwöhnten Kindes wurde im Arbeitsdienst hart angegangen. Darum zog sie sich unverstanden auf die Krankheit zurück und wurde entlassen. Ihr ist im symbolischen wie im wirklichen Sinn der Atem ausgegangen. Sie protestierte mit Hilfe des Asthmas. – Sie sah das sehr bald ein, änderte rasch den Lebensstil und hat nach bereits acht Tagen beim Heumachen geholfen. – Oder ein anderes Beispiel: Ein Arzt war Morphinist geworden. Nach dem frühen Tod des Vaters war er sehr behütet von seiner Mutter erzogen worden: einziges Kind. Die Mutter räumte alle Schwierigkeiten aus dem Weg. Seine Liebeswahl fiel auf eine Frau nach dem Vorbild der Mutter, die aber über das weiche Bübchen so enttäuscht war, daß sie Scheidungsgründe suchte und fand. – Verlassen kam er aus Verzweiflung aufs Morphium. Auch er änderte seinen Lebensstil des Ausweichens und wurde gesund. –

Andere Ursachen des Minderwertigkeitsgefühls entstehen (was in diesem gekürzten Referat nur aufgezählt werden kann) aus der sozialen Situation: dem kleinen Milieu mit dem kompensatorischen Geltungsbedürfnis, einer Quelle des Ulcus (Magengeschwür), aus der Geschlechtsrolle (»Nur ein Mädchen«), aus der Stellung in der Geschwisterreihe (revolutionäre Haltung des zweiten Kindes; Esau und Jakob), aus der Tatsache des unehelichen Kindes u. a.

Das Minderwertigkeitsgefühl läßt die eigene Person als gefährdet und darum als besonders wichtig erscheinen. So entsteht der »nervöse Charakter« des Ichbezogenen. Das Gemeinschaftsgefühl ist gestört. Der Nervöse weicht den drei Lebensaufgaben der Gemeinschaft, der Arbeit, der Liebe mit den verschiedensten Mitteln aus. Die verschiedenen seelischen und seelisch-körperlichen Symptome geben das Bild der nervösen Erkrankung, der Verwahrlosung, der Kriminalität.

Es müßte nun der andere Pol: die Bedeutung des Gemeinschaftsgefühls und die damit gegebene Therapie, wie sie Adler sieht, dargestellt werden. Das Thema lautet aber so, daß diese Seite durch die Beiträge behandelt werden soll, die Seif und Künkel bringen. Die »Gemeinschaftspsychologie« ist aber nichts anderes und nichts außerhalb der Individualpsychologie.

Die Gemeinschaftspsychologie
von Seif und Künkel

von Johannes Neumann

Leonhard Seif war die stärkste Persönlichkeit innerhalb der deutschen Individualpsychologie. Das Gewicht lag bei ihm nicht so sehr im Theoretischen als vielmehr in der Kraft seiner Persönlichkeit. Er hat kein Buch geschrieben, sondern nur eine Reihe sehr konzentrierter Aufsätze und Broschüren und hat außerdem mit seinen Mitarbeitern einen Sammelband über seine Erfahrungen in der von ihm schon 1922 gegründeten Erziehungsberatungsstelle herausgegeben (»Wege der Erziehungsbeihilfe«).

Ursprünglich zum Theologen bestimmt, behielt er die philosophische und religiöse Einstellung bei. Ihm selbst war es klar geworden, daß die Neurose eine soziale Erkrankung sei. Deshalb schloß er sich in seiner selbstlosen Art der Individualpsychologie Adlers an und wollte auch nie etwas Besonderes und Eigenes sein. Den Weg zu Adler öffnete ihm die Philosophie seines Lehrers Ferdinand Avenarius. Nach Avenarius besteht das Leben aus einer Vitaldifferenz von bereits erreichtem und noch nicht erreichtem Leben. Und eben das sagt ja auch Adler: von einem Minus- zu einem Pluspunkt strebt alles Leben. Ferner schätzte Seif den Sozialphilosophen Holzapfel sehr, der auch Schüler von Avenarius war, sowie Romano Guardini, zumal dessen Konzeption, daß alle Gegensätze nicht aufgehoben, sondern in einem notwendigen wechselseitigen Zusammenspiel bleiben. Seif nannte dies die *Synergie der Gegensätze*. So war er es, der die (auch von Scheler beschriebene) *Gleichzeitigkeit* von Individuum und Gemeinschaft betonte. Die Entfaltung der sittlichen Persönlichkeit ist es, die die Gemeinschaft bildet. Beide, die freie, selbständige, hingebende und lebende Persönlichkeit, und der Gegenpol, die Gemeinschaft, gehören zusammen. Immer wieder zeigte er seinen Schülern und Patienten in der Sprechstunde, wie ihre Konflikte Mangel an Gemeinschaftsgefühl seien, wie sie sich ablösen sollen von der Reaktivität auf die durch andere hervorgerufenen Nöte, wie allein die freie und liebende Hingabe den Menschen zu dem macht, wozu er angelegt ist.

»Erst die Stellung zur Gemeinschaft und ihren Aufgaben, die Kenntnis des Charakters also, des Lebensstils, des Benehmens gegenüber den Fragen des Zusammenlebens erschließt das »Verständnis« der Persönlichkeit und aller ihrer Äußerungsweisen, auch der »nervösen«, also auch der zwangsneurotischen. Der Mensch strebt von einem Unwert zu einem Wert, von einem Gefühl der Unsicherheit, Unzulänglichkeit, Minderwertigkeit zu einem ausgleichenden Ziele der Sicherheit, zu einem Persönlichkeitsideal der fehlerlosen Überlegenheit, in dessen Richtung er alle seine Fähigkeiten, schöpferischen Kräfte und Verhaltensweisen formt. Ausdruck seiner Umweltsbeziehungen ist sein Selbstwertgefühl mit der Tendenz, sich zu behaupten, zu steigern und gegen seine Herabsetzung sich zu verteidigen und zu retten im Strom des Lebens und Zusammenlebens. Ob es nun einem Menschen gelingt, sein Streben nach Überlegenheit, d. h. seine persönlichen Interessen in Einklang zu bringen mit den berechtigten Interessen des Ganzen, der Gemeinschaft, oder sich ihnen zu entfremden, ob er anpassungsfähig, mutig, sachlich, sozial oder dem entgegengesetzt sich benimmt, hängt von seiner Vorbereitung in den ersten vier bis fünf Lebensjahren ab. Organminderwertigkeiten und Umweltschwierigkeiten verpflichten zwar nicht zu einer pessimistischen Lebensauffassung, machen sie aber begreiflich. – Die Neurose nun ist der Lebensstil eines solchen Entmutigten und der Gemeinschaft von Kindheit an mehr oder minder entfremdeten Menschen, vorbereitet in einem langen Training, und macht sich gerade dann bemerkbar, wenn er einer Entscheidung, Erprobung, Verantwortung näher rückt und sein Überlegenheitsstreben, sein Selbstwertgefühl eine Beeinträchtigung erfahren könnte, bemerkbar durch sein Zögern, einen Rückzug von seiner Aufgabe, ein Ausschalten seiner Gemeinschaftsbeziehung, durch einen Versuch also, durch eine Verkleinerung seines Aktionsradius seinen Selbstwert zu retten. – Die einzelnen Symptome, wie Angst, Verstimmung, Zwang, Trotz, Asthma sind nur zu verstehen wie der einzelne Ton im Zusammenhang mit der ganzen Melodie, im Zusammenhang mit dem Lebensstil als Mittel, 1. die Umgebung in Dienst zu stellen, 2. sie von sich fern zu halten oder 3. sie zu bekämpfen. Der Zwang in jeder Neurose, auch in der Zwangsneurose, in der Monotonie und Wiederholung der Symptome entstammt der Überwindung des Minderwertigkeitsgefühles durch das Streben nach Überlegenheit und dem damit verknüpften Zwang, alle Äußerungen der eigenen Person und der Umwelt festzulegen auf die Erhöhung und Sicherung des Selbstwertgefühles. Der Patient hat sich damit in der Schlinge, die er andern legen wollte, selber gefangen. Die Erforschung der Einzelpersönlichkeit, gerade die Individualpsychologie, hat aufzudecken, warum der Patient vor einer Lebensaufgabe ausgerechnet zu seinen Symptomen gegriffen hat als Mittel zu seiner Selbstbehauptung.«

Wichtiger aber noch als die Umkehr des heutigen Menschen von seiner verfehlten Egozentrizität, ist die Vorbeugung der Neurosen, ist die Hilfe am Kind. So galt Seifs unermüdliches Interesse seiner Erziehungsberatungsstelle und der Ausbildung von Erziehern. Aber hier heißt es: »Jeder Fehler des Kindes spiegelt den Fehler des Erwachsenen wider.« Also heißt Hilfe am Kind *Selbsterziehung des Erziehers!* Und eben darin ging er voran. Niemand, der mit ihm gearbeitet hat, konnte sich dem überzeugenden Einfluß seiner ebenso sachlichen wie liebenden Persönlichkeit entziehen. Er war die wahrhafte Verkörperung der Lehre der Individualpsychologie, daß nur in der Hingabe an die Gemeinschaft das Wesen des Menschen voll zur Entfaltung kommt.

Die Ausbreitung der Individualpsychologie ist nicht zum kleinsten Teil demjenigen zu verdanken, der gerade die Betonung der Gemeinschaft weiterentwickelt hat: Fritz Künkel. Er ist ohne Frage der produktivste und konstruktivste Kopf, der aus der Individualpsychologie hervorgegangen ist. »Hervorgegangen«, denn Adler nannte ihn einen »nicht sattelgerechten Individualpsychologen«, und Künkel hat sich früh von der Individualpsychologie abgehoben. Aber es ist doch Individualpsychologie, was er bringt, nur hindurchgegangen durch den Filter eines eigenen und produktiven Kopfes. Drei Strömungen sind es, die in ihrer Vereinigung das System von Künkel ausmachen: 1. die Individualpsychologie Adlers, 2. die christliche Lebenseinstellung mit dem Akzent der Bekehrung, 3. die Hegelsche Dialektik, die Künkel durch seine verstorbene erste Frau auf dem politischen Wege erlebte. Aus Punkt 1 und 2 ergibt sich die Theorie der Krise, in die jede nervöse Lebenseinstellung drängt, aus der heraus sich dann der neue unneurotische Mensch erhebt. »Krise« ist der säkularisierte psychologische Begriff der Bekehrung, Buße, Gnade – all das wird nun psychologisch gewandt, ohne doch den religiösen Akzent zu verlieren. Und dennoch: die Notwendigkeit der Krise, des Zusammenbruchs ist nicht individualpsychologisch korrekt. Es *kann* so sein; es muß nicht so sein. Adler selbst führte gern das Gespräch humorvoll lösend und ging hier nicht konform mit Künkel.

Die Verbindung von Punkt 1 und 3, also von Individualpsychologie und Hegelscher Dialektik ist die Unterlage für die neue Idee Künkels: die vitale Dialektik. Danach vollzieht sich der Lebensvorgang in der Wechselseitigkeit von Subjekt- und Objekt-Sein. Sofern auf uns eingewirkt wird, sind wir Objekt, sofern wir einwirken, sind wir Subjekt. In neurotischen, festen Haltungen, »Dressaten«, macht sich der Mensch zum Objekt. Es kommt aber darauf an, daß wir Subjekt, schöpferisch werden. Dieses Innere, dieses Subjekt ist im Grunde das, was die Existenzphilosophie Existenz nennt. So ist dieser Ansatz Künkels eine Form der Existenzphilosophie, ohne daß diese freilich davon Notiz genommen hat. Künkel hat in glücklichen Formulierungen wie in seiner ebenso einleuchtenden wie leicht lesbaren Art gut formuliert, was in Adlers Konzeption schon steckt, was zumal Seif immer betonte: die Freiheit der Person. Niemand ist zur Neurose verpflichtet. Das Kind hat die Wahl. Hat es aber den falschen Lebensstil einer sich festlegenden ichhaften Einstellung, so ist es »an das Kreuz seiner Fiktion geheftet« (Adler).

Unser Thema gab uns den Auftrag, Künkels Bedeutung für die Ausarbeitung der Gemeinschaftspsychologie zu zeigen. Es ist eigenartig, daß die Individualpsychologie sich (von den marxistischen Individualpsychologen abgesehen) wenig mit der Soziologie auseinandergesetzt hat. (Vgl. dazu Neumann, »Die Entwicklung zur sittlichen Persönlichkeit«. Rel.-Psych. Reihe, Bd. 2, Gütersloh 1931.) – Auch Künkel hat wenig Beziehung zur gesellschaftswissenschaftlichen Forschung. Aber auch hier ist er so originell, daß vielleicht gerade seine schulmäßige Unzünftigkeit ihn seine neuen Gedanken nicht stören läßt. Er hat eine *»Wir-Psychologie«* entwickelt. Am Anfang des kindlichen Lebens steht ein Ur-Wir mit der Mutter. Dieses hätte sich zum reifenden Wir zu entwickeln. Aber die Ichhaftigkeit der Mutter zerbricht dieses Ur-Wir. Es entsteht der *Wir-Bruch* und damit die Ichhaftigkeit des Kindes. In verschiedenen Formen nun äußert sich dies, Künkel führt vier

Formen in guter schematischer Entwicklung auf. Er kreuzt Umgebung und Aktivität. Starke Aktivität und strenge Umgebung ergeben den *Nero.* Die »Ver-Ichung« zeigt sich in einem starken Eigenwillen, der sich nichts gefallen läßt und harte und grausame Züge entwickelt. Er gewöhnt sich, sich selbst zu helfen, auch mit Hilfe der sachlichen Zusammenhänge des Lebens. Er hat hohes Selbstvertrauen und hohe Ansprüche und den Willen zur Macht. Eine schwache Aktivität in strenger Erziehung hingegen läßt das Kind sich ohnmächtig fühlen, es ist hilflos, wird tappig, es erfährt überall sein Ungenügen, glaubt nicht an sich und wird nun im Leben zu einem Menschen, der von vornherein überzeugt ist, daß er alles falsch macht. Er wird zum *Tölpel.* – Anders in verweichlichender Erziehung. Verwöhnt, verzärtelt, von Sorgfalt erdrückt, lernt ein vital schwaches Kind: ich bin dem Leben nicht gewachsen, meine Schwäche ist Grund zum Anspruch an die anderen: Ihr müßt mir helfen. Dieses Kind neigt zum Leiden und wird zum *Heimchen,* wenn es vital matt ist. Das vital starke Kind hingegen wird zum *Star.* Es stellt sich strahlend in den Mittelpunkt der Bewunderung und erträgt keine andere Rolle. In der Karikatur wird es zum Bajazzo. Diese Typen überschneiden sich, wechseln auch miteinander ab. Auch haben wir von verschiedenen Typen Teilzüge in uns. Immer aber muß diese Ichhaftigkeit zusammenbrechen, d. h. die *Krise* tritt ein. Nun muß die Wendung zum *Wir* eintreten. Aus dem zerbrochenen Ich muß im Zusammenwirken mit den anderen ein reifendes Wir werden. Schon früh hat Künkel hier eine Gruppenpsychotherapie entwickelt. Im *Wir* erst kommt der Mensch zum Selbst. Das Wir ist aber der Ort der Liebe. So ist der Weg zu Gott der Weg durch das Wir.

Nur in wenigen Worten ist es aus Raumgründen hier möglich, die wirklich geniale schöpferische Formung der Individualpsychologie durch Künkel zu würdigen. Er hat ihr eine ungemeine Verbreitung in aller Welt verschafft und unzähligen Menschen geholfen. Daß er freilich dabei auch etwas schematisiert und das Neuwerden allzu einfach erscheinen läßt, sei nicht verschwiegen. Das Neuwerden ist – religiös gesprochen – Gnade. Und so »wird« denn auch das Neuwerden nach dem Zerbrechen des Ichs. Hier liegt der schwache

Punkt der Künkelschen Konzeption. Es *wird* nämlich sehr oft, wenn ein Mensch in der Krise zerbrochen ist – *nicht!* Hier auch hat Künkel sich verkonstruiert, hier ist er zu intellektuell und schematisch. *Wie* man nun echt individualpsychologisch den Menschen von seiner Ichbezogenheit befreit, wie man in der mühsamen, täglichen Kleinarbeit der Praxis das tut, was Adler die »Entfaltung des Gemeinschaftsgefühls« nennt, kommt bei Künkel zu kurz. An dieser Stelle sei wieder auf die gütige und geduldige Art Seifs zurückgegriffen, der ein Meister in dieser Kunst war: im Verstehen des Partners, im geduldigen Ertragen seiner Schwächen, im Beginnen mit der Änderung an sich selbst!

Wir hören das Wort des Evangeliums: Was ihr wollt, das euch die Leute tun, das tut ihr ihnen *zuerst.* In der Tat hat die Individualpsychologie eine nahe Bezogenheit zum Christentum. Sie kann als *Psychologie* nie Religion oder Religionsersatz sein, wenn auch die Psychotherapie für viele an die Stelle der Religion getreten ist. Augustin wußte, daß Religion und damit die Theologie nicht nur die Wissenschaft de Deo et rebus divinus ist, sondern ein »Deum et Animam scire cupio«. Unsere Theorie hat den zweiten Pol, die Kenntnis der Seele, nie planmäßig entwickelt. Darum versagen unsere Theologen so sehr vor den konkreten Fragen des Alltags im eigenen Leben, in Erziehung und Seelsorge. Diese Kenntnis und nicht nur diese, sondern auch die Fähigkeit, in Konflikten zu helfen, hat der Psychotherapeut. Darum geht der heutige Mensch zum Psychotherapeuten und weniger zum Seelsorger. Dabei weist die Individualpsychologie in Kleinmünze auf, wie recht die Lehre des Christentums ist: wer sein Leben behalten will, wird es verlieren. Will nicht der sog. Nervöse *sein* Leben behalten, so wie *er* es sich denkt? Die Individualpsychologie moralisiert nicht. Sie versucht zu sehen, *wie* ein Mensch dazu kam, daß er diese Fehleinstellung zu sich selbst bekommen hat, und sie zeigt ihm einen Weg, wie er aus dieser ichhaften Haltung herauskommen kann. Wer sein Leben zu verlieren weiß, herzugeben weiß um der Gemeinschaft und der durch sie zu realisierenden Liebe willen, der kommt zu seinem wahren Wesen. Aus der Unwahrhaftigkeit, die in der ichbezogenen Lebenseinstellung liegt, heraus zu seinem wahrhaften Selbst zu verhelfen – das ist das Ziel der Individualpsychologie. Ist das nicht auch das – nein: *ein* Ziel des Christentums? Die Wahrheit wird euch frei machen – in der Tat. Aber alle Psychologie bleibt im Immanenten, während die Religion, die Religio, die Rückbezogenheit zum Transzendenten ist. Hier weist die Psychologie über sich hinaus. Jeremias Gotthelf sagt: Bedenke, wie dunkel die Welt wird, wenn der Mensch seine eigene Sonne sein will. –

Die Psychologie von C. G. Jung

von Marie Laiblin

Der Versuch, Sie in die Psychologie von C. G. Jung in knapp einer Stunde einzuführen, erscheint mir nicht ganz einfach. Das bedeutende Werk des großen Zürcher Seelenarztes und -forschers inhaltlich nur, einigermaßen zu umreißen, wird hier unmöglich gelingen. Ich werde versuchen, Ihnen in einem kleinen Ausschnitt einige mir besonders charakteristisch erscheinende Blickpunkte herauszugreifen.

Historisch setzt Jung auch etwa um die Jahrhundertwende mit seiner ärztlichen Praxis und psychologischen Forschung an. Die Schulen von Paris, Nancy und Wien, von denen Sie durch die einführenden Vorträge der letzten Tage gehört haben, bilden zunächst durchaus die Grundlage seiner Arbeitsmethode. In seinen »Assoziationsstudien« bestätigt er experimentell die hemmenden und störenden Einwirkungen unbewußter seelischer Abläufe auf die bewußte Tätigkeit der Seele, wie sie Freud in seinen ersten, Aufsehen erregenden Veröffentlichungen schilderte.

Er entdeckte aber schon verhältnismäßig früh als Arzt an einer psychiatrischen Klinik, dem Burghölzli in Zürich, daß außer solchen verdrängten unbewußten Inhalten aus dem *persönlichen Erleben,* etwa der Kindheit und Jugend, und den damit zusammenhängenden Störungen der Triebschicht mit ihren körperlichen Verknüpfungen, in der menschlichen Seele *noch tiefere Kräfte wirksam* werden, die *vom Denken und Wollen unabhängig* sind. Ja, es wollte ihm scheinen, daß solche unbewußten seelischen Abläufe, wie sie in den Bildern und Phantasien der durch ihn betreuten Wahnkranken zum Ausdruck kamen, offenbar mit einer unabweislichen Wirkungsmacht unter Umständen deren Bewußtsein durchbrochen und eine Persönlichkeitsspaltung hervorgerufen hatten. Ähnliche Bilder und bildhafte Abläufe begegneten dann Jung auch in seiner privaten Praxis in den Seelen seiner *neurotisch* gestörten Patienten, *vor allem bei Patienten jenseits der Lebensmitte.* Diese empirischen Erfahrungen Jungs bilden die Grundlage seiner Lehre von dem sogenannten »kollektiven Unbewußten«. Erstmals hat Jung diese Lehre in seinem grundlegenden Buch *»Wandlungen und Symbole der Libido«* (1912) entfaltet.

Prof. Schmaltz, Frankfurt, einer der erfahrensten heutigen Psychotherapeuten der Jungschen Richtung, kennzeichnet sie kurz zusammenfassend so:

»In der Seele des Menschen erscheinen unter gewissen Umständen *Inhalte,* die ähnlich sind oder übereinstimmen mit solchen, welche die Menschheit in ihren *kollektiven* Erzeugnissen, ihren Mythologemen, religiösen Symbolen, kultischen Formen, Sagen und Märchen und in gewissen Bildwerken, von jeher und überall hervorgebracht hat *und heute noch, wenn auch in abgeschwächter Form,* hervorbringt. Ihr Erscheinen in Träumen, Phantasien usw. hat fast immer *numinosen* Charakter.«

Jung nennt diese Inhalte die *Urbilder* oder *Archetypen* (in Anlehnung an Augustin) *des kollektiven Unbewußten.*

Der zweite Vortrag dieses Morgens wird Sie in die Archetypenlehre Jungs einführen.

Jung bezieht diesen großen Bereich überpersönlicher Erfahrung, soweit der Mensch dafür erlebnisfähig ist, in *die seelische Ganzheit* ein. Ich habe bei R. M. Rilke die *Möglichkeit der Ausschreitung der seelischen Grenzen* bis in kosmische Weiten, die Jung vertritt, überraschend übereinstimmend ausgedrückt gefunden. Er schreibt z. B. 1920 in einem Brief:

»Mir stellt es sich immer mehr so dar, als ob unser gebräuchliches *Bewußtsein* die *Spitze einer Pyramide bewohne,* deren Basis in uns (und gewissermaßen unter uns) so völlig in die Breite geht, daß wir, je weiter wir in sie niederzulassen uns befähigt sehen, *desto allgemeiner einbezogen* erscheinen *in die von Zeit und Raum unabhängigen Gegebenheiten des irdischen, ja des, im weitesten Begriffe, weltischen Daseins.«*

Welche kopernikanische Wendung in der Auffassung der Seele gegenüber den Auffassungen etwa eines Locke oder Descartes im 17. und 18. Jahrhundert, wo der *Bereich der Seele noch mit der Sinnen- oder der Denkerfahrung umrissen wird!*

In einer der besten Darstellungen der Psychologie von
C. G. Jung durch J. Jakobi finden Sie den Versuch Rilkes,
den Bereich seelischer Erlebnismöglichkeiten durch eine Pyramide darzustellen, in Illustrationen verwirklicht. J. Jacobi
zeichnet einen Kegelquerschnitt. Seine oberste Spitze wird
durch

   1. *das Ich* dargestellt.

Ein *daran anschließender* schmaler *Streifen* erscheint als

   2. *die Bewußtseinssphäre*

mit einem sich an diese anfügenden kleinen Gürtel unbewußt
gewordener oder gebliebener persönlicher Inhalte. Dieser
Gürtel wird als

   3. *das persönliche Unbewußte* bezeichnet.

Darunter ist in der Zeichnung ein riesiger gleichsam in tiefste
Tiefen und breiteste Breiten sich ausdehnender Bereich angedeutet, der bis in chaotische Urgründe hineinragend gedacht
wird. Dieser unermeßlich große Bereich wird als

   4. *das kollektive Unbewußte* bezeichnet.

Jung prägt Vergleiche zwischen dem Ich und der seelischen
Totalität wie Sandkorn und Erdball, Tropfen und Meer,
Ameise und Britisches Museum.

   Der nächstwichtige Gesichtspunkt neben dem der *Ganzheit*
ist wohl bei Jung der Gesichtspunkt der seelischen *Bewegtheit*
oder *Dynamik*. Sein Begriff der seelischen Energie ist viel
weiter gefaßt als bei Freud und Adler. Libido ist für ihn die
unbewußte seelische Energie schlechthin. Als Grundgesetz des
seelischen Kräftespiels erkennt er das Gesetz von der *Polarität* der Kräfte.

   So wie im Naturablauf bis in den Kosmos hinein Kraft und
Gegenkraft aufeinander wirken (»Samen und Ernte, Frost
und Hitze, Sommer und Winter, Tag und Nacht«), so wie im
Geschichtsablauf eine gesetzmäßige Polarität von Kräften
beobachtet werden kann (Gotik – Barock; Monarchie – Re-
publik), so erscheint Jung die Seele als ein bewegtes Ganz-
heitsgefüge von Kräften, dem ein Selbstregulierungssystem
innewohnt, das die Seele im Gleichgewicht zu halten bestrebt
ist. Jung bezieht sich mit dieser Beobachtung auf Heraklit
von Ephesus (500 v. Chr.), der in seinem Hauptwerk »Über
die Natur« ausführt, daß alles Sein im Strom ewigen Ent-
stehens und Vergehens begriffen sei, daß »alles fließt«. Nach

ihm bewegt der Widerstreit der Gegensätze alles Leben (»Der Krieg ist der Vater aller Dinge«). Hinter den Dingen aber wirkt eine Weltharmonie, der Logos.

Als Gegensätze innerhalb der Seele können etwa aufeinanderwirken Tendenzen der *Begrenzung:* Fassung, Haltung, Sammlung, Verdichtung, gegenüber Tendenzen der *Entgrenzung:* Lockerung, Lösung, Weitung, Ausstrahlung (eine körperliche Entsprechung ist der Atemrhythmus); aktive Impulse gegenüber Impulsen zur Passivität; Strebungen nach außen, zur Welt der Objektive hin gegenüber Strebungen nach innen hin, in die Welt des Subjektes; rationale Erwägungen gegenüber irrationalen Antrieben; triebhafte Neigungen gegenüber geistigen Impulsen und vieles andere mehr.

Hierher gehört auch das gegensätzliche Aufeinanderwirken der bewußten und der unbewußten Einstellung innerhalb des introvertierten und innerhalb des extravertierten Typus oder der jeweils entgegengesetzten Grundfunktionen des Gefühls und des Denkens einerseits, der Intuition und der Empfindung andererseits, wie es Jung in seiner Typenaufstellung und Funktionenhypothese darzustellen versucht hat.

Es ist leider bei der gebotenen Kürze ganz unmöglich, einzugehen auf Jungsche Definitions- und Begriffspaare wie Ich und Persona bzw. Schatten, Persona und Anima bzw. Animus, Ich und Anima bzw. Animus.

Der Theologe erfährt in seiner Tätigkeit an sich und seiner Gemeinde unendlich viel von den hier angedeuteten Gegensätzen. Löst nicht zum Beispiel der »schwarze Rock« andere Wirkungen aus als der gewöhnliche Rock? Die Auseinandersetzung mit dem »Schatten«-Problem ist von großer Bedeutung für die praktische Seelsorge; das »Anima«-Problem spielt eine wichtige Rolle zum Beispiel für das Verständnis des Marienkultes. Vieles in Kult und Dogma der christlichen Kirchen wird dem modernen Menschen neu erschlossen durch Jungs Werk.

Welche Stellung nimmt nun *das Ich* ein in diesem Kräftespiel der Seele? Das Ich hat, bildlich gesprochen, die Funktion des *Züngleins an der Waage.* Die jeweils mächtigste Kraft in der menschlichen Seele zwingt das Ich in ihre Dienste. Von der jeweils geballtesten Energiemasse angezogen, geschieht es dem Ich immer wieder, daß es sich ungemerkt mit dieser

Macht in der Seele identifiziert. Diesen Zustand zu erkennen ist sehr wichtig. Man spricht in solchem Falle, etwa bei einseitig gewordenen Erfolgsdenken, vom »Dämon Erfolg« oder bei einseitig gewordenem Erwerbssinn vom »Götzen Mammon«. Hierher paßt auch der biblische Ausdruck für Materialisten: »welchen der Bauch ihr Gott ist«. Das Ich ist durchaus nicht souverän. Seine Aufgabe ist: Die Identifizierung mit der einen Seite zu erkennen und aufzugeben und die andere Seite dazuhin anzunehmen, zu entwickeln und der Seele einzuverleiben. Das ist äußerst schwierig, denn die andere Seite liegt ja im Dunkel des Bewußtseins und der Wertung. Auch ist es der menschlichen Vernunft ein Ärgernis, etwas Minderwertiges als Wert zu erkennen. Der Gegensatz in der Seele tritt nämlich erfahrungsgemäß, solange er unbewußt bleibt, zunächst als Unwert, minderwertig, ja zerstörend auf. Er ist ja unentwickelt und ausgesperrt; er muß sich wehren, um sich bemerkbar zu machen. *Er erscheint als Feind.* Und den Feind in der eigenen Brust zu erkennen, anzunehmen und »das Böse gutzulieben« gehört nach Jung wohl zum Allerschwierigsten für den Menschen.

Er spricht darüber in einem Vortrag vor der Elsässischen Pastoralkonferenz zu Straßburg (Mai 1932), den ich Ihnen dringend zu lesen empfehle. Ich zitiere aus »Die Beziehungen der Psychotherapie zur Seelsorge«:

»Will der Arzt einem Menschen helfen, so muß er ihn in seinem So-Sein annehmen können. Er kann dies aber nur dann wirklich tun, wenn er zuvor sich selber in seinem So-Sein angenommen hat. Das klingt vielleicht sehr einfach. Das Einfache aber ist immer das Schwierigste. In Wirklichkeit ist nämlich Einfachsein höchste Kunst, und so ist das Sich-selbst-Annehmen der Inbegriff des moralischen Problems und der Kern einer ganzen Weltanschauung. Daß ich den Bettler bewirte, daß ich dem Beleidiger vergebe, daß ich den Feind sogar liebe im Namen Christi, ist unzweifelhaft hohe Tugend. Was ich dem Geringsten unter meinen Brüdern tue, das habe ich Christo getan. Wenn ich nun aber entdecken sollte, daß der Geringste von allen, der Ärmste aller Bettler, der Frechste aller Beleidiger, ja der Feind selber in mir ist, ja daß ich selber des Almosens meiner Güte bedarf, daß ich mir selber der zu liebende Feind bin, was dann?

Dann dreht sich in der Regel die ganze christliche Wahrheit um, dann gibt es keine Liebe und Geduld mehr, dann sagen wir zum *Bruder in uns* ›Racha‹, dann verurteilen wir und wüten gegen uns selbst. Nach außen verbergen wir es, wir leugnen es ab, diesem Geringsten in uns begegnet zu sein, und sollte Gott selber es sein, der in solch verächtlicher Gestalt an uns herantritt, so hätten wir ihn tausendmal verleugnet, noch ehe überhaupt ein Hahn gekräht hätte.

Wer mit Hilfe der modernen Psychologie nicht nur hinter die Kulissen seiner Patienten, sondern vor allem hinter seine eigenen geblickt hat – und das muß ein moderner Psychotherapeut, der nicht ein naiver Schwindler ist, getan haben –, der muß gestehen, daß es das Allerschwierigste, ja das Unmögliche ist, sich selber in seinem erbärmlichen So-Sein anzunehmen. Schon der bloße Gedanke daran kann einen in Angstschweiß versetzen, deshalb zieht man mit Vergnügen und ohne Zögern das Komplizierte vor, nämlich das Nichtwissen um sich selbst und die geschäftige Bekümmerung um andere und anderer Schwierigkeiten und Sünden. Dort winken sichtbare Tugenden, die die andern und einen selbst wohltätig täuschen. Man ist – Gott sei Dank – sich selbst entlaufen. Es gibt unzählige Menschen, die dies ungestraft tun können, aber nicht alle, und diese brechen dann vor ihrem Damaskus mit einer Neurose zusammen. Wie kann ich diesen Leuten helfen, wenn ich selber zu den Ausreißern gehöre und womöglich selber am Morbus sacer der Neurose leide? ›Vorurteilslose Objektivität‹ besitzt nur der, der sich selber angenommen hat. Niemand aber kann sich rühmen, dies getan zu haben. Man kann auf Christus hinweisen, der seine historische Befangenheit dem Gotte in ihm geopfert und sein Leben so gelebt hat, wie es war, bis zum bittern Ende, wahrlich ohne Rücksicht auf Konvention oder auf das, was pharisäischer Ansicht als gut galt.«

Diese Auseinandersetzung des Ich mit seinem Schatten ist auch deshalb so schwierig, weil der Schatten, so lange er unbewußt bleibt, *nach außen projiziert erscheint*. Wie sollen wir ihn in uns suchen, wenn er uns groß und deutlich doch an einem unserer Mitmenschen entgegentritt, wie wir meinen! Jesus weist auf dieses Problem hin mit dem Bild vom »Splitter« bzw. »Balken im Auge«. Oder denken Sie an Hitlers

Projektion alles Bösen auf die Juden und die Bolschewisten. Und darf man unter Theologen die Frage aufwerfen, ob nicht vielleicht Erscheinungen wie die Inquisition und die Hexenverbrennung ebenfalls mit einer Identifizierung mit dem Guten bzw. einer Projektion des Bösen zu tun haben?

Angesichts der furchtbaren Folgen solcher unheilvollen Projektion des Gegensatzes der bewußten Einstellung erscheint für Jung das Problem der psychologischen Einstellung gegenüber dem Unbewußten als äußerst *aktuell.*

Eine unschätzbare Hilfe für die Bewältigung des seelischen Gegensatzproblems sieht Jung aus seiner psychotherapeutischen Erfahrung heraus *in den Träumen.* Wie bei Freud ist *der Traum* bei Jung ein unentbehrlicher Wegweiser in der Psychotherapie. Er ist ihm nicht nur eine wertvolle *Informationsquelle,* also ein Mittel der Erkenntnis, sondern auch ein überaus wirksames Mittel der *Selbstkontrolle* und der *Selbsterziehung.*

Jung zitiert Paracelsus:

»Wenn einer einen wundersamen Traum gehabt hat, der sollte nach dem Aufstehn seine Kammer nicht verlassen, mit niemandem reden, so lange einsam und nüchtern bleiben, bis ihm alles wieder einfällt und er sich seines Traumes entsinnt.«

Jung schreibt an anderer Stelle:

»Die Wirkung der Traumbilder hat etwas von Schicksal an sich: den Willigen führen sie, den Widerstrebenden verraten sie. Vielleicht – wer weiß? – *sind* diese ewigen Bilder das, was man *Schicksal* nennt.«

An anderer Stelle:

»Der Traum ist ein Theater, in dem Bühne, Schauspieler, Drama, Kritik und Publikum wir selber sind.«

A. Teillard, eine Schülerin Jungs, schreibt:

»Um das Verständnis eines Traumes muß man *ringen,* mit stärkster Hingabe, und darüber *meditieren* mit der größten *Konzentration,* deren man fähig ist. Man muß den *Mut* aufbringen, das *Schlimmste* über sich zu erfahren und den Hochmut begraben, als kenne man sich selbst und sein Unbewußtes. Die Fähigkeit, seine Träume zu deuten, ist weit mehr eine seelisch-*moralische* als eine intellektuelle.«

Das zentrale Thema unseres Lebens ist die ganzheitliche *Menschwerdung.* In diesem *Drama der Menschwerdung* ist jeweils der Traum die kleine zugehörige Hintergrundszene zu einer vordergründigen, im Bewußtsein sich abspielenden Szene im großen Lebensdrama der Menschwerdung. Immer handelt es sich im Grund um dieses *eine* große Thema in irgendeiner Beleuchtung.

Eine Interpretation der Jungschen Traumlehre zu geben, ist mir hier unmöglich; sie würde einen besonderen Vortrag erfordern. Für die Aussage Jungs, daß die *Träume eine kompensatorische Funktion* haben, d. h. daß sie in der Regel genau das enthalten, was im Bewußtsein des Träumers zum Verständnis seiner augenblicklichen Lage fehlt, möchte ich Ihnen jedoch kurz ein paar Beispiele anführen:

1. Eine Patientin, deren männliches Ideal bewußt der »distinguierte, soignierte Gentleman« ist, wie sie sich ausdrückt, träumt wiederholt von allerlei »wilden Männern«, ja sogar einem Gorilla, die sich ihr im Traume nähern.

2. Eine andere Patientin, die nach ihrer bewußten Meinung eine *hingebend Liebende* ist, erlebt sich im Traum als schreckliche Frau, die in der Grausamkeit der Kali dhurga der Inder vergleichbar ist.

3. Einer Patientin, die seither von der Instinktseite abgespalten war, nähern sich im Traum von allen Seiten junge Tiere; kleine junge Bären wollen an ihr vorne heraufkrabbeln, junge Hunde setzen sich ihr von hinten auf den Nacken und lecken sie.

An den Träumen sehen wir auch die *Wandlung* der seelischen Energie im Laufe eines psychotherapeutischen Prozesses. So erlebte eine Patientin, die ihre weibliche Rolle verneint, d. h. ihre Eroskräfte ängstlich unterdrückt hatte und daran krank geworden war, in ihren Träumen eigene unbewußte Gefühlskräfte in der Gestalt von allerlei Tieren, z. B. Spinnen und Enten, die sie bedrängten. Angst, Ekel, Ärger quälten sie, bis sie einem erbarmungswürdig zusammenbrechenden Pferd gegenüber in einem Traum endlich Mitgefühl empfindet. Allmählich lernt sie, die verdrängten Kräfte anzunehmen und sich ihnen schließlich hinzugeben in der Gestalt eines neugeborenen Kindes, das ihr im Traum zur Betreuung übergeben war und von dem sie fühlte, daß sie selbst dieses Kind war.

Es ist nach Jung unendlich wichtig, daß der Psychotherapeut die Bildersprache der Träume und das darin zum Ausdruck kommende urbildhafte innere Geschehen verstehen kann. Er hat das im persönlichen Gespräch einmal in der ihm eigenen ironischen Art so ausgedrückt: »Man sollte bei unserem Métier nicht ganz ignorant sein«, d. h. positiv ausgedrückt: man müßte eigentlich dazu ein universal gebildeter, ein weltweit erfahrener und ein *weiser Mensch* sein. Zu diesem Bildungs- und Erfahrungswissen universeller Art sollte nach Jung außerdem eine sog. »intelligence du coeur« kommen, eine Gabe intuitiver Einfühlung. Jung selbst vereinigt in sich m. E. eine gute Dosis dieser hohen professionellen Voraussetzungen. Mit beispielhafter Hingabe hat er sich jahrzehntelang in die verschiedensten Gebiete der Geistesgeschichte eingearbeitet, hat in einer Reihe von Veröffentlichungen die großen Themen der Menschwerdung, wie sie ihm in Urbildern und urbildhaften Abläufen, Visionen, Phantasien und Imaginationen seiner Patienten und Schüler begegnet sind, in Beziehung zu setzen versucht zu den Sinnbildern der großen Menschheitsreligionen, deren heiligen Schriften, Dogmen, Riten und Sakramenten, zu den Sagen und Märchen vieler Kulturbereiche, zu den Bräuchen der Primitiven, zur Alchemie und Astrologie und zur Symbolik der großen Werke der Weltliteratur (etwa Gilgameschepos, Odyssee, Parzival, Göttliche Komödie, Faust), ja zu der oft bizarr anmutenden Ausdruckskunst moderner Dichter und Maler. Er bringt in allen diesen Veröffentlichungen zur Darstellung, daß nach seiner Erfahrung die Grundthemen der großen gültig ausgeformten Inhalte der mythischen, künstlerischen und religiösen Produktionen der Menschheitsgeschichte wiederkehren in den bildhaften Vorgängen im Unbewußten vieler moderner Menschen der reiferen Altersstufen, die sich mit ihren seelischen Nöten und Leiden an den Psychotherapeuten wenden. Es stellt sich uns daraus die ernste Frage: *Ist es nicht im Grunde derselbe zeugende und schaffende Geist, der hier im kleinen wie dort im großen mit denselben schöpferischen Kräften, nach denselben Urgesetzen denselben Urstoff zu demselben Werk gebraucht und gestaltet?*

Diese Frage läßt Jung in seiner Forschungsarbeit gleichwie in seiner psychotherapeutischen Tätigkeit nicht mehr los. Denn wenn sie positiv beantwortet werden könnte, gäbe es *für die so zahlreich areligiös gewordenen Menschen,* denen die grandiosen traditionellen religiösen Erfahrungen und Wissensschätze der christlichen Kirchen zunächst innerlich nicht mehr zugänglich sind, wirklich *einen gangbaren subjektiven Weg der legitimen Annäherung an das religiöse Grunderlebnis.*

Der Psychotherapeut steht auch bei offen bleibender Frage gar nicht vor der Wahl, ob er den Versuch eines solchen Brückenbauens wagen will. Denn die an ihren Neurosen leidenden Menschen wenden sich eben heute vielfach statt an den Seelsorger an den Psychotherapeuten. Er muß, wiederum mit einer Jungschen Metapher gesprochen, den Hasen, der ihm auf die Schwelle gelegt ist, in sein Haus hereinnehmen, auch wenn er gewildert sein sollte.

Nach dem bisher Gesagten können Sie sich etwa vorstellen, *wie Jung die moderne Zeitkrankheit der Neurose auffaßt.* Er prägt in den verschiedensten Zusammenhängen verschiedene Neurosendefinitionen, die aber alle dasselbe, von einem anderen Blickpunkt aus gesehen, meinen, nämlich, daß die Neurose in ihrer tiefsten Bedeutung eine *Heilkrise* sei, »*ein Leiden der Seele, die ihren Sinn nicht gefunden hat*«.

In Form der verschiedenartigsten notvoll quälenden neurotischen Symptome und Komplexe versucht die Seele zum Bewußtsein zu sprechen, das die mahnende und warnende Bildersprache des Unbewußten nicht hören will oder kann, um den Menschen durch Not und Leiden seiner Sinnfindung und Heilung, seiner ganzheitlichen Menschwerdung zuzuführen. Dies gilt, wie gesagt, in ganz besonderem Maße für die Neurosen von Menschen jenseits der Lebensmitte. Jung sagt wörtlich in dem oben zitierten Straßburger Vortrag:

»Unter allen meinen Patienten jenseits 35 ist nicht ein einziger, dessen endgültiges Problem nicht das der religiösen Einstellung wäre. *Jeder krankt an der verloren gegangenen religio und ist nicht geheilt, bis er sie gefunden hat.*«

Die Analyse ist, so gesehen, oft ein von der Not erzwungener innerer Menschwerdungsweg des aus der religiösen Tradition herausgefallenen modernen Menschen.

Was geht in einer solchen Analyse vor sich?

Jung vergleicht einen solchen analytischen Prozeß wiederholt mit dem alchemischen Prozeß. Es bedürfte eines Vor-

trages für sich, das Problem der Wandlung im großen psychotherapeutischen Prozeß an dem *Wandlungsprozeß der Alchemie* deutlich zu machen, wie es Jung wiederholt versucht hat.
In diesen Ausführungen Jungs stoßen wir auf das ethische
Problem. Hier liegt wohl der herausforderndste Angriffs-
punkt für die Theologen, die ihm z. T. eine Relativierung
von Gut und Böse vorwerfen. Jung weist zwar ausdrücklich
darauf hin, daß dabei »*Gut und Böse als moralische Mächte
unerschüttert* und als einfache Tatbestände, wie sie das Straf-
gesetzbuch, der Dekalog und die traditionelle christliche Moral auffassen, unbezweifelt bleiben«. Er weist aber ebenso
nachdrücklich darauf hin, daß im inneren Entwicklungsprozeß der Menschwerdung das Annehmen der *ganzen* Natur des
Unbewußten, die zugleich gut *und* böse ist, die unumgäng-
liche Voraussetzung der Wandlung ist. Mir will scheinen, die
Erkenntnis dieser Erfahrung sei *esoterischer* Natur, und man
muß sich wohl davor hüten, sie öffentlich und allgemein zu
diskutieren. Jedenfalls hängt mit ihr die *Einstellung des
Therapeuten zur psychischen Schattenseite seines Patienten*
zusammen, die keine verurteilende, sondern eine verstehende,
ihn in seinem So-geworden-Sein gewissermaßen moralisch
vorurteilsfrei annehmende Einstellung sein muß. Ich zitiere
Jung wieder aus dem Straßburger Vortrag vor den elsässischen Pfarrern:

»Der Arzt hat es leicht, in dieser Hinsicht verständnisvoll
zu sein, wird man sagen. Man vergißt aber, daß es auch
unter den Ärzten moralische Naturen gibt und daß es unter
den Geständnissen der Patienten solche gibt, die auch der
Arzt nicht ohne weiteres verdauen kann. Und doch fühlt sich
der andere nicht angenommen, wenn sein Schlimmstes nicht
angenommen ist. Das kann niemand mit bloßen Worten
tun, sondern nur durch die Gesinnung und durch die Einstellung sich selber und seiner eigenen Dunkelheit gegenüber.
Will der Arzt die Seele eines anderen führen oder sie auch
nur begleiten, so muß er mit ihr Fühlung haben. Diese Fühlung kommt nie zustande, wenn der Arzt verurteilt. Ob er
das nun mit viel Worten laut tut oder unausgesprochen im
stillen, ändert nichts an der Wirkung. Auch das Umgekehrte,
nämlich dem Patienten unbesehen recht geben, hilft nichts.
Es wirkt ebenso entfremdend wie das Verurteilen. Fühlung

entsteht nur durch *vorurteilslose Objektivität*. Das klingt beinahe wie etwas Wissenschaftliches. Man könnte es mit einer rein intellektuellen, abstrakten Einstellung verwechseln. Was ich aber meine, ist etwas ganz anderes: es ist etwas Menschliches, etwas wie eine Hochachtung vor der Tatsache, vor dem Menschen, der an dieser Tatsache leidet, vor dem Rätsel eines solchen Menschenlebens. Der wahrhaft religiöse Mensch *hat* diese Einstellung. Er weiß, daß Gott allerhand Wunderliches und Unbegreifliches erschaffen hat und auf den allerabsonderlichsten Wegen des Menschen Herz zu erreichen sucht. Deshalb fühlt er in allen Dingen die dunkle Gegenwart des göttlichen Willens. Unter ›vorurteilsloser Objektivität‹ meine ich diese Einstellung. Sie ist die moralische Leistung des Arztes, der sich vor Krankheit und Fäulnis nicht ekeln soll. Man kann nichts ändern, *das man nicht annimmt*. Verurteilung befreit nicht, sie unterdrückt. Ich bin nicht der Freund und der erleidende Mitmensch des *Verurteilten*, sondern sein Unterdrücker.«

In seiner »Psychologie der Übertragung« schreibt er dazu: »Die Kunst verlangt den ganzen Menschen. Dies gilt in vollstem Maße auch von der psychotherapeutischen Arbeit. Die wirkliche Anteilnahme jenseits der professionellen Routine ist in solchen Fällen nicht nur erfordert, sondern auch erzwungen, wenn man es nicht vorzieht, die ganze Unternehmung in Frage zu stellen, um dem eigenen Problem, das sich überall mit zunehmender Deutlichkeit aufdrängt, aus dem Wege zu gehen. Die Grenze des subjektiv Möglichen muß unter allen Umständen erreicht werden, denn sonst kann auch der Patient seine eigenen Grenzen nicht wahrnehmen. Aber arbiträre Grenzsetzungen gelten nicht, nur wirkliche. Es ist eine eigentliche Reinigungsprozedur, in der ›omnes superfluitates igne consumuntur‹ (alle Überflüssigkeiten im Feuer verzehrt werden) und die Grundtatsachen sich herausstellen. Und was ist grundlegender als die Erkenntnis: *Das bin ich?* Hier schält sich eine Einheit heraus, die doch eine Vielheit ist oder war. Nicht mehr das frühere Ich mit seiner Fiktion und künstlichen Zurechtmachung, sondern ein anderes ›objektives‹ Ich, das man aus diesem Grunde besser als das *Selbst* bezeichnet. Es ist keine Auswahl passender Fiktionen mehr, sondern eine Reihe harter Tatsachen, die zusammen jenes

Kreuz bilden, das schließlich jeder zu tragen hat, oder das *Schicksal,* das man ist. Diese ersten Andeutungen einer zukünftigen Zusammensetzung der Persönlichkeit erscheinen im Traum oder in der ›aktiven Imagination‹, wie ich in früheren Publikationen dargestellt habe, in Form der *Mandalasymbolik*,* die auch den Alchemisten nichts Unbekanntes ist. Die ersten Anzeichen dieses Symbols der Einheit bedeuten aber noch lange nicht, daß die Einheit auch schon erreicht sei. Wie die Alchemie eine große Anzahl vielfach variierter Prozeduren kennt, von der siebenfachen Destillation angefangen bis zur tausendfachen, vom ›opus unius diei‹ (Werk *eines* Tages) bis zur jahrzehntelangen Irrfahrt, so gleichen sich auch die Spannungen der psychischen Gegensatzpaare nur allmählich aus, und wie das alchemistische Endprodukt immer noch eine essentielle Gespaltenheit verrät, so wird auch der geeinten Persönlichkeit die schmerzhafte Empfindung der ›Zwienatur‹ kaum je ganz verloren gehen. Die völlige Erlöstheit vom Leiden dieser Welt müssen wir wohl der Illusion überlassen. Schließlich endete das symbolisch-vorbildhafte Menschenleben des Christus auch nicht in gesättigter Seligkeit, sondern am *Kreuz.* (Es ist eine merkwürdige Tatsache, daß in der hedonistischen Zielsetzung rationalistischer Materialismus und ein gewisses ›fröhliches‹ Christentum sich brüderlich die Hand reichen.) Das *Ziel* ist nur als Idee wichtig, wesentlich aber ist das *opus,* das zum Ziele hinführt: *es erfüllt die Dauer des Lebens mit einem Ziel,* zu dessen Erreichung sich ›rechte und linke‹ Ströme vereinigen und Bewußtes und Unbewußtes kooperieren.« Und an anderer Stelle:

»Nicht nur in allgemeinen Umrissen, sondern auch in oft verblüffenden Einzelheiten schildert die Alchemie jene psychische Phänomenologie, die der Arzt im Verlaufe der Auseinandersetzung mit dem Unbewußten beobachten kann. Die

---

* Die Grundform des Mandala ist ein Kreis oder auch Quadrat, das den inneren Bezirk, den »Temenos«, einschließt, in dem die Seele sich zusammenfassen und ordnen soll, um heil und ganz zu werden, also im Grunde der Ort der geistigen Wiedergeburt des Menschen. Es symbolisiert das menschliche Selbst. Die Symbolik des Selbst ist sehr reich. Wir finden es als Schatz und Kleinod, als kostbare Perle und Edelstein, als Kreis und Kugel durch die Vier geteilt *(das sog. Radkreuz),* als Stern und Blume, vor allem als *Rose,* als Paradiesgarten, als vier- oder achttorige Burg, als goldene Stadt und andere ähnliche Bilder.

scheinbare Einheitlichkeit der Person, welche mit Nachdruck sagt: ›*Ich will, ich denke*‹ usw., zerspaltet sich und löst sich auf unter der Einwirkung des Zusammenpralls mit dem Unbewußten. Solange der Patient denken konnte, irgendein anderer (z. B. der Vater oder die Mutter) sei schuld an seiner Mißlichkeit, vermochte er sich den Anschein seiner Einheitlichkeit zu retten (putatur unus esse!). Wenn er aber einsieht, daß er selber einen Schatten besitzt, ja daß er seinen Feind ›im eigenen Busen‹ birgt, dann hebt der Konflikt an, und Eins wird zu Zwei, und da der ›Andere‹, wie es sich allmählich herausstellt, selber eine Zweiheit, ja sogar eine Vielheit von Gegensatzpaaren ist, so wird sein Ich bald zum Spielball vieler ›mores‹, und damit tritt die ›Verfinsterung des Lichtes‹ ein, d. h. eine Depotenzierung des Bewußtseins und eine Desorientierung über Sinn und Umfang seiner Persönlichkeit. Das ist gegebenenfalls ein so finsterer Durchgang, daß sich der Patient an seinen Arzt oft als anscheinend letzte Realität anklammern *muß* (nicht sollte!). Diese Situation ist für beide Teile schwierig und peinlich, und dabei geht es dem Arzt nicht selten so, wie dem Alchemisten, der oft nicht mehr weiß, ob er der ist, welcher die metallische Arcansubstanz im Tiegel schmilzt, oder ob er selber im Feuer als Salamander glüht. Die unvermeidliche psychische Induktion bringt es mit sich, daß beide von der Wandlung des Dritten ergriffen und gewandelt sind, wobei allein das Wissen des Arztes wie ein flakkerndes Lämpchen die tiefe Dunkelheit des Geschehens spärlich erhellt. Nichts schildert die seelische Situation des Alchemisten besser als die Einteilung seines Arbeitsraumes in ein ›Laboratorium‹, wo er mit Tiegeln und Retorten hantiert, und ein ›Oratorium‹, wo er die ihm so nötige Erleuchtung von Gott erfleht – ›horridas nostrae mentis purga tenebras‹ (reinige die schauerlichen Finsternisse unseres Geistes), wie der Autor der Aurora citiert.«

Zum Schluß einige Worte über das »Ergebnis« des Individuationsprozesses, wie Jung den inneren Prozeß der Menschwerdung in solchen Analysen jenseits der Lebensmitte nennt. Man kann dieses »Ergebnis« eigentlich nicht begrifflich formulieren, denn es enthält Paradoxien. Es ist nämlich wie das alchemische »*Opus*« zugleich *Weg und Ziel*. Es wird oft ähnlich den östlichen Bildern und Umschreibungen für das Numinose oder Letztwirkliche oder Lebensganze ausgedrückt und dargestellt. Im chinesischen Bereich ist der Erleuchtete im *Tao,* und das Tao ist in ihm. Bei Laotse finden wir das *Tao als Weg und Ziel zugleich.* Ähnlich ist das Bild des Atman oder Purusa im indischen Bereich: Er umfaßt alle Welten und ist kleiner als ein Reiskorn. Dieser doppelte Aspekt des Enthaltenseins und Enthaltens wird in allen seinen Bildern und Umschreibungen deutlich.

Ihnen als christlichen Theologen ist am vertrautesten das Bild vom *Gottesreich,* von dem Christus zu seinen Jüngern paradoxerweise sagt: »Ihr könnt hineinkommen« und »Es ist in euch gleich einem Senfkorn«. Offenbar ist dieses Numinose etwas, was uns seelisch erfahrbar als geistige Wirklichkeit umschließt, wie der Mutterleib biologisch den Embryo umschließt, der aus seinen Kräften sich speist und aufbaut; es ist aber zugleich etwas, was wir nicht nur als *das Allumfassende* erleben, sondern ebenso als den Kern, *die Mitte,* den innersten Pol und Puls alles Lebens, also auch als die innerste Mitte unserer Seele. Es kann neben die Erfahrung des Mystikers gestellt werden, von dem auch das Enthaltensein und das Enthalten zugleich erlebt wird.

Dieser doppelte Aspekt gehört nach Jungs Erfahrung auch dem Kernerlebnis der Individuation an: Es ist zugleich ein Erlebnis innerster Zentrierung und äußerster Erweiterung, *»ein Erlebnis der Mitte und des Umfangs der Persönlichkeit.«* Eine Frau jenseits der Lebensmitte stellte dies Erlebnis kürzlich dar als weiße Blüte mit zehn strahlenförmigen Blättern, in deren Mitte ein riesiger Tautropfen gleich einem Diamanten funkelt. Ähnliche Darstellungen bekommt der Psychotherapeut bei Individuationsvorgängen von Patienten und Schülern der zweiten Lebenshälfte immer wieder, allerdings muß solchen befreienden und befriedigenden inneren Erlebnissen eine sehr gründliche und ehrliche psychologische Arbeit vorausgegangen sein. Jung sagt dazu:

»Das heilmachende Ziel ist die Frucht und der Höhepunkt der Vollständigkeit eines Lebens, das sich selbst in seiner Ganzheit, also auch in seiner dunklen Seite, angenommen und erkannt hat« und das nicht mehr unbewußt von den »Göttern und Dämonen seiner Neigungen, Gewohnheiten, Triebe, Vorurteile, Ressentiments« beherrscht ist, sondern das »in ethischer Entscheidung den Herrn gewählt hat, dem es dienen will.«

Die Aufgabe des Psychotherapeuten geht dahin, den Patienten oder Schüler unbestechlich und unerbittlich »mit vorurteilsloser Objektivität« bis an den Ort dieser verantwortlichen Entscheidung zu geleiten. Hier liegt die Grenze der Befugnis der Psychotherapie gegenüber der kirchlichen Seelsorge, deren Amt es ist, Christus als *das* Ziel und seine Nachfolge als *den* Weg zu verkündigen und zu weisen.

Der Individuationsweg des modernen Abendländers führt erfahrungsgemäß so gut wie immer durch oft schwere Auseinandersetzungen und auf oft mühsamen Umwegen zu den christlichen Werten, vor allem zum Geiste der Wahrheit und der Liebe, denn das Schicksal des Abendlandes ist das Christentum, und das historische Leben Jesu ist nach Jungs Aussage *»der Prototyp der Menschwerdung«.*

Die Rolle des Psychotherapeuten besteht, wie gesagt, nicht in dem Hinweis auf dieses bestimmte Ziel und noch weniger in der Leitung auf diesem bestimmten Wege, sondern – nach Maßgabe seiner eigenen Kenntnis der Geister und seines relativ tieferen und umfassenderen Wissens vom Sinn der inneren Bilder – in der Hilfe zur Erkenntnis der subjektiven inneren Führung und im Beistand beim »Austragen« und bei der »Entbindung« neuer Wesenskräfte, die den Plan ihrer Reifung, ihren Sinn und ihr Ziel in sich selbst tragen.

Als Illustration für einen solchen »subjektiven« inneren Vorgang soll zum Schluß der Traum einer Frau jenseits der Lebensmitte dienen, dessen Bilder Wandlung darstellen von »unten« nach »oben«, von Wasser zu Luft, von Dunklem zu Lichtem, von Verhülltem zu Enthülltem, von Kriechendem zu Geflügeltem, von Natur zu Geist, nämlich zum Geist der Liebe, der um das Opfer des Kreuzes weiß. Der Traumtext lautet:

In den Trümmern draußen, durch die ich komme, lebt »der Graue«. Die Menschen sagen von ihm, er sei irr. Ich weiß, daß er es nicht ist, und sage zu ihnen: »Er gräbt dort nach dem Neuen.«

In den großen Gewässern, zu denen ich komme, wohnt »die Schlange«. Ich sehe schaudernd, daß sie sich verwandelt. An ihrer Stelle taucht aus den Wassern »der Mensch«, weiß, langgliedrig, geschlechtslos, aufrecht. Er tritt an Land. Während ich fühle, wie von mir eine schleierartige Hülle fällt, schaue ich »den Menschen«, wiederum verwandelt, auf mich zuschreiten. Er ist »der Bote«, geflügelt; auf karmesinrotem Grunde leuchtet von seiner Brust ein lichtfarbenes Kreuz, von einem Glanzring umschlossen. Mit ausgebreiteten Armen grüßt er mich mit den Worten: »Du bist liebend«. »Der Schwarze« im Hintergrund schüttelt das Haupt und spricht: »Es ist der Satan«. »Der Lichte« kommt aus dem Lichthaus am Berge und verkündet: »Gott ist einverstanden.« Ich schließe zwei bangende kleine Mädchen in beide Arme, sie tröstend: »Fürchtet euch nicht!«

In dieser Haltung erwacht die Träumerin, tief ergriffen von dem Vermächtnis: »Du bist liebend«. Die Wirkung des Traumes auf sie war eine so tiefe und nachhaltig numinose, daß er für sie die Bedeutung religiöser Erfahrung gewann. Berühren sich hier nicht wirklich Psychologie und Religion? Damit möchte ich schließen. Ich hoffe, Ihnen den großen Entwurf der Psychologie von C. G. Jung wenigstens mit einigen charakteristischen Hinweisen so beleuchtet zu haben, daß es Sie lockt, sich selbst mit ihm näher zu beschäftigen. Dann wäre der Zweck dieses Referates erfüllt.

Einführung in die Urbildlehre von C. G. Jung

von Wilhelm Laiblin

Lassen Sie mich in Ergänzung des Vortrags meiner Vorrednerin ohne Umschweife medias in res gehen, denn wir haben einen weiträumigen Weg miteinander zurückzulegen. Ich muß Sie freilich enttäuschen, wenn Sie von mir eine Ausfahrt in das weite Reich des Geistes erwarten. Vielmehr möchte ich Sie – sehr schlicht und sehr nüchtern – in die Brunnentiefen der menschlichen Seele führen. Vielleicht wird sich, wie ich hoffe, dann im Verlauf unseres Weges herausstellen, daß dieser Gegensatz nur ein scheinbarer, nicht ein wirklicher ist.

Nach einer in der Psychologie lange Zeit herrschenden Auffassung wäre die menschliche Seele bei der Geburt einer »tabula rasa« zu vergleichen, die dann im Laufe des Lebens durch sinnliche Eindrücke verschiedenster Art nach und nach »beschrieben«, mit Inhalt gefüllt wird. Die einzige Eingangspforte für das menschliche Erleben und für das Bewußtwerden dieses Erlebens sind nach dieser lange aufrecht erhaltenen Auffassung die *Sinne,* was dann zu der Aufstellung des bekannten Satzes führte, daß »nihil esse in intellectu, quod non prius fuerit in sensu«. Diese sensualistische Auffassung der menschlichen Seele hat ja zunächst überhaupt kein Unbewußtes gekannt, und als man dann vor allem im Laufe des 19. Jahrhunderts sich zu einer Annahme des Unbewußten genötigt sah, hat man es nur als eine Art receptaculum für ursprünglich bewußte Seeleninhalte betrachtet, die aus den verschiedensten Gründen ihre Bewußtseinsfähigkeit verloren hatten. Nach dieser Theorie »enthielte das Unbewußte sozusagen nur diejenigen Teile der Persönlichkeit, die ebensogut bewußt sein könnten und eigentlich nur durch die Erziehung – durch den moralischen Einfluß der Umgebung – unterdrückt sind« (Jung, »Die Beziehungen zwischen dem Ich und dem Unbewußten«. S. 11). Jung kam auf Grund jahrzehntelanger Erfahrung jedoch zu einer Auffassung, die gegenüber dem Bewußtsein dem *Unbewußten* eine weit größere und umfassendere Bedeutung zuweist. Für ihn ist das Bewußtsein nur eine »hauchdünne Oberflächenschicht« gegenüber der ungeheuren Mächtigkeit des Unbewußten. Man könnte, um das Verhältnis der beiden Bereiche zueinander zu veranschaulichen, einen Vergleich aus der Geologie heranziehen und das Bewußtsein als die zutage tretende oberste Gesteinsschicht betrachten, auf der unser ganzes kulturelles Leben der Gegenwart sich abspielt, während eine unendliche Fülle von darunter gelagerten Tiefenschichten uns stufenweise ein mehr oder weniger anschauliches Zeugnis vom Leben früherer Epochen ablegt. Dieser Vergleich ist nur insofern irreführend, als es sich bei den Tiefenschichten der Seele nicht wie in der Geologie um historisch gewordene, versteinte Sedimente handelt, sondern weit eher um ein in stetigem Wogen befindliches Meer, in dem auch die tiefsten Strömungen lebendiges Leben zeigen, nicht etwa für sich abgeschlossen, sondern in ununterbrochener Berührung auch das Leben an der Oberfläche durchdringend und beeinflussend.

Jung hat erkannt, daß jedes individuelle Gegenwartsbewußtsein nur der äußerste Zweig eines kollektiven historischen Gesamtwissens ist, das jeder einzelne unter uns als ein unveräußerliches Stück Ahnenerbe in den verborgenen Tiefen seiner Seele mit sich trägt. Das *individuelle Bewußtsein* jedes Einzelmenschen ruht demnach auf einem dem Individuum selber großenteils unbewußten mächtigen Grunde einer historischen *Gesamterfahrung der Art und der Gattung,* die bis in die grauste Vorzeit zurückreicht und sozusagen den verdichteten Niederschlag der psychischen Erfahrungen und Reaktionsweisen der gesamten Ahnenreihe bis hinauf zur Tier- und Pflanzenwelt, ja bis zur Urzelle darstellt. Demnach ist das Unbewußte weit mehr als etwas, »das erst durch das individuelle Dasein und Bewußtsein entstünde« und von diesem aus erklärt werden könnte. Denn das Unbewußte ist »immer schon vorher da«, es ist »die seit Urzeiten vererbte Funktionsbereitschaft. Das Bewußtsein ist ein spätgeborener Nachkomme der unbewußten Seele. Es wäre wohl verkehrt, das Leben der Ahnen aus den späten Epigonen zu erklären, daher ist es auch meines Erachtens verfehlt, das Unbewußte als in kausaler Abhängigkeit vom Bewußtsein zu betrachten«

(Jung, »Das Grundproblem der gegenwärtigen Psychologie«).
Jung gliedert demnach die menschliche Seele in *drei* Bereiche: das *Bewußtsein,* das *Persönliche Unbewußte* und das *Kollektive Unbewußte.* Der Teil der Seele, der gewissermaßen unmittelbar »unter der Schwelle des Bewußtseins« liegt und mit diesem noch in relativ naher Beziehung steht, ist das *Persönliche Unbewußte.* Es umfaßt »Acquisitionen der persönlichen Existenz, also Vergessenes, Verdrängtes, unterschwellig Wahrgenommenes, Gedachtes und Gefühltes« (Jung, »Psychologische Typen«. Definition 57), ist also der Teil der Seele, mit dem sich die psychoanalytischen Schulen Freuds und Adlers fast ausschließlich beschäftigen. Hätte Freud mit seiner Theorie vom Unbewußten recht, so müßte folgerichtig jeder, der eine eingehende Analyse im Freudschen Sinne durchgemacht und relativ alle ins Unbewußte verdrängten Inhalte dem Bewußtsein wieder angegliedert hätte, ein ganz phänomenales Bewußtsein und ein relativ bedeutungsloses, auf einen ganz minimalen Umfang zusammengeschmolzenes Unbewußtes haben. Dies stimmt nun aber mit den Erfahrungen, die Jung an sich selber und in der Arbeit mit seinen Patienten gemacht hat, keineswegs überein. Er berichtet selbst darüber folgendes:

> »Wir halten unsere Patienten dazu an, verdrängte und wieder ans Bewußtsein assoziierte Inhalte festzuhalten und in ihren Lebensplan aufzunehmen. Diese Prozedur macht aber, wie wir uns täglich überzeugen können, insofern keinen Eindruck auf das Unbewußte, als es ruhig weiter Träume und Phantasien produziert, die der ursprünglichen Freudschen Theorie entsprechend auf persönlichen Verdrängungen beruhen müßten. Wenn man in solchen Fällen konsequent und unvoreingenommen weiter beobachtet, so findet man Materialien, die zwar den früheren persönlichen Inhalten formell ähnlich sind, aber Andeutungen zu enthalten scheinen, die über das Persönliche hinausreichen« (Jung, »Die Beziehungen zwischen dem Ich und dem Unbewußten«. S. 13).

In einem im September 1937 in Berlin gehaltenen Vortrag gibt Jung einen recht ausführlichen und anschaulichen Bericht über die Erfahrungen, die ihn zuletzt veranlaßten, den von Freud übernommenen Begriff des Unbewußten zu erweitern. Ich möchte diesen Bericht wörtlich zitieren:

»Als Schüler von Bleuler beschäftigte ich mich 1902 mit Reaktionsversuchen bei Normalen und Kranken und entdeckte in den häufigen Reaktionsstörungen die sogenannten ›Komplexeinflüsse‹, das heißt, durch unbewußte Inhalte veranlaßte Störungen der bewußten Intention. Bei dieser Gelegenheit konnte ich alle von Freud beobachteten Verdrängungssymptome experimentell bestätigen, zugleich aber machte ich auch zahlreiche Beobachtungen, die das Verdrängungsphänomen in einem ganz anderen Lichte erscheinen ließen: es ergaben sich nämlich öfters sogenannte Komplexe oder Inhalte des Unbewußten, die ihr Dasein nicht der Verdrängung verdankten, sondern die autochthon sozusagen aus der unbewußten Psyche heraufwuchsen und genau die gleichen Störungen der bewußten Reaktion veranlaßten, wie die verdrängten Inhalte. Es gelang mir damals allerdings nicht, die Herkunft und Bedeutung dieser autonomen Inhalte nachzuweisen. Erst 1906 machte ich *die* Beobachtung, die mir zum ersten Male einen Hinweis auf die Quelle der autonomen Inhalte des Unbewußten gab.

Es handelte sich um den Fall eines 42jährigen Irren, der, früh erkrankt, schon seit Jahren in der Anstalt Burghölzli war. Früher war er ein kleiner kaufmännischer Angestellter gewesen, hatte keine sonderliche Bildung genossen und keine Reisen ins Ausland unternehmen können. Er war ein Eigenbrödler, aber ruhig, so daß er sich frei bewegen konnte. Einmal fand ich ihn am Fenster stehen, er sah zur Sonne hinauf und wendete den Kopf mit eigenartigen Bewegungen von links nach rechts und wieder zurück, da winkte er mir und zeigte zur Sonne hinauf: ›Jetzt, *jetzt* müssen Sie es sehen. Da, in der Sonne den Ursprung des Windes, das membrum virile im Gesicht der Sonne!‹ – Ich hatte damals bei dem Manne den Eindruck der vollkommenen Verrücktheit, staunte, auf was für Einfälle so ein Kranker kommen kann. Er sah dieses Bild im Kopf der Sonne. Obwohl ich mich fragte, was es wohl bedeuten könnte, habe ich aber damals keine Antwort gefunden.

Sechs Jahre später publizierte Albert Dieterich den sogenannten Zauber-Papyrus, der Mithrastexte enthielt. Es war keine Liturgie, sondern eine Anweisung an den Schüler von seinem Lehrer zur Erzeugung von Visionen und die Erklärung des Geschauten. Es heißt darin: ›Nach dem zweiten Gebet sollst du in die Sonnenscheibe schauen. Wende das Gesicht nach Osten, wende das Gesicht nach Westen, dann schaust du in der Sonne die Röhre, den Ursprungsort des Windes usw.‹ – Der Text ist eine Parallele zu dem erwähnten Fall. Er besagt genau das gleiche, was der Patient gesehen hat. Zufall? – Kann ja sein: – in rascher Folge habe ich dergleichen mehr gefunden, auch in den Träumen Gesunder. Ich hatte zunächst diesen Fall nicht ausgewertet, da mir die Annahme, daß unbewußte Inhalte historischer Natur möglich wären, zu abenteuerlich erschien. Unendlich lange habe ich mir überlegt, was für eine Erklärung es dafür geben könnte. Woher hatte dieser Schweizer diese visionsmäßige Schau? Griechisch konnte er nicht, auf andere illegale Weise konnte er nicht zu diesem Wissen gekommen sein, denn mir selbst war dieser Text zu jener Zeit noch unbekannt gewesen. Es mußte also in ihm von selbst entstanden sein, und da er mich gern hatte, versuchte er, mich in seine Geheimnisse einzuführen. Er war in genau der gleichen Lage wie der Prophet des alten Textes. Er wollte mich initiieren, mir ein gnostisches Mysterium übermitteln. Aber das wußte er natürlich nicht. 1912 bearbeitete ich eine Serie von unbewußt entstandenen Phantasien, die mein väterlicher Freund, Prof. Flournoy in Genf, in den ›Archives de Psychologie‹ als Beispiel für ›imagination créatrice subconsciente‹ publiziert hatte. Diese Bearbeitung förderte eine solche Menge mythologischer Parallelen zutage, daß ich die Möglichkeit von psychischer Vererbung historischer Inhalte ernstlich in Betracht zog. Dazu kam noch, daß ich in den Träumen meiner Patienten ebenso viele Parallelen gefunden hatte. Das Problem, das mich damals beschäftigte, lautete: Sind diese Inhalte innerhalb der Rasse etwa durch frühere Einübung vererbt, oder sind sie universales unbewußtes Menschheitsgut, allgemeine Dispositionen oder Vorstufen des Bewußtseins, nicht vererbte, sondern dem Wesen des Psychischen inhaerente Gesetzmäßigkeit?

Um diese Frage zu entscheiden, untersuchte ich 1913 mit der freundlichen Erlaubnis des Direktors Dr. White am Government Hospital of the insane in Washington die Träume geisteskranker, reinrassiger Neger. Es gelang mir, einige Träume aufzufinden, die Motive der griechischen Mythologie zu enthalten schienen. Auf alle Fälle waren diese Motive so beschaffen, daß, wenn sie ein Altphilologe geträumt hätte, er selber wohl auf den Gedanken gekommen wäre, daß die nächste Parallele zu seinem Traumbild z. B. der aufs Rad gebundene Ixion oder sonst ein Motiv aus der griechischen Mythologie sei. Diese Erfahrung im Zusammenhang mit der schon längst bekannten Tatsache des universalen Vorkommens gewisser mythologischer Motive jenseits aller Wahrscheinlichkeit einer Verbreitung durch Wanderung, ließen mich zugunsten einer Hypothese entscheiden, die die Herkunft der autonomen Inhalte des Unbewußten aus dem Vorhandensein einer in allen Menschen vorhandenen, überall sich selbst identischen unbewußten Psyche ableitet. Ich habe dieses psychische Stratum als das *Collective Unbewußte* bezeichnet, im Gegensatz zu einem mehr oberflächlichen Stratum, dem *persönlichen Unbewußten,* dessen Inhalte allesamt aus der persönlichen Erlebnissphäre stammen.« (Berliner Vorträge. S. 6–7.)

Dies also waren die Erfahrungen, die Jung dazu führten, seine ursprüngliche Auffassung über das Wesen des Unbewußten, die er von Freud und überhaupt von der damals herrschenden Schulmeinung übernommen hatte, wesentlich zu erweitern. Er ist also dabei, wie Sie sehen, keineswegs spekulativ vorgegangen, wie ihm von Gegnern immer wieder vorgeworfen wird, sondern seine Theorie vom Kollektiven Unbewußten ist ihm schrittweise von der *Erfahrung* im praktischen Umgang mit seinen Patienten abgerungen worden, eine Erfahrung, die so lange an ihm und in ihm arbeitete, bis er die *Arbeitshypothese* gefunden hatte, die es ihm ermöglichte, fruchtbare therapeutische Arbeit zu leisten und die rätselvollen seelischen Phänomene, die ihm bei seiner Arbeit immer wieder begegneten, sich selbst und seinen Patienten gegenüber einigermaßen plausibel zu machen.

Das *Kollektive Unbewußte* ist nach Jungs Definition

»ein Niederschlag, und damit eine typische Grundform eines immer wiederkehrenden seelischen Erlebens«, der »durch Verdichtung unzähliger einander ähnlicher Vorgänge entstanden ist« (Psychol. Typen, Definition 8), ist »die gewaltige geistige Erbmasse der Menschheitsentwicklung, wiedergeboren in jeder individuellen Hirnstruktur« (»Die Struktur der Seele«. In: »Seelenprobleme der Gegenwart«. S. 175), ist »der Niederschlag alles menschlichen Erlebens..., bis zurück zu seinen dunkelsten Anfängen, kein toter Niederschlag – gewissermaßen ein verlassenes Trümmerfeld –, sondern lebendige Reaktions- und Bereitschaftssysteme, welche auf unsichtbarem und daher um so wirkungsvollerem Wege das individuelle Leben bestimmen. Es ist aber gewissermaßen nicht bloß ein gigantisches historisches Vorurteil, sondern zugleich auch die Instinktquelle... Aus der Lebensquelle des Instinktes fließt aber auch alles Schöpferische, so daß das Unbewußte nicht nur historische Bedingtheit ist, sondern zugleich auch den schöpferischen Impuls hervorbringt – ähnlich wie die Natur, die ungeheuer konservativ ist und in ihren Schöpfungsakten ihre eigene historische Bedingtheit wieder aufhebt« (ebenda S. 173). Freilich gibt es »keine angeborenen Vorstellungen, wohl aber angeborene Möglichkeiten von Vorstellungen, welche auch der kühnsten Phantasie bestimmte Grenzen setzen, sozusagen Kategorien der Phantasietätigkeit, gewissermaßen Ideen a priori« (»Über die Beziehungen der analytischen Psychologie zum dichterischen Kunstwerk«. In: »Seelenprobleme der Gegenwart«. S. 68).

Diese »Kategorien der Phantasietätigkeit« oder »Ideen a priori«, wie sie Jung hier nennt, werden von ihm in Anlehnung an die neuplatonische Philosophie auch »Archetypen« genannt, worüber noch ausführlich zu reden sein wird.

Unser Bewußtsein verfügt über ein individuell erworbenes Erfahrungsmaterial von wenigen Jahrzehnten. Das Individuum wird aber erfahrungsgemäß immer wieder vor Aufgaben und Situationen gestellt, zu deren Lösung und Meisterung sein bewußt erworbener Erfahrungsschatz nicht ausreicht. In solchen Augenblicken, die in der Regel als besonders schicksalhafte Notzeiten für unser inneres und äußeres Leben, als Lebenskrisen und Zusammenbrüche erlebt werden, in Augenblicken, da vor der Unlösbarkeit des Problems »der Verstand stillsteht«, wo also m. a. W. alle rationalen Lösungsversuche gescheitert sind, greift die Seele in einer Art von *automatischem Selbstregulierungsprozeß* zurück auf die *instinktiven Anpassungssysteme* der *kollektiven* Wesensseite in uns, greift zurück auf das ihr in reichster Fülle zur Verfügung stehende *kollektive* Erfahrungsmaterial von Jahrtausenden: in Träumen, Phantasien und ähnlichen Äußerungen greift das kollektive Unbewußte *spontan* in das Drama des Geschehens ein und kommt unserem ratlosen individuellen Bewußtsein sozusagen zu Hilfe, indem es vom Standpunkt der Jahrtausende alten Kollektiverfahrung neue Gesichtspunkte zur Beurteilung der Lage bereitstellt, die seither vom individuellen Bewußtsein mit seinem relativ beschränkten Gesichtskreis übersehen worden waren. Es tritt also gewissermaßen ein weiterer Gesprächspartner bei der Erörterung des Konflikts hinzu, der die Probleme von einer seither noch nicht beachteten Seite her beleuchtet und höchst wesentliche Winke und Ratschläge zu geben vermag. Es ist, wie Jung mit einer ohne weiteres verständlichen Metapher zu sagen pflegt, der »zwei Millionen alte Mann in uns«, der freilich nicht in der uns geläufigen und unmittelbar verständlichen Sprache unseres Gegenwartsbewußtseins zu uns redet, sondern durchaus in dem ihm eigenen Stil, nämlich in *archaischer* Sprache. Es ist die höchst eindrucksvolle, weil affektgeladene und anschauliche *Bildersprache* des archaischen Menschen, derer er sich für seine Zwecke bedient, eine Sprache, die dem Uneingeweihten soviel verhüllt, als sie dem offenbart, der Ohren hat, zu hören!

Man hört oft den Einwand, die Beschäftigung mit dem eigenen Seeleninnern sei ein Stück jenes verhängnisvollen Subjektivismus, der in einer Art Größenwahn selbstherrlich sich über das objektive Allgemeingut hinwegsetze und sich einem Kult des Ichhaften zuwende, indem er meine, sich an den Erfahrungen subjektiven Erlebens genügen lassen zu können. Aber dieser Einwand ist sehr oberflächlich. Denn erstens kann das sogenannte Allgemeingültige überhaupt erst dann von uns in rechter Weise assimiliert werden, wenn die ganz persönliche *Erfahrung* vorausgegangen, d. h., wenn das Ackerland der Seele zuvor aufgeschlossen und umgebrochen worden ist. Zweitens muß gesagt werden, daß die rechte Erfahrung Lebenstiefen und zugleich Seelentiefen in uns aufschließt, die weit jenseits des nur »subjektiven« Erlebnisses liegen. Selbst wenn das folgerichtige Sich-Gründen und Sich-Verlassen auf die eigene Erfahrung zu Anfang dieses Weges tatsächlich einer Art Einkapselung in das Ichhafte gleichkommen sollte, so liegt es in der Natur dieses Weges beschlossen, daß der folgerichtige Subjektivist *vom Leben selbst,* dessen Führung er sich ja anvertraut hat, schrittweise und stufenweise mehr und mehr in Lebenslagen gebracht wird, deren Wesen gerade darin besteht, daß sie nicht einmalig, sondern typisch, nicht individuell, sondern generell sind, Lebenslagen, die vor ihm schon ungezählte Millionen erlebt haben, die ungezählte Schicksalsgenossen mit ihm teilen. Damit ist er aber auch – seine Hörsamkeit auf die inneren Stimmen, die aus der eigenen Seelentiefe auf solche Situationen antworten, vorausgesetzt – vom Leben selbst zu *inneren* Allgemeinerfahrungen geführt worden, die den Bereich des »subjektiven Erlebnisses« weit hinter sich lassen. Zu den Urerfahrungen des Lebens, die jeder einzelne ebenso wie die Gattung Mensch immer wieder machen muß, gehört auch jene, daß jedes Individuum nur auf dem Umweg über die *Gattungs-Ganzheit,* zu der es gehört, wirklich Individuum wird. Diese Verbindung mit der *Gattungs-Ganzheit* erfolgt auf dem Weg über die Tiefen des eigenen Seelengrundes. Je tiefer wir in die Brunnentiefe des eigenen Seelengrundes eintauchen, in um so allgemeinere psychische Zusammenhänge mit allem Lebendigen stoßen wir vor. Darum nennt Jung das Kollektive Unbewußte auch das *Objektiv-Psychische.* Seinen die Jahrtausende überdauernden

Niederschlag hat dieses Objektiv-Psychische in den Mythen der Völker gefunden. Man könnte sie geradezu ein ebenso umfassendes wie aufschlußreiches *Inventarium des Kollektiven Unbewußten* nennen, ein unschätzbares Nachschlagewerk, das eine endlose Fülle von Vergleichsmaterial bietet. Dieses Vergleichsmaterial ist für uns der unentbehrliche Schlüssel zur Entzifferung individueller Träume, die uns ohne diese Kenntnis des Gesamtzusammenhanges oft unergründliche Rätsel blieben. Denn da der einzelne Glied in der ungeheuren Kette der Geschlechter ist und das Ahnenerbe nicht nur körperlich, sondern auch seelisch in sich trägt, erkennt er in den Bildern des Mythos sich selbst wieder, vollends, wenn er selbst in Situationen gerät, die mit denen Ähnlichkeit haben, aus denen heraus Mythen entstanden sind.

Ist der Mensch rückhaltlos bereit, der subjektiven Wegweisung *innerer Leitung* zu folgen, *komme, was da wolle,* so wächst mit jedem Schritt auf diesem einmal eingeschlagenen Wege die Möglichkeit, daß das subjektive Tasten und Vordringen in noch unbetretenes Neuland des Lebens und damit auch der Seele von einem ganz bestimmten Zeitpunkt ab fast unmerklich übergeht in ein immer intensiveres *Geführtwerden,* so daß der subjektiv Suchende plötzlich und unerwarteterweise zum objektiv Empfangenden wird. Die intensivste Subjektivität – die Beschäftigung mit den Bildern seines Innern – war dann für ihn der Weg, zu jenen Urerfahrungen vorzustoßen, die »semper, ubique, ab omnibus« als gültig anerkannt worden sind. Es gibt Lebenstiefen und Seelentiefen, in denen subjektives Suchen und objektives Empfangen eins werden.

Das Erleben des Kollektiven Unbewußten führt also zu der paradoxen Erfahrung, daß der Mensch auf subjektivem Weg zu objektiven Wahrheiten gelangt. Ja, es wäre kühnlich der Satz zu wagen, daß der Mensch, der am tiefsten in die Gründe seiner eigenen Seele Einkehr gehalten, auch die allgemeinsten Wahrheiten zu finden und auszusprechen in der Lage sein müßte.

Jung nennt die Begegnung mit dem Kollektiven Unbewußten ein »Zurückgreifen auf den Instinkt«. Er meint damit die in der menschlichen Seele angelegte *Bereitschaft*, auf *typische* Situationen und Probleme *typisch* zu reagieren, d. h. also Konflikte nicht auf Grund der relativ beschränkten *individuellen* Erfahrung, sondern durch *instinktive Anpassung* zu lösen.

Ich möchte Ihnen dieses *Zurückgreifen auf den Instinkt* in Augenblicken höchster äußerer Gefahr oder innerer Bedrängnis an einigen Beispielen zeigen. Zunächst darf in diesem Zusammenhang an die seltsame Sitte unserer Flugzeugführer und U-Boot-Besatzungen erinnert werden, beim Antritt ihrer gefahrvollen Fahrten irgendein Tier mit an Bord zu nehmen: einen Hund, eine Katze, einen Affen, ja sogar einen jungen Löwen und dergleichen. Man kann dies natürlich rationalisieren und mit dem Bedürfnis nach scherzhafter Unterhaltung der im rauhen Kriegshandwerk stehenden Besatzungen »erklären«, kann das bemerkenswerte Festhalten an einer solchen Sitte auch einfach als modernen »Aberglauben« abtun. Mir will jedoch scheinen, als seien alle solche »Erklärungen« allzu flach. Bedenken wir nämlich, daß auch unsere Autofahrer einer ähnlichen Sitte huldigen, indem sie Stoffpuppen, sogenannte »Maskotten«, meist Nachbildungen solcher Tiere, in ihrem Fahrzeug aufhängen und damit dokumentieren, daß auch sie bei ihren Fahrten Wert auf solche Begleiter legen, so kommen wir dem geheimen Sinn solch »abergläubischen« Tuns erheblich näher. Wollen sie alle damit nicht in unbewußter Symbolsprache zum Ausdruck bringen, daß es geraten sei, den *Instinkt* nicht zu Hause zu lassen, wenn man sich auf gefährliche und abenteuerliche Fahrt begibt?

Wenn der Durchschnittseuropäer von heute nur ein überlegenes Lächeln für derartige Phänomene hat, die er nicht erklären kann und darum kurzerhand in den Bereich des Aberglaubens verweist – »denn eben, wo Begriffe fehlen, da stellt ein Wort zu rechter Zeit sich ein« – so hängt dies mit der verhängnisvoll einseitigen *Bewußtseinskultur* des heutigen Abendlandes zusammen, die vom Verstande und der Rationalisierung des Lebens alles Heil erwartet und großenteils instinktfern, ja instinktfeindlich geworden ist und die erst jetzt wieder, durch die Not gezwungen, im Begriffe steht, uralte Wirklichkeiten der menschlichen Seele neu zu entdekken. Die schicksalhaften Katastrophen der letzten Jahrzehnte, vor allem der Krieg mit seiner unmittelbaren Lebensbedrohung für den einzelnen wie für die Völker sind uns in dieser Hinsicht große Lehrmeister geworden. Wir lernen wieder, was wir fast ganz vergessen hatten: daß uns in Augenblicken höchster Lebensgefahr vom Instinkt mehr Hilfe kommt als vom wachen Tagesbewußtsein. Denn die instinkthafte Seite unserer Seele hat ein oft ungemein waches Ahnungsvermögen, das in Fällen großer Gefahr mitunter geradezu zum Lebensretter werden kann. Fast jeder Frontsoldat z. B. hat entsprechende Erfahrungen gemacht. Ein Beispiel sei für viele genannt: zwei Essenträger hasten in einem Augenblick der Feuerruhe durch ein Trichterfeld, um in Kochgeschirren das Essen in die vorderste Linie zu tragen. Sie sind nur noch um einige Sprunglängen von ihrem Ziel entfernt, da wirft sich der eine in einem, ihn plötzlich unerklärlicherweise überfallenden, elementaren Angstgefühl in den nächsten Granattrichter und ist durch keinerlei vernünftiges Zureden seines Kameraden zu bewegen, die kurze Strecke bis zum schützenden Graben vollends zurückzulegen. Während der zweite dem ersten noch »vernünftig« zuredet, ihm doch noch die wenigen Schritte zu folgen, bricht plötzlich über das noch vor ihnen liegende Trichterfeld einer jener ebenso überraschenden wie furchtbaren Feuerüberfälle herein, wie sie jedem Frontsoldaten aus dem Stellungskrieg nur zu bekannt sind. Die beiden wären, hätte nicht den einen sein *Instinkt* gewarnt, unfehlbar mitten in den Geschoßhagel hineingerannt und nach menschlichem Ermessen kaum ohne Schaden an ihr Ziel gelangt. Rettung war in diesem Fall nicht vom noch so klugen Verstand, sondern einzig vom wachen Instinkt gekommen.

Zwischenbemerkung: Wenn dieser Soldat nach seiner Errettung aus großer Gefahr als frommer Mensch ein Dankgebet zum Himmel emporschickt, so steht diese Betrachtungsweise der Dinge in absolut keinem Gegensatz zu unserer psychologischen Formulierung, daß dem Menschen in bestimmten Augenblicken »Führung durch das Unbewußte oder durch den Instinkt« zuteil werde. Man muß nur erkennen, daß beide Betrachtungsweisen auf völlig verschiedenen Ebenen liegen und einander nicht ausschließen, sondern sich ergänzen. Für manche Theologen ist unsere Diktion: »Führung durch das Unbewußte« ein psychologistisches Skandalon, über das sie nicht hinwegkommen und dem sie mit entrüstetem Protest entgegenhalten, daß es für sie nur eine Führung durch Gott oder durch den Heiligen Geist gebe. An solchen Beispielen wie dem eben angeführten wird klar, wie töricht und oberflächlich solche oft gehörten Einwände sind. Sollte Gott, bei dem doch kein Ding unmöglich ist und der uns Menschen auf den absonderlichsten Wegen zu helfen vermag, das menschliche Unbewußte als Mittel seiner Gnade für zu unwert halten? Das Alte Testament hat dies besser gewußt: denken Sie an die Träume Josephs oder Pharaos, von den sogenannten prophetischen Träumen ganz zu schweigen. Ja, im Grunde ist der Gedanke, daß Gott gerade am allerunwertesten und unwahrscheinlichsten Ort der Welt sich offenbare und dem Menschen begegne, ein zentral christlicher; ist doch das Kindlein von Bethlehem entgegen aller menschlichen Erwartung nicht etwa in einem prächtigen Palast und in der Gesellschaft von Königen geboren worden, sondern in einem ärmlichen Stall und in der Gesellschaft von Öchslein und Eselein, also von Tieren! Sollten wir nicht berechtigt, ja verpflichtet sein, die tiefe symbolische Wahrheit dieses Bildes auch auf die Innenerfahrung der menschlichen Seele anzuwenden?

Es hat freilich für unser hochdifferenziertes, auf seine Fortschrittlichkeit so eingebildetes Bewußtsein etwas Verblüffendes, ja Anrüchiges, daß vom Rückgriff auf unsere undifferenzierte, in grauer Vergangenheit wurzelnde Wesensseite Heil und Hilfe kommen soll. Aber unsere Instinktseite hat ein Janusgesicht. Sie kann zwar wegen ihrer archaischen »Rückständigkeit« gegenüber unserem geistgerichteten Bewußtsein dessen auf Fortschritt bedachte Intentionen aufs empfindlichste hemmen, kann z. B. die Quelle hartnäckiger und störender Affektreaktionen und Emotionen sein und, bildlich gesprochen, wie ein Australneger in einer Gesellschaft von hochgebildeten Europäern durch unangepaßtes und unmanierliches Benehmen peinliches Aufsehen erregen. (Übrigens sollte die jüngste Epoche der Entwicklung unserer Kultur uns davon überzeugt haben, wie dünn und brüchig die Kulturtünche unserer bewußten Haltung ist und wie leicht sie vom Vulkanausbruch der Affekte und Emotionen weggefegt werden kann!) »Wo aber Gefahr ist, wächst das Rettende auch«, sagt Hölderlin, und dieses Wort eröffnet uns den Ausblick auf das *andere* Gesicht der janushaften Instinktseite unseres Wesens. Derselbe Instinkt, der für den Menschen zur Quelle aller Rückständigkeit, aller Inertie und alles Bösen werden kann, reicht gleichzeitig wegen seiner Verwurzelung in die Unendlichkeit des Lebens und der Vergangenheit über die Beschränktheit unseres Bewußtseinshorizontes weit hinaus und stellt so eine Art *Überbewußtsein* dar, das in gewissen Augenblicken kompensatorisch die Fehlhaltungen individueller bewußter Einstellung zu korrigieren vermag.

Genau das ist es, was wir auch im Umgang mit jener modernen rätselhaften Krankheit, die wir Neurose nennen, erfahren. Auch in den Krankengeschichten unserer Patienten zeigt sich uns immer wieder aufs neue das Janusgesicht unserer instinkthaften Wesensseite, von der so empfindliche und quälende Störungen auf das Bewußtsein ausgehen. Denn wir entdecken im Unbewußten nicht nur die Wurzeln der krankmachenden, das Leben des Patienten vergiftenden Störungen, sondern zugleich auch überraschende Wegweisung und Hilfe für den neurotisch Erkrankten. Lassen Sie mich dies an einem *Beispiel* zeigen.

Einem jungen Mädchen war es unvorsichtigerweise passiert, sich heftig in einen Ausländer zu verlieben, der kurze Zeit darauf in seine Heimat zurückkehrte. Wegen des Krieges war jede Möglichkeit auch einer bescheidenen brieflichen Verbindung abgeschnitten, auch bestand nach menschlichem Ermessen kaum Aussicht auf eine spätere Wiederherstellung der Beziehung, zumal sie nicht einmal sicher wußte, ob er ihre Gefühle erwidere. Obwohl sie sich vernünftigerweise eingestehen mußte, daß man an einen so hoffnungslosen Fall besser nicht allzuviel seelische Kraft verschwende, und ihr dies auch von anderen vorgehalten wurde, stand ihr Gefühl so sehr und so nachhaltig in Flammen, daß sie noch Monate nach der Trennung weder bei Tag noch bei Nacht von dem Gedanken an den fernen »Geliebten« loskam. Ihr *Unbewußtes* hielt also in quälender Hartnäckigkeit an einer Bindung fest, die rückgängig zu machen das einsichtigere, »vernünftige« *Bewußtsein* im Grunde schon einige Zeit lang durchaus bereit war. Dieser quälende Konflikt, der sie z. B. auch in ihrer Berufsarbeit hemmte, war eine der Hauptursachen zu dem Entschluß, sich einer psychotherapeutischen Behandlung zu unterziehen. Auch in den Sprechstunden wies das unbewußte Energiegefälle hartnäckig in jene Richtung wie bei einer Magnetnadel, die durch ein in der Nähe liegendes Eisenstück beständig beunruhigt und abgelenkt wird. Eines Tages nun hatte ihr geträumt, sie reite auf einem Pferd – oder einem Esel? – auf einer teilweise noch im Bau befindlichen Straße. Das Pferd wollte aber nicht auf dieser Straße bleiben, sondern strebte hartnäckig und eigensinnig über einen Abhang hinunter auf eine breite Wiese zu, die neben der Straße lag. Die Wiese war gegen die Straße durch ein kurzes Stück Zaun abgesperrt, doch war links und rechts davon der Weg zur Wiese frei. Der Zaun hatte in der Mitte ein großes Loch, und das störrische Pferd versteifte sich darauf, ausgerechnet durch dieses Loch hindurch auf die Wiese zu gelangen, obwohl ja der Zaun in kurzer Entfernung links und rechts davon aufhörte und also leicht zu umgehen gewesen wäre. Es blieb der Reiterin nichts anderes übrig als abzusteigen, das Pferd sich durch das Loch hindurchzwängen zu lassen, ihm dann zu folgen und nachher wieder aufzusteigen, worauf das Tier auf der Wiese lustig weiterzutraben begann. Soweit der Traum. Es ist offensichtlich – und wurde auch durch die Einfälle der Patientin zum Traum bestätigt –, daß hier das Unbewußte selbst Stellung zum Konflikt der Träumerin nahm, und zwar in einer erstaunlich humorvollen, überlegenen Weise. Es kennzeichnet die Situation mit einer unüberbietbaren Treffsicherheit als die doch wohl bedauerliche Schwäche einer noch sehr ungeübten Reiterin, die allen unvernünftigen Launen ihres eigensinnigen Pferdes – oder störrischen Esels?! – nachgibt, wenn das »Reittier«, statt auf der noch im Bau befindlichen (!) Straße (!) zu bleiben, also bewußter, zweckgerichteter Intention zu folgen, lieber sich auf freier Wiese verlustieren, also dem natürlichen Libidogefälle freien Lauf lassen möchte, ja die sogar dem törichten Gaul seinen Willen läßt, als er sozusagen »mit dem Kopf durch die Wand« möchte! »Warum mußt du dich ausgerechnet in einen Ausländer verlieben, wo doch im Inland ›links und rechts‹ hindernislose Möglichkeiten genug bestünden?« Das Unbewußte *ironisiert* also in diesem Traum nicht nur die Haltung der »Reiterin«, der »Ichseite«, deren zu große Nachgiebigkeit gegenüber den Launen der Instinktseite es kritisiert, sondern es ironisiert erstaunlicherweise sogar *sich selbst*, indem es sich mit einem unvernünftigen, störrischen Gaul oder Esel vergleicht! Mit dem befreienden Lachen, das dieser doppelten Einsicht folgte, hatte die Träumerin erstmals *Abstand* von ihrem eigenen Erleben gewonnen, womit die entscheidende Voraussetzung gegeben war für die Lösung der ihr vom Leben gestellten »unmöglichen« Aufgabe, sozusagen *über ihren eigenen Schatten zu springen!*

Die Aufgabe, die unsere Patientin zu lösen hatte, ist eine allgemeinmenschliche. Hufeland hat sie in klassischer Prägung in seinem kurzen Vorwort zu Kants Abhandlung »Von der Macht des Gemüts« so zusammengefaßt:

»Ewig wahr bleibt das Sinnbild, den Menschen als den Reiter eines wilden Pferdes sich zu denken: einen vernünftigen Geist mit einem Tier vereinigt, das ihn tragen und mit der Erde verbinden, aber von ihm nun wiederum geleitet und regiert werden soll. Es zeigt die Aufgabe seines ganzen Lebens. Besteht sie nicht darin, diese Tierheit in ihm zu bekämpfen und der höheren Macht unterzuordnen? Nur dadurch, daß er sich dies Tier unterwirft und sich möglichst unabhängig davon macht, wird sein Leben regelmäßig, vernünftig, sittlich, und so nur wahrhaft glücklich. Läßt er dem Tier die Oberhand, so geht es mit ihm durch, und er wird ein Spiel seiner Launen und Sprünge – bis zum tödlichen Sturz.«

Lassen Sie mich nun das Problem des Urbildes noch von einer anderen Seite her beleuchten. Wir wissen, daß in der Natur nichts ohne sorgfältige Vorbereitung geschieht. Natura non saltat, die Natur macht keine Sprünge, sagt ein lateinisches Sprichwort. Jeder Wachstumsprozeß, jeder Übergang von einer alten in eine neue Daseinsform, jede neu in Erscheinung tretende Funktion wird, wie nach einem geheimen Plan, in ungemein zweckmäßig anmutender Weise von der Natur vorbereitet. Wenn im Frühjahr überall in Feld, Wald und Wiese die Knospen springen und keimendes Leben sich regt, so befreit sich in diesem Augenblick ein im verborgenen und bis in alle Einzelheiten aufs gewissenhafteste vorbereitetes, seither nur quasi in Banden gehaltenes Leben.

Entsprechendes beobachten wir im Tierreich wie auch beim Menschen. Auch in der menschlichen Entwicklung geschieht nichts ohne planmäßige Vorbereitung. Der lebensgesetzliche Sinn des kindlichen Spiels z. B. ist weithin in der allmählichen, vorbereitenden zielstrebigen *Einübung von Funktionen und Fähigkeiten* zu sehen, die auf einer späteren Entwicklungsstufe gebraucht werden. Es ist nicht Zufall, sondern entspricht geheimer, zielstrebiger Gesetzmäßigkeit, wenn das kleine Mädchen in »mütterlicher« Fürsorge seine Puppen betreut und damit – um ein von R. Bilz sehr treffend gebrauchtes Bild (R. Bilz, »Pars pro toto. Ein Beitrag zur Pathologie menschlicher Affekte und Organfunktionen«. Leipzig 1940) zu wiederholen – schon in der »Ouvertüre« seiner Lebenssymphonie »Motive« anklingen läßt, die später thematisch breit entfaltet erklingen, während der kleine Junge derselben geheimen und »planmäßigen« Lebensordnung gehorcht, wenn er in kindlichem Spiel mit Auto, Eisenbahn und Flugzeug späteren Aufgaben der Lebensmeisterung entgegenreift. Solche und zahlreiche ähnliche Beobachtungen nötigen zu der Annahme, daß der Ablauf des Lebens in der Leib-Seele-Einheit streng gesetzmäßig und »planvoll« erfolgt; als sei quasi der biologische Gesamthaushalt und sein zeitlicher Ablauf einem geheim wirksamen *Bauplan*, einem *ordnenden, planenden und alle Lebensabläufe regulierenden Organisationszentrum* unterworfen, das dem Lebensstrom im ganzen wie im einzelnen seine Bahn weist und Richtung verleiht, dem also eine Art Planungs- und Steuerungsvermögen innewohnt. Auch das sich in »Lebensstufen« entfaltende leib-seelische Wachstum müssen wir uns als von einem regulierenden Energiezentrum aus vorbereitet und gelenkt denken. *Im psychophysischen Untergrund jeder Lebenseinheit bereitet sich vor, was nachher sichtbar geschieht und in der realen Welt greifbar, fühlbar und meßbar oder sonst auf irgendeine Weise beschreibbar in Erscheinung tritt.*

Damit bekennen wir uns zu einer uralten naturwissenschaftlichen Auffassung, der wohl als erster Aristoteles in seinem *Gesetz der Entelechie* klaren Ausdruck verliehen hat. Diese Auffassung ist von keinem Geringeren als dem genialen Arzt und Psychologen C. G. Carus erstmals in *modernes* lebensgesetzliches Denken übertragen und auch folgerichtig aufs Psychische angewandt worden. Er sagt in seinen »Vorlesungen über Psychologie«:

»Mögen wir ... die Bildungsgeschichte irgendeiner Pflanze, eines Tieres oder irgendeines organischen Individuums überhaupt betrachten, so ist eine der ersten wichtigen Wahrnehmungen, die wir an denselben machen werden: daß *ein Bild ihres Seins vor ihrem Dasein zugegeben werden müsse.* Nehmen wir z. B. das Ei eines Schmetterlings, und wir gewahren eine kleine, einfache, rundliche Hülle und eine gleichförmige, ausfüllende, eiweißstoffige Flüssigkeit; aber von dem Körper des Schmetterlings, von seinen vier Flügeln mit ihrer Farbenpracht, von seinen Tausenden von Augen, seinen Fühlfäden, seinen Füßen und der zierlich aufgerollten, zum Saugen des Blumennektars bestimmten Zunge, oder von irgendeiner Eigentümlichkeit der Form der Raupe ist auch noch nicht die mindeste Andeutung vorhanden. Nichtsdestoweniger schwebt das Bild dieser ganzen vielartigen Gliederung über der noch formlosen Erscheinung der Eiflüssigkeit, und Schritt vor Schritt, wie es in diesem unsichtbaren geistigen Bild der künftigen Daseinsform vorgezeichnet ist, schießt die Organisation gleichsam kristallinisch an und beweist unwiderleglich, daß ein Bild ihres Seins vor ihrem Dasein vorhanden war. Dasselbe gilt, wenn wir noch eine Stufe tiefer herabsteigen, zu den eigentlichen sogenannten Kristallbildungen. Nehmen wir die reinste, indifferenteste Flüssigkeit, das Wasser; über ihm schwebt, oder wollen wir lieber sagen, in ihm ist lebendig das Bild einer nach dem Gesetz der Drei- und Sechsteilung wirksamen Kristallisation, und wie nur der schwebende Wassertropfen der Einwirkung der Kälte preisgegeben ist, so daß die auf entschiedene polarische Zusammenziehung sich gründende Kristallisation anheben kann, so tritt das zierliche Gebilde des Wasserkristalls als Schneeflocke, d. i. als drei- oder sechsstrahliger Stern, hervor. Das Bild, der Typus, oder *die Idee dieser Gestalt war also vorhanden, ehe die Gestalt selbst zur Erscheinung kam.* Auch gilt dies nicht bloß von der ersten Bildung eines organischen Individuums, sondern auch von dem Wiederersetzen teilweise zerstörter Bildungen. Man weiß z. B., wie leicht gewisse Tiere verlorene Glieder wieder ersetzen, so Salamander, Schnecken, Krebse und dergl. Auch hier besteht ein ideales Bild des verloren gegangenen Teiles, und wenn nun der aus den verwundeten Stellen hervordringende Nahrungsstoff gerade wieder zu einer solchen Gliedmaße, als der verlorene Teil war, gleichsam kristallinisch anschießt, so muß er auch hier von diesem über der räumlichen Erscheinung schwebenden idealen Bild geleitet werden. Ja, wir erfahren an unserem eigenen Organismus, wenn auch nicht den Ersatz verloren gegangener Gliedmaßen, doch *vielfältige ähnliche Regenerationen ganz auf ähnliche Weise,* und namentlich ist alles, was wir bei Krankheiten Heilkraft der Natur nennen, gar nicht anders zu verstehen, als inwiefern die über dem Organismus schwebende Idee seines reinen harmonischen Daseins bei allen Störungen und Kränkungen dieser Existenz unablässig zur Wiederherstellung ursprünglicher Normalität derselben hindrängt ... Wesentlich ... ging aus den vorhergehenden Betrachtungen hervor, daß auch in den niedrigsten Organisationen wie in den höchsten anerkannt werden müsse *das Vorhandensein eines geistigen Bildes ihrer Daseinsform vor dem Dasein selbst,* und wir haben diese als die *bestimmende Idee,* als die bedingende *Ur-Sache ihres Daseins,* oder wie wir für jetzt auch sagen dürfen, als die *bildende Seele* derselben zu bezeichnen.« (C. G. Carus, »Vorlesungen über Psychologie«. Zürich-Leipzig o. J. S. 30 ff. Einzelne Textstellen vom Verfasser hervorgehoben).

Wir können diesen Beobachtungen von Carus vorbehaltlos beipflichten, doch wollen wir seine *Theorie* von der »bildenden Seele« lieber durch die etwas moderne Formel *»verborgen wirksames Organisationszentrum in der Latenz der Leib-Seele-Einheit«* ersetzen. Denn Leib und Seele stehen auf allen

Stufen ihrer Entfaltung von der Keimzelle bis zur voll entwickelten Endgestalt *im Verhältnis der Entsprechung* zueinander und können zweckmäßigerweise nur als verschieden-
artige *Aspekte* des biologischen Geschehens, des Urphänomens
»Leben« aufgefaßt werden. Wir schließen uns der u. E. sehr
glücklichen Metapher an, die unseres Erinnerns erstmals Vik-
tor von Weizsäcker geprägt hat, um das unauflösliche Inein-
ander-Verwobensein des Stofflich-Unstofflichen zu kenn-
zeichnen, der Metapher von der *Transparenz* des Stofflichen,
die auch R. Bilz auf S. 11 seines Buches »Pars pro toto« in
folgender Formulierung übernommen hat: »Der Begriff der
Transparenz des Organischen erscheint uns geeignet, *Stoffliches* und *Immaterielles* zugleich zu sehen. Durch die Materie
schimmern die Bau- und Leistungspläne, die latent in ihr liegen, gleichsam hindurch.«

Wir nehmen also an, daß vom verborgen-vorbewußten
Organisations- und Energiezentrum der Leib-Seele-Einheit
schöpferische Impulse ausgehen, die leitend, formend, richtungweisend alle psychophysischen Wachstums- und Wand-
lungsvorgänge des Organismus präformierend bestimmen.
Diese finden beim höher organisierten Tier und beim Menschen ihren Ausdruck in *emotional* und *affektiv geladenen Strebungen, Trieben und Instinktreaktionen,* denen eine gewisse
»*Zielstrebigkeit*« nicht abzusprechen ist. Gewisse Erfahrungen
und Beobachtungen lassen nämlich darauf schließen, daß der
psychophysische Lebensgrund jedes Einzelwesens das ihm
unbeschränkt zur Verfügung stehende System der Affekte,
Triebregungen und Emotionen dazu benützt, um eine aus
äußerer oder innerer Notwendigkeit von der Natur geforder-
te *Einpassung* in eine neue Lage oder Entwicklungsphase
von innen her vorzubereiten und gleichzeitig mit ihrer Hilfe
herbeizuführen. Das vorbewußte Organisationszentrum
»denkt«, »plant« und »handelt« also »zielstrebig«, d. h. es
erzeugt in ganz bestimmten Fällen *phantastische Impulse,* die
»Bild und Emotion zugleich« (C. G. Jung) sind. Es setzt vom
»endothymen Grund« (P. Lersch) her latent schlummernde
»Bereitschaftssysteme« oder »Dispositionen«, »ererbte Tätig-
keitsbereitschaften« (F. Alverdes) in Bewegung, die wie »ein-
geborene Gebrauchsanweisungen« (R. Bilz) in Form von
affektgeladenen Vorstellungen die Entwicklung und das Han-

deln in eine bestimmte Richtung zwingen, weil sie *in meta-phorischer Bildhaftigkeit in statu nascendi all das enthalten, was »Ziel« des von der Natur gewollten Einpassungs- oder Entwicklungsprozesses ist.* Im affektgeladenen Bild wird also *vorweggenommen,* was im Sinne naturgewollter Entwicklung geschehen soll bzw. geschehen wird.

Dieselben Entwicklungsvorgänge und Reaktionen auf Grund eines inneren »Leitbildes«, die wir im physischen Geschehen auf Schritt und Tritt beobachten können, sind nämlich ebenso auch im *psychischen* Geschehen, und zwar auf allen Stufen der Entwicklung, nachweisbar. Wir wissen z. B., daß bei allen Naturvölkern jeder Jagd, jedem Kriegszug, überhaupt jeder Unternehmung des Stammes wie des einzelnen gewisse *Einleitungszeremonien* vorangehen, ohne die überhaupt irgendeine Unternehmung eines Naturkindes undenkbar ist. Der naturnahe Mensch folgt einer instinktiven Nötigung, durch allerlei phantastische Zeremonien das Erlebnis der Jagd usf. zunächst einmal innerlich *in bildhaft-erlebendem Handeln* vorwegzunehmen, ehe er es auch äußerlich »in die Tat umsetzen« kann. Er folgt also einem in ihm autochthon entstandenen phantastischen Impuls, der seine noch unentwickelten Strebekräfte in die Richtung des späteren Handelns zwingt. Einen ähnlichen Sinn haben die Wandlungs- und Wiedergeburtsriten, die wir aus allen menschlichen Entwicklungsstufen und allen kulturellen Bereichen kennen. Im Rahmen dieses Vortrags ist es leider nicht möglich, näher auf diese Erscheinungen einzugehen; der Hinweis möge genügen. Dagegen möchte ich Ihnen in einem kasuistischen *Beispiel* aus der psychotherapeutischen Praxis zeigen, wie sich im endothymen Grund bildhaft-affektiv vorbereitet, was im Sinne einer notwendigen Entwicklung später geschehen soll bzw. geschieht.

Es handelt sich um die Krankengeschichte eines etwa 30jährigen Mannes, der wegen eines plötzlichen Nervenzusammenbruchs berufsunfähig wurde und psychotherapeutische Hilfe aufsuchen mußte. Zur Anamnese seiner Erkrankung ist vor allem zu erwähnen, daß er in seiner Jugend eine sehr einseitige, etwas muffige Gymnasialbildung genossen hatte, beruflich und auch hinsichtlich seiner Neigungen der typische »Intellektuelle« war, zugleich freilich auch »Idealist«, der gern in höheren Sphären schwebte und auch in

seinem äußeren Habitus den Eindruck machte, als ob er sozusagen
»auf Stelzen« durchs Leben ginge; mit der Natur verband ihn eine
platonisch zu nennende Liebe und auch seine Beziehung zur Frau
war erheblich gestört. Während seiner Behandlung brachte er nach
nahezu völliger Traumsperre eines Tages einen ihn selbst sehr be-
eindruckenden Traum: »Es schleppt sich ein schwerkranker, rö-
chelnder, Blut speiender Drache in mein Zimmer herein. Von
Grauen und Angst gepackt, ziehe ich mich in die äußerste Ecke zurück, untätig, hilflos dem furchtbaren Schauspiel zusehend, wie das
Tier mit dem Tode ringt. Da nähert sich dem Tier mein sieben-
jähriger Junge unter Überwindung seiner Angst und sagt: ›Komm
doch, Vater, wir müssen das Tier streicheln, damit es nicht stirbt!‹«
Im Verlauf der verhältnismäßig kurzen Behandlung lernte der Patient begreifen, daß der todkranke Drache seine seither vernach-
lässigte (und gefürchtete!) Naturseite, die elementare Trieb- und
Instinktwelt in ihm darstelle, vor der sein »Ich« angstvoll und be-
ziehungslos zurückgewichen war, bis ihm sein »Sohn«, d. h. seine
eigene zukünftige Werde- und Entwicklungsmöglichkeit, entscheidende Hinweise für eine richtige Beziehung zu dem verachteten
und gefürchteten »Tier in sich« gab. Mit dieser »Einsicht« allein war
es natürlich nicht getan. Dem Patienten kam aber das Leben, scheinbar von außen, zu Hilfe. Er mußte um diese Zeit einen Wohnungs-
wechsel vornehmen und kam dabei in den glücklichen Besitz eines
Gartens, der allerdings – das Haus war ein Neubau – erst angelegt
werden mußte. Als »Aesthet« verschmähte er es zwar, darin Kohl,
Salat und Mohrrüben zu pflanzen, die man doch sehr viel müheloser
in der Gärtnerei kaufen konnte. Dagegen packte ihn der Ehrgeiz,
aus seinem Garten mit Hilfe mühsam herbeigeschleppter seltener
Pflanzen und besonders schöner Blumen ein Schmuckkästlein zu
machen. Zu diesem Zweck mußten nicht nur im Garten selbst große
Erdbewegungen vorgenommen werden, sondern er mußte auch im
Schweiß seines Angesichts rucksackweise Walderde und Sandboden
aus der Umgebung herbeischaffen. Man sah ihn in dem sehr heißen
Sommer während seiner gesamten Freizeit nur noch als braunge-
brannten Erdarbeiter in der Turnhose im Garten werken: grabend,
Pflanzen setzend, Gießkannen schleppend. Für Schreibtischarbeit
und Bücherstudium, seine seitherige Lieblingsbeschäftigung und
fast ausschließliche Tätigkeit, hatte er in diesen Monaten weder
Neigung noch Zeit; er war ein regelrechter »Gartennarr« geworden.
Natürlich hielt diese neue Einseitigkeit nicht allzulange an, sondern
fand mit der Zeit ihren Ausgleich und ihr natürliches Maß, indem
sich ganz allmählich auch wieder die anderen, geistigen Aufgaben
und Interessen einstellten. Aber der Mann hatte zum erstenmal in
seinem Leben wirkliche Berührung mit der *mütterlichen Erde* ge-

wonnen und dadurch ganz unmerklich seine schwere Neurose überwunden. Ja, noch mehr: er war durch dieses ganz neuartige Erleben und durch die damit verbundene »schöpferische Pause« überhaupt erst wirklich *zu sich selbst* gekommen, d. h. es stellte sich nicht nur ein zuvor ganz ungekanntes, neues Lebensgefühl ein, sondern es brachen in der Folgezeit in ihm auch ungeahnte, neue und wirklich schöpferische Kräfte auf, die seine Berufsarbeit auf eine völlig neue, sehr fruchtbare Basis stellten und ihm überhaupt erst den *wirklichen* Zugang in das weite Reich des Geistes erschlossen, während er vorher bei allem »Idealismus« im Grunde doch nur ein kümmerlich werkender »Intellektueller« gewesen war. Seine Arbeit und sein ganzes Leben bekamen nun jene Weite und Tiefe und gelingende, glückhafte Fruchtbarkeit, die nur aus der lebendigen Beziehung zum tragenden Grund in uns gewonnen werden kann.

Wie bei der Kristallbildung das *Schema* der Kristallisation der jeweiligen Mutterlauge in Form eines nur dieser bestimmten Mutterlauge zugehörigen Achsensystems apriorisch eingebildet ist, wie die »Idee« der vollkommen entwickelten Pflanze schon in deren Keim angelegt ist und als unsichtbares, aber allgegenwärtiges »*Vor-Bild*« jeden einzelnen Werdevorgang wie die endgültige Gestalt präformierend bestimmt, so sind auch die im Unbewußten des Menschen latent schlummernden *Urbilder* »Keime« *künftiger Gestaltung*.

Der Vergleich des Urbildes mit dem Keim eines lebendigen Organismus enthält eine doppelte Wahrheit. Wie nämlich die Keimzelle nicht nur alle zukünftigen Entwicklungsmöglichkeiten des Individuums und der Gattung, alle Wirklichkeiten in der *Potenz,* in statu nascendi in sich schließt, sondern auch zugleich *in nuce* die Zusammenfassung der Gesamtentwicklung der Ahnenreihe bis hinauf zur Urzelle darstellt, so trägt auch deren genaue psychische Entsprechung, das *Urbild,* ein doppeltes Gesicht: es ist, mit seinem *Zukunftsaspekt,* instinktives, affekt- und emotiongeladenes Vorbild künftiger Entwicklung und *zugleich,* mit seinem *Vergangenheitsaspekt,* die Zusammenfassung aller bis in graue Vorzeit zurückreichenden psycho-physischen Urlebensäußerungen der Geschlechterreihe. Man kann daher mit vollem Recht sagen, der Mensch entwickle sich vom Urbild seines Wesens her zum Urbild seines Wesens hin.

Dies bedeutet in seiner letzten Konsequenz nichts mehr

und nichts weniger, als daß das apriorisch vorhandene innere Bild, der Archetypus, die Art des menschlichen Erlebens der Wirklichkeit, die Art der Erfahrung beständig präformiert (vorbildet) und daß das aus dem Unbewußten autochthon aufsteigende *Bild die Mutter aller bewußten Erkenntnis wie auch alles zielgerichteten Handelns ist.*

Lassen Sie mich zum Abschluß meiner Darstellung der Urbildlehre C. G. Jungs ein Wort des heute erst in seiner ganzen genialen Größe erkannten C. G. Carus der Vergessenheit entreißen, der in den »Vorlesungen über Psychologie« sagt:

»Vergessen wir also nie, was Plato, den die Alten mit Recht oft den Göttlichen nannten, den Menschen schon vor länger als 2000 Jahren mit so vieler Klarheit philosophisch ausgesprochen hat, daß nämlich *keine der höheren Erkenntnisse,* welche im vollkommen menschlichen Dasein sich irgend betätigen, uns von *außen* gegeben werden können, daß die Idee des Wahren, des Guten, des Schönen, eben weil sie göttlicher Natur sind, schon in dem frühesten dunklen Keime der Psyche lebendig vorhanden sein müssen, und daß wir ganz eigentlich mit Plato das Gewahrwerden alles Höheren nur ein *Erinnern,* ein *Uns-inne-Werden* nennen dürfen.«

Über das Ödipus-Problem

von Jutta von Graevenitz

Neben den Ansichten der Freudschen Schule über die Sexualentwicklung im Kindesalter hat die Konzeption des »Ödipus-
Komplexes« der Tiefenpsychologie wohl die meiste und ge-
hässigste Gegnerschaft eingetragen. Die Anschauungen über
die frühkindliche Sexualentwicklung haben sich bei der Mehrzahl der Tiefenpsychologen teils modifiziert, teils haben sich
Freuds Anschauungen als durchaus zutreffend, wenn auch
nicht durchweg als sehr glücklich formuliert erwiesen, und die
Diskussion über dieses Gebiet ist mehr in die Bahnen norma-
ler wissenschaftlicher Auseinandersetzung gelangt. Dagegen
erregt die Frage des »Ödipus-Komplexes« immer noch die
Gemüter, und auf beiden Seiten ist eine gewisse Affektivität
nicht zu übersehen.

So wird also der Versuch nötig sein, die Ödipus-Frage, die
in Freuds personalistischer Psychologie wie ein Findling
wirkt, in eine Umwelt zu stellen, die ihm gemäßer ist.

Die Unumgehbarkeit der Verflechtungen, die wir nun schon
gewohnheitsmäßig mit jenem mythologischen Namen bezeichnen, hat sich in der praktischen Arbeit in ungezählten
Fällen erwiesen. So scheint es richtig, gerade in einem Ein-
führungskurs, der praktisch und augenblicksnah sein soll, den
Versuch zu machen, diesen Problemkreis in einen umfassenderen Zusammenhang zu stellen. Vielleicht ergeben sich dabei
Aspekte, die uns die praktisch erwiesene zentrale Bedeutung
des Ödipus-Problems besser verstehen lassen.

Wenn ich mich dabei bemühen werde, ganz innerhalb der
tiefenpsychologischen Formulierungen zu bleiben – und dies
gilt auch für unsere anderen Referenten – so bitten wir Sie,
zu spüren, was jenseits dieser Fachformulierungen da ist und
gewußt wird; und ich glaube, nach dem bisherigen Verlauf
unseres gemeinsamen Bemühens damit rechnen zu dürfen,
daß Sie dieses dahinter liegende Anliegen erfaßt haben.

Was nun die Frage des praktischen Fernliegens angeht: ich habe ja viel mit problematischen Ehen zu tun, und da habe ich die Erfahrung gemacht, daß fast immer die Ratsuchenden deshalb nicht fähig zu einer wirklichen Partnerschaft sind, weil sie keine wirklich erwachsenen Menschen sind, wenn man es banal ausdrückt; oder wenn man es aus einem bestimmten tiefenpsychologischen Aspekt ausdrückt: weil sie in ihrer Jugend nicht durchgefunden haben durch die Entwicklungsphasen frühkindlicher Bindung an den andersgeschlechtlichen Elternteil. Es ist davon die Rede gewesen, daß die Beziehungen des Sohnes zur Mutter, der Tochter zum Vater ein normales, meist für Eltern und Kinder tief unbewußt verlaufendes Stück unserer Entwicklung ausmachen; daß aber Unheil dann entsteht, wenn auch irgendwelchen Gründen diese Entwicklung stecken bleibt, wenn sich ein dauerndes Gebundensein, eine Fixierung entwickelt. Meine Ehekranken nun leiden außerordentlich häufig an solchen Fixierungen – also etwa ist die Ehefrau an ihren Vater, der Ehemann an seine Mutter gebunden, und zwar kommen merkwürdigerweise sehr häufig gerade zwei solche Gebundene zusammen, so häufig, daß ich manchmal versucht bin, statt: »unglückliche Ehe« zu sagen: »doppelte Ödipusbindung«. Das ist natürlich überspitzt ausgedrückt. Ich stelle diese Problematik so kraß hin, um zu zeigen, wie ich gerade aus meiner praktischen, schweren, oft gar nicht zu lösenden Ehetherapie-Arbeit in jenen alten Mythus geführt worden bin.

Denn Ödipus ist eine mythische Gestalt. Wir sind, auch im großen Publikum, so sehr gewöhnt, nur den familiären Bezug dieses Wortes zu spüren, daß wir vielfach ganz vergessen haben, daß hier von Mythologie die Rede ist. Dieses Wegsehen von allgemeineren Zusammenhängen hat in der geschichtlichen Entwicklung aber auch eine positive Seite gehabt: Die Tiefenpsychologie hat sich durch diese Einseitigkeit zunächst von der Gefahr fern gehalten, sich vor der fleischlich-nackten Realität zu drücken, und diese Gefahr hat ja sehr nahe gelegen im Beginn der tiefenpsychologischen Forschung, in dieser Hoch-Zeit der Verdrängung und des Übertünchens. Auch jetzt ist diese Gefahr durchaus noch nicht überwunden. Vielleicht können Sie manche schwer verdaulichen Formulierungen der Freudschen Schule verstehen als eine Überkompensierung dieser Gefahr – und eine solche Haltung heißt ja, daß die Gefahr noch stark empfunden wird – und vielleicht müssen wir andrerseits aus manchen allzu luftigen Gedankengebäuden, etwa gerade aus dem Jungschen Kreis, ein Erliegen gegenüber dieser Gefahr konstatieren. Wenn die Deutung des Ödipus-Mythus, die ich nachher versuchen werde, in manchem abweichen wird von der von Freud in einem genialen Wurf gefundenen, so wollen Sie also, darauf möchte ich ausdrücklich hinweisen, dieses Anderssein nicht verstehen als Wegschieben dieses Problemkreises aus der Realität, als eine Art spirituelles Verdunsten. Das liegt mir völlig fern. Die Erfahrung mit Erwachsenen und mit Kindern zeigt mit voller Deutlichkeit, daß die sogenannte Ödipus-Situation in jeder menschlichen Entwicklung eine grundlegend wichtige Rolle spielt, und es ergibt sich, daß in der Therapie bei den meisten Erwachsenen diese Zusammenhänge auch bewußt gemacht werden müssen, bei jedem einzelnen in der gerade für ihn gültigen besonderen Konstellation. Darin besteht ein großer Teil auch meiner Arbeit. Die Überlegungen, die ich in diesem Zusammenhang anstellen will, betreffen nicht in erster Linie das, was der Patient wissen muß. Dieser sogenannte Patient muß zwar seine Familiensituation genau kennen – das ist zunächst ein Erkenntnisvorgang, meist mit Hilfe von Äußerungen aus dem Unbewußtsein –, und er muß sich dem affektiven Erleiden, dem Schrecken oder geradezu Entsetzen und der schweren Schuld stellen, die im Hineingehen in diese Familienproblematik sichtbar werden.

Wenn dieser Schrecken nicht mehr wachzurufen ist – etwa infolge einer zu rationalistisch geführten Analyse –, sind die Aussichten auf Heilung der vorliegenden Problematik sehr gering.

In diesem Erkenntnis- und Erleidensvorgang kann der Mensch reifen zu der Stufe, die ihm jetzt gerade gemäß ist, zu *diesem* Zeitpunkt seines Lebens angesichts gerade *seiner* Problematik. Was in diesen Reifungs- oder Entwicklungsprozeß hineinleuchtet, davon möchte ich nachher zu sprechen versuchen. Wissen muß es der Betreffende vielleicht gar nicht – vielleicht auch in vollstem Umfang; das ist abhängig vom Lebensalter, vom Umfang und vom Typus der Persönlichkeit. Wir Behandelnden aber müssen wissen, woran wir sind, soweit es uns möglich ist, wenn wir versuchen, einem Leidenden durch die Dunkelheiten dieses Weges hindurchzuhelfen.

Ich möchte nun kurz den Ödipus-Mythus berichten.

Ödipus ist in Theben, der Geburtsstadt des Dionysos, als Sohn des Königs Laërtes geboren; das Delphische Orakel, das bei seiner Geburt befragt wurde, verkündete, daß der Sohn seinen Vater erschlagen und die Mutter heiraten würde. Um dieses Unheil zu verhindern, wurde das Kind ausgesetzt und mit durchstoßenen Füßchen in der Wildnis an einem Baum aufgehängt. Daher kommt sein Name, der »Schwellfuß« bedeutet. Das Kind wird gefunden und von einem fremden König erzogen. Ödipus hört von dem Verhängnis, das über seinem Leben steht, und um nun seinem vermeintlichen Vater nicht schaden zu müssen, verläßt er den Ort seiner Jugend und zieht, Abenteuer suchend, in die Welt. In einem Hohlweg trifft er auf einen alten Helden, der sich ihm in den Weg stellt und ihn reizt. Er erschlägt ihn, nicht wissend, daß dieser alte Held sein Vater ist. Er zieht weiter und kommt in die Nähe von Theben. Dort sind Stadt und Land in großer Not. Die Sphinx hat sich vor die Tore von Theben gelagert, fängt die Menschen, die in die Stadt hinein und aus ihr heraus wollen, und legt ihnen Rätsel vor. Wer diese Rätsel nicht lösen kann, wird von der Sphinx verschlungen. Die Sphinx stammt aus dem Urgeschlecht von Gäa und Tartarus, aus einer inzestuösen Verbindung der Echidna mit deren Sohn Orthros. Ödipus löst das Rätsel, das ihm vorgelegt wird: »Welches Wesen geht morgens auf vier, mittags auf zwei, abends auf drei Beinen?« Die Antwort heißt: *»Der Mensch«.*

Mit dieser Antwort entmachtet er die Sphinx und stürzt sie in den Abgrund. Als Lohn für die Rettung der Stadt erwirbt er das Königtum, den Palast und die Hand der verwitweten Königin – von der er nicht weiß, daß sie seine Mutter Jokaste ist. Er zeugt Kinder mit ihr und regiert eine Zeitlang segensreich. Dann aber bricht in der Stadt die Pest aus. Wiederum nennt das Delphische Orakel die Ursache für dieses Verhängnis: die schwere unbewußte Schuld des Königs Ödipus. – Das erste, was nach der Entdeckung dieses Verhängnisses geschieht, ist, daß der Priester den König in den Palast bringt, weil Helios, die reine Sonne, ihn nicht mehr sehen darf. Im Palast blendet er sich selbst. Er wird dann lange im Palast gefangen gehalten, schließlich verstoßen und irrt als Bettler umher, geleitet von seiner Tochter Antigone. Er erwirbt die Fähigkeit des seherischen Wissens. Schließlich kommt er nach Kolonos, einem Ort in Attika, und wird dort in einem Hain der Eumeniden zu den Unterirdischen entrückt. Dieser Hain war früher gefährlich und durfte von keinem Menschen betreten werden. Seit dem Tod des Ödipus ist er aber für die Landschaft heilbringend.

Sie wissen, daß Freud in diesem Schicksal das Bild des Geschehens erkannt hat, in dem der junge Sohn unbewußt den Vater überwältigen, töten möchte, um die Mutter zu gewinnen. (Bei der Beziehung des Mädchens zum Vater spricht Freud davon, daß das Mädchen ein Kind vom Vater wünscht.) Es wird also das Streben nach der Mutter zum unbewußten Motor des Vatermordes gemacht. Ohne besonderen Nachdruck darauf legen zu wollen, möchte ich kurz darauf hinweisen, daß in der Sage selbst Ödipus, als er seinen Vater erschlug, wohl auf dem Weg war, auf dem er dann seiner Mutter begegnet ist. Aber im manifesten Inhalt des Mythus ist davon nicht die Rede, daß er den Vater tötet, um die Mutter zu gewinnen, sondern er tötet ihn – unwissend, weil der Vater ihm auf *seinem* Weg entgegentritt. Diesen Weg muß der Sohn gehen – wie die Griechen glauben, von der Ananke gezwungen, die ihn hineinstieß in die Schrecknisse seines Schicksals.

Nach dem, was wir jetzt zunächst rein auf psychologischer Ebene wissen, ist dieses Geschehen aber für den Sohn nicht sinnlos; es ist notwendig, daß er den Vater entmachtet, sonst bleibt er an irgendeiner Stelle seines Weges stecken. Und hier gilt, was Goethe sagt: »Wer nicht vorwärtskommt, der kommt zurück.«

C. G. Jung weist einmal darauf hin, daß die Ödipus-Gestalt seinerzeit die Menschen ähnlich berührt habe wie uns das Faust-Schicksal.

Was aber im Faust-Schicksal so bewegt, das ist – wenn wir einmal aus den Backfischjahren heraus sind – nicht nur die Gretchentragödie, sondern das ist dieser oder jener Zug in der Entwicklung des Menschen Faust, gespiegelt in seinem heißen Ringen um Erkenntnis – die Gretchentragödie ist dabei nur ein Teil dieser Entwicklung. Ich möchte annehmen, daß die Griechen, wenn sie sich berührt fühlten vom Schicksal des Helden Ödipus, auch seine tragische Inzestverflechtung in ihrem sexuellen Aspekt nur als einen Teil dessen empfunden haben, was sie in dieser Sage so tief berührt hat.

Da steht zunächst einmal die Gestalt der Sphinx. Sie wissen, daß die Sphinx in Ägypten hochheilig war, Inhaberin besonderen Wissens, Hüterin der Heiligtümer. Hier tritt sie auf als unheilbringendes Wesen; sie liegt wohl vor dem Tor, aber nicht hütend, sondern raubend – wohl noch im Besitz ihres Wissens, aber dieser Besitz ist negativ, zerstörerisch geworden. Und was im griechischen Bereich in ihrer Herkunft anklingt, ist Inzestverflechtung auf der tiefsten Stufe.

Das Motiv, daß man den alten monströsen Mächten durch reiferes Wissen ihre Macht rauben kann, finden wir ja vielfach. Etwa bei Odin und den Riesen oder im Märchen die Auseinandersetzung mit einer Hexe oder auch mit einer Königstochter, die mit ihrem Machtdämon identifiziert ist. Was die alte Macht stürzt, wird in der Sphinxsage deutlicher als in vielen ähnlichen Geschehnissen, und zwar in der Antwort auf das Rätsel. Diese Antwort heißt: *der Mensch* – und aus dem Zusammengestelltsein mit dem Vatermord ergibt sich, daß es nicht nur größere Schläue ist, was die Sphinx entmachtet, sondern, und hier greife ich unseren Überlegungen vor, ein *Weiterwerden des Bewußtseins.*

Im Sinn jeglichen alten Denkens und Vorstellens heißt Vater nicht nur der leibliche Erzeuger, sondern heißt *gewordene Autorität* – vielleicht fertige Geistigkeit. Im Zusammenhang mit der Antwort auf das Sphinx-Rätsel heißt Vater hier sicher auch Kollektivsein, und zwar wäre »Vater« mehr kollektives Bewußtsein und »Sphinx« mehr kollektives Unbewußtes.

Diese beiden Aspekte der Kollektivwelt werden überwunden in der Gestalt des Vaters und der Sphinx.

Wenn ich hier den Vater nicht nur in seiner familiären Bedeutung, sondern in einer darüber hinaus greifenden sehe, so mag Ihnen das vielleicht als Widerspruch erscheinen zu dem, was sonst in der Jungschen Auffassung gesagt wird: daß wir die Figuren eines Traumes und analog natürlich die eines Mythus zu nehmen suchen als das, was sie sind, ohne daß wir eine etwaige Verschiebung oder dergleichen dahinter suchen, die nun aufgelöst werden müßte. Aber das ist wohl doch nur ein scheinbarer Widerspruch. Unser Denken ist eingleisig geworden, notwendigerweise, durch unsere größere Begrifflichkeit, die ein Ausschließen aller anklingenden Nebenbahnen bedeutet. Das war aber anders in der Zeit, in der diese Mythologeme lebendige Wirklichkeit waren. Da war es nicht uneigentlich, nicht nur eine façon de parler, wenn etwa im Wort »Vater« anklang, was ich soeben zu charakterisieren versucht habe. Wie weit dieses Anklingen bewußt geschehen ist, ist eine andere Frage, die uns hier nicht zu beschäftigen braucht.

Und es ist ebenfalls eine andere Frage, ob wir in einem praktischen Fall so vorgehen, wie ich es jetzt am Beispiel der Ödipus-Sage darzustellen versuche. Sie wissen, daß wir zur Klärung persönlichen Materials aus den Träumen die Einfälle brauchen, und wenn diese Einfälle nicht weiterführen, müssen wir auf unserem Wissen mit analogen kollektiven Gestalten, wie Jung sagt, das Traumbild amplifizieren. Aber wir werden diese Zusammenhänge in der Regel nicht aussprechen müssen. Also ein solches Vorgehen ist in der praktischen Arbeit nicht häufig. Aber wir Behandelnden müssen uns unsere Gedanken dabei machen. Wir müssen in der Wirrnis einer Analyse so weit wie irgend möglich zu wissen versuchen, in welchem Zusammenhang die einzelnen Phasen dieses lebensentscheidenden Prozesses zu sehen sind.

Der Held Ödipus, der seinen Vater erschlagen und das Rätsel der Sphinx gelöst hat, verkörpert im einzelnen und für die Menschheit die Tendenz zu hellerem, persönlicherem Bewußtsein. Ödipus hat sich in intensivster Weise gegenübergestellt und unterschieden von diesen beiden alten Mächten, den Vertretern früher Ununterschiedenheit.

Dann geht er seinen Weg weiter in seiner Heimatstadt Theben, gewinnt das Königtum und den Palast und die Hand der Königin – von der er nicht wußte, daß sie seine Mutter Jokaste war.

Stadt – Haus – Mutter: diese drei Bereiche sind nahezu identisch für das mythische Empfinden, und es sieht so aus, als ob durch diese dreifache Wiederholung besondere Betonung auf Regression und Inzest gelegt wäre. Auf der anderen

Seite aber bewirkt dieses Nebeneinanderstellen so etwas wie eine Auflockerung. Bei aller fleischlichen Realität, die dem Griechen sicher immer gegenwärtig war, erscheint in diesem dreifachen Ausdruck des Inzestes etwas, das über den rein sexuellen und über den rein persönlichen Aspekt dieses Geschehens hinausweist. Ödipus ist ja auch zu dem Zeitpunkt, in dem er in Theben aufgenommen wird, nicht mehr irgendeiner, ein vagabundierender Held, sondern er ist *der* Held, der den Vater und die Sphinx überwunden hat. Dieser Mensch, in dem sich sehr hohe Werte vereinen, wird nun der Gemahl seiner eigenen Mutter.

Wenn wir innerhalb des Vorstellungskreises bleiben, den Freud erschlossen hat, so ist dieses Geschehen nichts anderes als totale Regression – da war ein Anlauf genommen, da war im Vatermord schwere Schuld entstanden, aber auch Ausblick in eine individuelle Zukunft war aufgetan – und nun wendet sich dieses Leben zurück in seinen Ursprung. Eine solche zutiefst pessimistische, nicht auf einen Sinn bezogene Anschauung geht durch die ganze Freudsche Lehre hindurch; sogar der Todestrieb, von dem Freud spricht, ist in einem solchen Zusammenhang nichts als eine letzte Ausprägung dieses Sehnens: zurück zum Schoß der Mutter. Und wir müssen betonen: Wer auch nur etwas kennengelernt hat von der inneren Welt der Menschen im persönlichen Bereich und im archetypischen, der weiß, welche unendliche Macht diesem Sehnen innewohnt. Er wird die Faszinationskraft des Dunkels, der Depression kennen. Es ist nichts Ausgedachtes, es ist auch nicht nur Projektion eigener Psychologie auf die Allgemeinheit, wenn Freud und seine Schule dieses Sehnen so sehr betonen; sondern diese Anschauung ist ehrlich gesehene Wirklichkeit; aber doch wohl nicht eine letzte Wirklichkeit.

Vielleicht finden wir weiter, wenn wir den biblischen Ausdruck gebrauchen: Ödipus »erkennt« seine Mutter. Zunächst wird wohl, wenn wir diesen Ausdruck gebrauchen, der Schreck besonders spürbar, der über einem solchen Geschehen liegt – wir dürfen das Geheimnis unserer Herkunft nicht erkennen – und weiter wird deutlich, worum es in diesem ganzen Zusammenhang geht und was gemeint war, wenn ich vorhin davon gesprochen habe, daß in dem Ödipus-Mythus sich eine Ausweitung unseres Bewußtseins spiegelt.

Die Mutter »erkennen«: als Frau wage ich nicht viel darüber zu sagen, was ein solches Geschehen für den Mann ausdrücken könnte. Soviel ist aber sicher: Jeder Vorgang, der
sich in einem solchen mythologischen Bild darstellt, hat
Bezug auf innerpsychische Vorgänge.

Wir sprechen nicht vom Ödipus-Komplex, vom Narziß-
mus und dergleichen, weil man sich damit im psychologischen
Jargon schnell und präzis über bestimmte Vorgänge und
Charaktere verständigen kann – oder wenigstens sollten wir
das nicht tun. Wir sollten uns immer bewußt halten, daß
solche Worte nicht Begriffe sind, sondern Bilder, die sich
niedergeschlagen haben aus typischen innerpsychischen Realitäten. Wenn wir sagen, daß Ödipus seine Mutter erkannt
habe, so drücken wir damit auch einen Vorgang aus, der sich
in diesem Manne Ödipus abgespielt hat. Er hat sich Bezirken
seines eigenen Inneren genähert – liebend und in einem Bewußtwerdungsvorgang genähert –, die dem Durchschnittlichen verhüllt bleiben. Der Durchschnittliche darf sich ja für
das halten, als was er so in der Welt dasteht: Mann von oben
bis unten, mit lauter männlichen Eigenschaften, eingleisig. Er,
dessen Schicksal es ist, der Welt etwas zu bringen, wird in
sich auch das ganz andere erkennen müssen – das Fremde,
Unheimliche, Abgründige, als welches jedem Geschlecht, und
besonders dem männlichen, der andere Pol erscheint. Diesem
Abgründigen auch in sich selbst ist Ödipus begegnet. Wem es
geschenkt oder auferlegt wird, dieses andere zu lieben, wird
vielleicht fruchtbar werden. Freilich: Die Kinder, die aus der
Ehe von Ödipus und Jokaste entsprossen sind, haben kein
Glück gehabt. Aber einem dieser Kinder, der Tochter Antigone, hat der Dichter ein Wort in den Mund gelegt, das im
griechischen Bereich mit ganz besonderer Helle hervorleuch-
tet: »Nicht mitzuhassen, mitzulieben bin ich da«.

Vielleicht gibt uns auch der Mythus selbst weitere Aufschlüsse, wenn wir neben ihn andere ähnliche Gestaltungen
stellen, also das tun, was Jung »amplifizieren« nennt.

Sie wissen, daß im alten Ägypten die Inzestehe eine große
Rolle gespielt hat. Sie war im Königshaus nicht nur erlaubt,
sondern sie war geboten als Abbild der Ehe des göttlichen
Geschwisterpaares Isis und Osiris, aus der Horus hervorgeht,
der die Sonne ist. Das heißt: der Inzest im Königshaus war

als magische Bewirkung nötig, damit das Licht immer wieder neu aufstehen konnte. Also auch hier sehen wir einen Zusammenhang zwischen Inzest und Licht. Aber im griechischen Bereich ist dieser Zusammenhang ein ganz anderer: Zunächst bricht in der Stadt die Pest aus, der Schwarze Tod, den Helios mit seinen Pfeilen schickt. Und als schließlich – wieder mit Hilfe eines Orakels – entdeckt wird, wer Ödipus ist, sorgt der Priester sogleich dafür, daß Helios den schuldbeladenen König nicht mehr sieht.

Im Inneren des Palastes blendet sich Ödipus. Es geht also im Inneren der gleiche Vorgang vor sich, den der Priester außen verursacht hatte: Ödipus entäußert sich des Sonnenhaften an seinem Leibe; ich möchte sagen: er opfert die Sonnen seines Leibes.

Im alten Mythos steht zwar hier nichts von Opfer; im Mythos heißt es nur, daß Ödipus sich blendet. Ich glaube aber doch, daß ich nichts künstlich hineintrage, wenn ich hier von einem Opfer spreche. Dieser Mensch Ödipus scheint mir einer der großen Leidenden der Menschheit zu sein. Schon in seinem Ausgesetztsein, als er an den Füßen am Baum hing, war er Opfer. Ich glaube mich nicht zu täuschen, wenn ich hier im Opfer der Augen die Wandlung sehe, die aus all dem Grausigen Sinn und Heil entstehen läßt. Auch im Mythos ist der Gott nahe; alles geschieht im Hinblick auf Helios.

Ödipus irrt später als Bettler in die Fremde. Aber sein Tod ist nicht der eines gewöhnlichen Übeltäters: Er wird entrückt, gnädig in den Schoß der Mutter Erde aufgenommen, und die Stätte, an der dies geschehen ist, die bis dahin unheilbringend war, wird für das ganze Land zu einem heilbringenden Ort.

Hier möchte ich mich auf unserem Weg der Amplifizierung einem anderen Lichtbringer aus dem griechischen Bereich zuwenden: Prometheus. Daß wir Ödipus, den Vatertöter, Überwinder der Sphinx und Erkenner der Mutter, zu diesem Lichtbringer stellen dürfen, scheint mir sicher. Sie kennen die Prometheus-Sage. Prometheus hat aus – wie wir jetzt sagen würden – sozialen Gründen, um den Menschen das Feuer zu bringen, dieses von den Göttern geraubt. Die Götter strafen den Raub schwer. Prometheus wird für immer an das Kaukasusgebirge, also an die Mutter Erde, gefesselt und schwerer körperlicher Qual preisgegeben. Bei Prometheus hören wir nur von Strafe und Qual; Versöhnung und Gnade treten ganz zurück. Mag sein, daß dieser Unterschied zwischen Prometheus' Ende und dem des Ödipus daher kommt: Prometheus hat das Licht von oben geholt – wie wir es machen: zu einem Zweck –, und wir sind ja auch an den Felsen gekettet! – Ödipus hat das Licht in sich geboren durch Auseinandersetzung mit den unteren Mächten: sein alter Vater, die Sphinx, die Mutter. Auf diesem Weg wird dann etwas erreicht, das der Dichter Begnadigung durch die unteren Götter nennt.

Ich möchte den Vergleich mit Prometheus nicht weiterführen. Ich wollte diesen Zusammenhang nur andeuten, um zu zeigen, in welchen Bereich die Ödipusgestalt gehört. Schon von diesem Zusammenhang her wird es unwahrscheinlich, daß der rein sexuelle, familiäre Aspekt das Ödipusproblem umfassend genug sieht.

Nun erleben wir doch aber – ich möchte fast sagen: tagtäglich – die Realität des Inzestwunsches. Und wir erleben auch, was es an Zerstörung bedeutet, wenn ein junger Mensch nicht herauskommt aus der inzestuösen Bindung: Männer, die keine Männer sind, und Frauen, die keine Frauen sind. Menschen, die dem Leben nichts zu geben haben als Sehnsucht oder Negation und Zerstörung.

In dem Inzestgebundenen ist nun eben nicht nur, wie Freud es nennen würde, die genitale Organisation nicht zur Reife gediehen – das hat auch Freud sehr deutlich gesehen –, sondern eine große Zahl anderer, zur Reifung der Persönlichkeit unerläßlicher Komponenten, die ich im Ödipus-Zusammenhang angedeutet habe, sind irgendwo steckengeblieben, können nicht reifen. Und was nicht reifen kann, bleibt nicht nur unentwickelt, sondern es wird negativ und wirkt schließlich wie ein Gift auf den ganzen psychischen Organismus.

Von hier aus werden Sie die ganz große praktische Bedeutung ermessen können, die unseren psychologischen und mythologischen Bemühungen innewohnt – wir möchten den Menschen helfen, so in ihrem Leben zu stehen, daß sie brauchbare Persönlichkeiten sein können – brauchbar nun nicht nur zu Zwecken, sondern in vollem Umfang, auch in vollem Umfang des religiösen Aspekts.

Um aber wieder zurückzukommen zu Freud und zu einem

weiteren Aspekt seiner Ödipus-Lehre: Sie wissen wohl, daß
Freud in der Aufrichtung der Inzestschranke die Grundbe-
dingung zu jeglicher kultureller Entwicklung sieht. Selbstverständlich, das möchte ich nur ganz kurz erwähnen, besteht die Bedeutung der Inzestschranke nicht nur in der Ver-
meidung der Inzucht. Die Schranke besteht im Tierreich nicht,
und es ist nicht erwiesen, daß Inzucht zu biologischer Schädigung führen würde. Daß die biologische Bedeutung zumindest nicht entscheidend ist, das hat Freud völlig richtig gesehen.
Seiner Konzeption nach entsteht durch den Anstoß an dieser Schranke eine Libido-Stauung, und die dadurch aus der
rein biologischen Erfüllung herausgenommene Libido steht
dem Menschengeschlecht zur Verfügung zum Aufbau der
menschlichen Kultur. Freud nennt diesen Vorgang Sublimierung.

Wie kommt es denn aber dazu, daß alles das geschieht? Ich
beziehe mich für das Folgende großenteils auf eine Studie
des Arztes und Anthropologen John Layard. Die Studie ist
meines Wissens nicht übersetzt; sie steht in einem der Eranos-
Jahrbücher.

Layard beschäftigt sich mit den Heiratsgruppen bei Primitiven, und zwar besonders in Australien, wo die Verhältnisse
noch durchschaubarer sind als in höher differenzierten Gemeinschaften. Layard glaubt, daß ursprünglich auf mindestens zwei Drittel der Erde eine Kombination von Exo- und
Endogamie bestanden habe. Reine Endogamie – Inzest –
also: die nächste Frau, d. h. Mutter oder Schwester für den
Mann – der nächste Mann, d. h. Vater oder Bruder für die
Frau – diese reine Endogamie würde wohl den ursprünglichen Trieb befriedigen, aber keine soziale Entwicklung ermöglichen. Es bleibt alles beim alten. Reine Exogamie würde
nur Kampf bedeutet haben, also auch keine Lebensmöglich-
keit bringen. Ich erinnere an die Sage von den Sabinerinnen.

Der kulturgeschichtliche Vorgang ist nach Layard folgender: Es bilden sich Gruppen, und zwar in der Weise, daß es
für den jungen Mann möglich ist, zwar nicht die Schwester,
wohl aber die Tochter des Mutterbruders zu heiraten. Diese
Gruppen, innerhalb deren Ehepartner gefunden werden können, differenzieren sich weiter, und so entsteht ein komplexes
Gefüge von Heiratsmöglichkeiten innerhalb der sehr kleinen

sozialen Gemeinschaften. Inzucht wird damit nicht vermieden, dazu sind die Gemeinschaften zu klein. Aber: der ursprüngliche inzestuöse Trieb wird durch eine solche Ordnung, eine solche Vereinigung der endogamen und exogamen Tendenz einerseits befriedigt, indem die Heirat einigermaßen im vertrauten Bereich stattfindet – man heiratet nicht die nächste Frau, aber eine nahe Frau. Andrerseits aber entsteht Spielraum dafür, daß Neues hereinkommt, daß eine kulturelle Entwicklung stattfinden kann. Es ergibt sich also statt des biologischen ein soziologisch-kultureller Sinn der Inzest-Schranke.

Worin können wir nun aber eine Macht finden, die den Trieb in aller seiner unübersteigbaren Mächtigkeit von der unmittelbar naheliegenden Erfüllung abhalten kann? Irgendwelche Zwecke (und damit meine ich auch die eben geschilderte soziologisch-kulturelle Bedeutung des Inzest-Tabus) haben eine solche Macht nicht; ich glaube, wir können mit Sicherheit sagen, daß eine solche Mächtigkeit nur dem religiösen Bereich zukommt.

Nur Realitäten aus der religiösen Sphäre haben die Kraft, zu bewirken, daß das Natürlichste – und der Inzest ist das Natürlichste – als widernatürlich empfunden wird, und zwar ist diese Empfindung natürlich nicht eine moralisch begründete, sondern eine dem Moralischen weit vor- und übergeordnete Realität. Nur wenn wir hier das Wirken einer religiösen Realität anerkennen, werden wir auch die besondere Kraft der Inzestschranke verstehen.

Gedankengänge, die das Religiöse berührt hätten, ohne es in irgendeiner Form auf andere Bereiche zu reduzieren, wären aber in der Zeit, in der Freud seine Entdeckungen gemacht hat, für einen Wissenschaftler gar nicht diskutabel gewesen. Bei der damaligen Verquickung von Religiosität und bürgerlicher Moral mußte Freud über die allgemeine Verpflichtung damaligen wissenschaftlichen Stils hinaus in ganz andere Blickrichtungen geführt werden. Seitdem ist aber viel Zeit vergangen, die Situation ist heute anders.

Wenn wir heute eine Antwort suchen nach dem Bewirker jenes von so vielen Rätseln umgebenen Sublimierungsvorganges, können wir am Opfer einer psychischen Realität religiöser Zugehörigkeit nicht mehr vorbeisehen.

Ich möchte jetzt nicht versuchen, zu sagen, was Opfer ist. Nur daran möchte ich erinnern, daß Opfer mit Verzicht nicht umschrieben ist. Was uns hier interessiert, ist die Wirkung des Opfers auf den Opfernden. Ich kenne im Bereich der tiefenpsychologischen Anthropologie keine bessere Formulierung als die, die Layard in seiner Studie bringt. Er spricht von »internalisation through sacrifice«.

Das Opfer bewirkt also ein Nach-innen-Hereinnehmen. Layard sagt nun nicht, wie es im Englischen selbstverständlich wäre, wenn man ausdrücken will, ein Vorgang geschehe »durch« dieses oder jenes: »by sacrifice«, sondern »through«, d. h. wörtlich »durch das Opfer hindurch«. Dieses »through« ist weniger mechanisch, weniger zweckhaft als »by«, es bezieht sich auch nicht auf einen Augenblick, sondern es besagt: durch die Opfersituation hindurch wird der Trieb nach innen gewendet.

Wenn dies wirklich geschieht, daß durch den Vollzug des Opfers der Trieb nach innen wirksam wird, dann ist seine libidinöse Energie – die im Verzicht verloren, dem Unbewußten preisgeben wäre – wirksam geblieben, wirksam vielleicht zur Steigerung der seelischen Energie der Persönlichkeit oder zur Möglichkeit kultureller Gestaltung. Damit ist nun offenbar auch die Befriedigung eines tiefen Triebes der menschlichen Entwicklung erreicht.

Mag sein, daß unsere seelische Schwäche, unsere Gefährdung durch Depression und die Gefährdung der Kollektivität durch Destruktion damit zusammenhängen, daß wir es verlernt haben, Opfer zu bringen. –

Wir haben davon gesprochen, daß Ödipus nach der Überwindung der Sphinx zurückgegangen ist, zurück in seine Heimat – zurück in den Schoß der Mutter – eine totale Regression. Aber er war nicht ein beliebiger: er hatte die Sphinx, die Verfleischlichung des Inzestes, in einem Bewußtwerdungsvorgang überwunden, und er opferte, als ihm seine tiefe unbewußte Schuld bewußt geworden war, die Organe äußerer Erkenntnis, die Augen. Das ist ein Nach-innen-Wenden durch Opfer. Damit wird der Fluch von der Kollektivität der Stadt genommen, und damit war Ödipus selbst die Möglichkeit bereitet, dem Tode nicht zu verfallen, sondern im Tod Segen zu spenden. –

All dies geschieht im Bild männlicher Psychologie. Wir sind zwar hier in einer Schicht, in der nicht nur von Mann und Frau, sondern vom Menschen überhaupt die Rede ist. Ich gehe deswegen auf den weiblichen Ödipusaspekt nicht näher ein, sondern möchte nur kurz folgendes erwähnen:

Sie werden nach dem bisher Gesagten verstehen, warum wir davon sprechen, daß im Schicksal des Ödipus sich ein Trieb nach höherer Bewußtheit und ein Gewinnen dieses umfänglicheren Bewußtseins in symbolischer Form spiegelt. Die sogenannte weibliche Ödipus-Situation läßt dies schon in ihrer ganz banalen Realität noch deutlicher erklären, als es beim Sohn der Fall ist.

Im Vater steht vor der jungen Tochter, die ihn begehrt, nicht nur ein Mann, sondern in diesem Begehren greift sie zugleich nach der Verkörperung geistiger Autorität, nach geistiger Führung. Der Vater – ich sage das noch einmal – ist de jure und in aller Wirklichkeit nicht nur Sexualobjekt, sondern Verkörperung eines geistigen Faktors in der angedeuteten Ausprägung, wenn Sie wollen, archetypisches Bild geistiger Führung.

Freud hat nicht ohne guten Grund die Formulierung gewählt: Die Tochter begehrt ein Kind vom Vater. Mit diesem Verlangen nach Befruchtung ist unlöslich verschlungen als doppelter Aspekt *einer* Realität: das Angelegtsein auf leibliche *und* auf geistige Fruchtbarkeit. Ich will nur kurz darauf hinweisen, daß in alle Düsternis und Schuldverkettung der weiblichen Ödipus-Situation die Gestalt des »inneren Kindes« hereinleuchtet. Diesem Hereinleuchten – und es ist kein Kind zu gewinnen ohne Opfer – entspricht vielleicht auf der männlichen Seite die Linie Sphinx-Inzest-Opfer der Augen-Kolonos.

Der junge Mann steht in der Inzestsituation in der Gefahr des »zurück«. Für die Tochter heißt die Gefahr: Negation gegenüber der Mutter, Weggehen aus der Identifizierungsmöglichkeit mit der Mutter, die das Mädchen aber braucht, um sich zur Frau zu entwickeln.

Sehr deutlich werden die zuletzt gezeichneten Zusammenhänge in dem einzigen von Grimms Märchen, in dem eine manifeste Ödipus-Verbindung dargestellt ist, in »Allerleirauh«.

Der König hatte seine Frau verloren und hatte ihr versprechen müssen, niemanden zu heiraten, der nicht eben solche goldenen Haare hätte wie sie selbst. Als die junge Tochter heranwuchs, entdeckte der Vater, daß nur sie diese goldenen Haare hätte und forderte die Ehe von ihr. Die Tochter weicht aus und weicht zurück bis in tierische Gestalt: Sie hüllt sich in einen Mantel von allem Rauhwerk, das sich im Königreich findet. In dem Schicksal, das sie schließlich zur Vereinigung mit einem fremden Königssohn führt, leuchtet immer wieder das Licht des Goldes auf: In ihren Gewändern aus dem Licht des Mondes, der Sonne und der Sterne und in den Geschenken aus Gold, die sie unerkannt dem jungen König spendet.

Zu unserem Thema möchte ich zum Schluß nur noch sagen: wir sprechen vom Ödipus-Schicksal als Symbol eines Geschehens – eines Geschehens auf physischer und geistiger Ebene. Für uns bedeutet aber Symbol nicht etwas aus der Wirklichkeit Herausgenommenes, ein Symbol ist kein »nur«, sondern, weil sich in ihm physische und geistige Realität berühren, ist es die dichteste Wirklichkeit, der wir uns nähern können.

Körperliche Störungen aus seelischen Ursachen

von Vera Scheffen

Kann es körperliche Störungen aus seelischen Ursachen, aus »Fehlhaltungen« geben, wie kommen sie zustande, und wie ist zu helfen?

Eines ist ja wohl jedem bekannt, nämlich die seelische Auswirkung körperlicher Krankheit: Der Kranke ist traurig, verstimmt, depressiv, weil er eine Krankheit, z. B. eine Tuberkulose hat. Er fühlt sich ausgestoßen und ist deswegen scheu und sonderlingshaft. Wie ein Gottesurteil oder Schicksal ist das Übel über ihn gekommen, und der gute oder böse Doktor – ob Psychotherapeut, Allopath oder Homöopath – soll es ihm nun mit einem Zaubermittel, vielleicht möglichst Penicillin oder sonst einem gut wirkenden Mittel, wieder wegzaubern. Einst war es der Medizinmann, der den bösen Krankheitsdämon durch seine Zauberkraft bannte. Damals galt es, die Seele des vom Dämon Besessenen vom Krankheitsdämon zu befreien. Heutzutage dagegen gilt immer noch weit verbreitet die Ansicht: Körperliches Kranksein kann *nur* von körperlichen Ursachen herkommen. Das war die Auffassung des ganzen letzten Jahrhunderts, und nicht nur viele Mediziner, sondern insbesondere der Kranke hält noch heute an dieser Auffassung fest. Virchow etwa sagte noch: »Ich habe den Menschen bis ins Kleinste zerlegt, bis in seine feinsten Fasern, ich habe keine Seele entdeckt.« Tuberkulose entsteht eben, weil Tuberkelbazillen da waren, die in den Körper eindrangen. Und das stimmt natürlich auch. Aber warum erkranken die einen, und ein gut Teil der andern, die den gleichen Bazillen ausgesetzt sind, erkrankt nicht? Es sei die Abwehrkraft geschwächt gewesen zum Zeitpunkt des Eindringens, wird ganz richtig weiter gefolgert. Aber wer oder was schwächte nun die Abwehrkraft? Ein so wunderbar feiner, vielseitiger Mechanismus ist unser Körper. Bastion hinter Bastion ist da aufgebaut, um dem Eindringen von Fremdem,

Schädigendem zu wehren. Es muß ein sehr zentraler Faktor sein, ein Feind gewissermaßen hinter den Bastionen, der den Bakterien Tür und Tor öffnet, daß die Unversehrtheit des Körpers durchbrochen werden kann. Ein Feind in eigenen Reihen. Sollte da nicht etwa jene ominöse Seele mitbeteiligt sein, von der in den letzten Jahren so viel die Rede ist, so viel, daß beinahe die Gefahr besteht, zu viel von ihr zu reden, so daß das Pendel vom extrem materiellen Zeitalter ins andere Extrem des psychischen Zeitalters zu schwingen scheint?

Freud sagt noch: durch Verdrängen und Konversion wird ein eigentlich Seelisches ins Körperliche abgedrängt, also ein Abgleiten aus der Seele, ein Versuch, aus einer Sackgasse zu entrinnen, der zu verstehen ist aus dem kausalen Denken der damaligen Medizin. *Weil* eine Erlebnisverarbeitung im Seelischen nicht gelingt, deswegen kommt es zu einer körperlichen Auswirkung, gewissermaßen ein nächster Versuch, den Konflikt zu lösen. Es kommt zum somatischen Symptom. Das ist, wie gesagt, die im materialistisch-kausalistischen Denken befangene Auffassung der alten psychoanalytischen Schule; sie wird aber auch heute noch von manchen Psychotherapeuten vertreten. Doch Sie haben in diesen Tagen gehört, daß nach neuerer Auffassung der Tiefenpsychologie die Fragestellung erweitert wurde. Nicht nur: Woher kommt die Erkrankung? Sondern auch: Was will sie erreichen? *Wozu* das Arrangement? Wohin steuert das Ganze? Welcher eingeborenen Lebensaufgabe ist dieser Mensch untreu geworden? Klages kommt in seinen Studien über Ausdrucksgeschehen zu dem Ergebnis: Die Seele *ist* der *Sinn* des Leibes. Mitscherlich spricht von einem Simultanverhältnis von Leib und Seele. Und Heyer schreibt in seinem Buch »Vom Kraftfeld der Seele« von einer Leib-Seele-Komplementarität. Er geht hier von den neuen Erkenntnissen der Quantenphysik aus. Die jahrzehntelange Streitfrage, ob Licht eine korpuskulare Strahlung oder Welle sei, kann heute damit geklärt werden, daß es nicht ein Entweder-Oder ist, sondern ein Sowohl-als-Auch; zwei Erscheinungsformen, polar entgegengesetzt. So kann auch jedes Geschehen im Menschen verstanden werden von der *körperlichen* Seite her wie auch von der *psychischen.* Da erleben wir nun in der heutigen Zeit, daß zwei auf den ersten Blick unvereinbar erscheinende Forschungsrichtungen, das heißt die rein naturwissenschaftliche Erforschung der körperlichen Vorgänge auf der einen und die tiefenpsychologische des seelischen Geschehens auf der anderen Seite, nicht nur in Opposition zueinander stehen, sondern sich auch in fruchtbarer Weise ergänzen und ein unerhört reiches Bild vom Leben geben.

Das dem Willen nicht unterworfene sogenannte vegetative Nervensystem sorgt dafür, daß wir eben vegetieren, d. h. leben können, daher auf deutsch auch Lebensnerven genannt. Es heißt auch das viscerale Nervensystem, weil es vor allem die viscera, die Eingeweide, steuert. Im Gegensatz hierzu steht das dem Bewußtsein unterworfene animalische Nervensystem, das die Muskelbewegung bewirkt und uns die Empfindungen von der Außenwelt – Licht, Schall, Temperatur, Schmerz – zuleitet. Während also unser animalisches System unser Verhalten der Außenwelt gegenüber zu leiten hat, besorgt das vegetative System die Ordnung im Inneren unseres Körpers, daß die Nahrung richtig verteilt werde bis zur entlegensten Zelle, daß alle Blutstraßen fließen, daß die Organe gut miteinander und aufeinander abgestimmt arbeiten, daß alt und brüchig Gewordenes beseitigt und durch Neues ersetzt werde, daß eben das Leben im Zellstaat reibungslos funktioniere. Dieses dem Einfluß des Willens fast ganz entzogene System durchzieht in Abermillionen feinster Fäserchen unseren ganzen Körper bis in die entferntesten Winkel hinein, geht zu allen inneren Organen, den Eingeweiden, den Blutgefäßen, dirigiert auf diesen Bahnen ohne unser willentliches Dazutun die Herzaktion, erweitert oder verengt die Adern je nach Nahrungsbedürfnis der einzelnen Organe. In engster Verbindung mit diesem vegetativen Nervensystem steht das System der innersekretorischen Drüsen. Diese geben ihre wirksamen Stoffe direkt in das Blut ab und unterstützen die Wirkung des vegetativen Nervensystems, verstärken sie oder machen sie überhaupt erst möglich. Diesen beiden großen Systemen ist übergeordnet – wie eine Zentrale – der Hirnstamm mit Hirnanhangsdrüse. Durch mechanische Eingriffe an bestimmten Zentren dieses Hirnstamms konnten Erscheinungen komplexer Art beobachtet werden: z. B. kommt es bei einer bestimmten Reizung nicht nur zu einer Pupillenerweite-

rung, es ist immer dabei mitvergesellschaftet eine Blutdruck-
steigerung, Erhöhung der Atemfrequenz und eine gesteigerte
motorische Erregbarkeit. Das sind genau die gleichen Effekte,
wie sie das Erlebnis der Angst mit sich bringt. Das heißt also,
noch einmal zusammengefaßt: Hier sind körperliche und seelische Vorgänge in ihrer Untrennbarkeit sinnfällig geworden,
und ich erinnere wieder an das Sowohl-als-Auch.

Erlauben Sie, daß ich Ihnen an einem banalen, alltäglichen
Beispiel den Vorgang des Ineinanderspielens und untrenn-
baren körperlichen und seelischen Geschehens bildhaft vor-
führe. Sagen wir einmal: mir ist es schlecht vor Hunger.
Offenbar hat das Blut nicht genügend Nahrung an die Kör-
perzellen geliefert, weil der Magen-Darm-Kanal leer war, es
rebelliert im Körper. Das Vegetativum wird mit dieser Rebel-
lion nicht fertig. Nun erhält unser Großhirn Kunde von diesen Vorgängen. Mir kommt zum Bewußtsein, daß ich schon
lange nichts mehr gegessen habe. Mir ist mein *Hunger* und
Selbsterhaltungstrieb zum Bewußtsein gekommen. Mein Verstand, mein Wille ist zum Diener der Körperlichkeit geworden, über deren inneres Geschehen das vegetative Nervensystem so souverän herrscht in einer Konsequenz und Voll-
kommenheit, in einem wunderbaren Bezugssystem, wie es
unserem Denken nicht im entferntesten gelingen würde. Unsere Abhängigkeit von der Körperwelt wird uns doch täglich
sinnfällig vor Augen geführt, und der Trieb in seiner leben-
erhaltenden Kraft drängt sich uns auf, mögen wir ihn gut oder
böse nennen. Der Hunger verlangt gebieterisch gestillt zu
werden. Habe ich nun kein Geld, mir etwas Eßbares zu
kaufen, und mein Lebenserhaltungstrieb ist stärker als moralische oder ethische Maximen, so werde ich zunächst einmal betteln gehen. Treffe ich einen freundlichen Bäcker, so
kann meiner Not bald geholfen werden, und die körperliche
Erregung kommt zur Ruhe. Habe ich Pech und treffe auf
einen Geizhals, dann wird diese unangenehme Begegnung,
dieser jetzt von der Außenwelt mich treffende Reiz in meinem
Denk- und Wahrnehmungsapparat Erregungswellen auslösen,
die tief eindringen in die Grundregionen des Unbewußten,
bis in jene Schichten, aus denen wir eben die Triebe haben
aufsteigen sehen. Tiefschichtig wird die Seele in Aufruhr
versetzt, und wir sprechen von Affekten wie Angst, Haß

usw. Wir sehen, wie sich Trieb, Gemütserregung und Körpersphäre einander entsprechen, nicht von einander zu trennen sind und daß die mit einer Gemütserregung verbundenen Energien sich nicht nur nach außen in einem Affekt zu entladen pflegen, sondern daß diese Erregungen auch immer Erregungen im vegetativen Nervensystem sind, daß der Mensch als *Gesamtheit* beteiligt ist. Je weniger Energie nach außen zur Entlastung kommen darf, um so mehr wird sie angestaut und muß sie nach innen und in die Organe des Körpers entladen werden. Ein besonders feines Barometer für diese Stauungen und die damit verbundenen seelischen Schwingungen ist unser Herz und unser Kreislaufsystem. Sagt doch der Volksmund: »Mir bricht es das Herz«, oder: »Die Begeisterung läßt mein Herz höher schlagen«. In Freude und Schmerz wird das Herz als Zentrum empfunden. Sind die Hindernisse in der Außenwelt durch moralische Verbote, durch verschiedene Situationsschwierigkeiten unüberbrückbar, so fluten immer wieder neue Erregungswellen in den Körper zurück. Die Hindernisse türmen sich auf, und wenn keine oder zu geringe Entladungs- und Abflußmöglichkeiten vorhanden sind, stauen sich Energiemengen an, und es kann schließlich zu schweren Überschwemmungen der hinter der Staumauer liegenden Gebiete führen. Wir haben dann eine Dauererregung im vegetativen System.

Das ist das sehr bunte Bild der heute sehr häufigen Krankheitserscheinung der vegetativen Dystonie. Solche Kranke zeigen schwere Angstzustände, ohne Ursachen angeben zu können. Dabei sind sie meist bei wirklich schweren und furchterregenden Situationen äußerst beherzt und besonnen. Aus völlig unerklärlichen Gründen bekommen sie Herzklopfen, Atemnot, Zittern, Schweißausbruch, kalte Hände und Füße, und sehr häufig klagen sie über ungemeine Gehör- und Geruchüberempfindlichkeit, über Anfälle von Schwindel, Kopfweh und Ohnmachtsanwandlungen.

Genau diese Symptome zeigte ein Patient, den ich Ihnen nun eingehend vorstellen möchte. Es handelt sich um einen etwa 40jährigen Kaufmann, der mir ausdrücklich gestattet hat, über seine tiefenpsychologische Kur ausführlicher zu berichten. – Er zeigte eine gute Intelligenz und eine große Bereitschaft zu ernstester tiefenpsychologischer Arbeit. Seine

Körperbeschwerden waren in der Hauptsache Herzstiche, Mattigkeit, Schwächegefühl, Kopfschmerzen, Magenschwächen, Kreislaufschwächen und kalte Hände und Füße. Wegen seiner Herzbeschwerden war er bei vielen Spezialisten und hat mehrere Kuren in Herzbädern hinter sich. Ein Arzt dort hat ihn auf den möglichen psychogenen Hintergrund seines Herzleidens aufmerksam gemacht. Wir sehen einen sehr schmalen, blassen Mann, verheiratet, mehrere Kinder. Man glaubt der Frau des Mannes gerne, wenn sie jammert, sie habe zeit ihrer Ehe immer einen kranken, hilfsbedürftigen, nie aufgeschlossen-frohen Mann gehabt. Die Kinder würden den Vater schon wegen seiner ewigen Ruhebedürftigkeit völlig ignorieren und nur noch sie als maßgebend ansehen. Sie habe sich immer liebevoll um ihn bemüht und sei in so vielem zurückgestanden. Um so enttäuschender sei es jetzt, daß zum Dank für all diese Aufopferung der Mann nun eine Freundin habe, zu der er jede freie Minute gehe, für deren Sorgen er aufgeschlossen sei, die er bewundere, weil sie so frisch und freudig im Leben stehe und elegant sei. Die habe es natürlich leicht; die habe nicht einen so schweren und zermürbenden Haushalt am Bein, müsse nicht immer extra kochen für den Mann usw. – So sieht das Bild des Mannes von der Frau aus gesehen aus. – Er ist der siebente Junge unter einer großen Anzahl von Geschwistern. Er ist der immer Kranke, ohne eigentlich krank zu sein. In seinem ersten Lebensjahr wird den Eltern vom Arzt erklärt, dieser Junge würde keine fünf Jahre alt werden. Und später: er wird nicht zehn, er wird nicht zwanzig werden. Er scheint also schon sehr schwach gewesen zu sein, kann aber ein wirkliches Leiden nicht angeben – nur daß bei allem und jedem, was er sich wünschte, was er unternehmen und tun wollte, es hieß: »Dazu bist du zu schwach. Das darfst du noch nicht tun, – das kannst du nicht tun.« – Aus solchen Tönen formte sich die Lebensmelodie dieses Mannes. Die Frau, die er merkwürdigerweise doch zu heiraten wagte, ist nur sozusagen die zweite Mutter, die die Melodie unentwegt fortsetzt, und die sehr erstaunt war, als ich ihr einmal dieses verpäppelnde Verhalten zum Vorwurf machte. Der Mann zeigte nun in seinem täglichen Leben das Bild eines Biedermannes, tadellos, ehrlich, sauber in seinen geschäftlichen Unternehmungen, vor Mitleid zerfließend bei Nöten anderer. Aber dieses Gehabe erwies sich als eine für ihn zunächst noch unbewußte Maskierung vor sich und der Umwelt. In der Tiefe lagen geballt Massen von Aggressionen und vitalen Kräften, die, da sie nach außen keine Entladung erfahren durften, sich nach innen gewendet und den Körper gewissermaßen wie von einem eigenen inneren Feuer verzehrt hatten und nach außen hin schwächlich und kränklich erscheinen ließen. Dieses Schwachsein, Kranksein, Hilfsbedürftigsein, war dann einmal ein Schutz, eine Abwehr vor der Betätigung der ins Übermaß gestauten Aggressionen, und zum andern war es eine raffinierte Technik des Unbewußten, seinen Haß auf die Mitwelt doch noch zu einer – für sein moralisches Bewußtsein nicht erkennbaren – Abfuhr zu bringen. Hat er doch seiner ganzen Umgebung Dienste aufgezwungen und die anderen in ständiger Sorge um seinen Zustand gehalten und damit auch noch sein übermäßiges Geltungsbedürfnis befriedigt.

Im Laufe der Analyse und unter schweren seelischen Nöten und Kämpfen erkannte und erlebte der Patient seine zusammen mit diesen Aggressionen verdrängte Vitalität. Er erkannte, daß er durch den übermäßigen Druck der elterlichen Erziehung seinen eigentlichen Lebensaufgaben untreu geworden war. Er war gewissermaßen schuldig gegen sich selbst geworden, hat das aber immer irgendwie gespürt und konnte gegen die Dressur doch nicht an. Ich bekam von diesem Patienten vor zwei Tagen einen Brief mit der Bitte, wenn möglich ihn auszugsweise vorzulesen. Ich möchte Ihnen den Brief nicht vorenthalten, da er in seltener Weise das Erlebnis eines neurotischen Kranken von seiner Sicht her zum Ausdruck bringt. Auszugsweise heißt es u. a.:

»Ich stand am Schluß meiner körperlichen und seelischen Kräfte, ich war bis ins Tiefste hinein erschüttert, ich war in höchstem Grade dem Zerfall ausgeliefert, ich glich einem Baum, dessen Äste dürr sind und dessen Blätter gelb aussehen.

Wenn ich heute zurückblicke auf mein Leben, so muß ich sagen: es war schwer. Ich habe aber in all den Jahren niemanden angeklagt, weder einen Arzt noch meine Eltern, denn sie haben alle zweifellos in gutem Glauben gehandelt.

Ich dachte vielmehr, daß es der Weg sei, den ich gehen

müsse, und daß es an mir liege, den Zustand zu ändern. Die schweren Jahre haben mir eine große, tiefe Verinnerlichung gebracht, die jetzt durch die psychotherapeutische Behandlung den Weg nach außen findet. Der Schleier, der sich über mich gelegt hatte, lüftet sich, ich fühle eine Lebensfreude, ich fühle mich gesund, ich kann mich durchsetzen.

Die starken Herzschmerzen sind verflogen, ich kenne keinen Kopfdruck, es ist ein vollständig anderer Zustand, in dem ich mich befinde. Anstatt vier Stunden Arbeit wie vor drei Jahren, kann ich jetzt wieder acht bis zehn Stunden täglich tätig sein.

Erst als ich dem Psychotherapeuten gegenübertrat, gab es die Wendung. Auf einmal wurde ich verstanden, ich konnte mich aussprechen, ich fand rasch eine Lösung meines verkrampften Zustandes, ich sehnte mich von Woche zu Woche nach der nächsten Besprechung. Ich fand, ich war endlich am rechten Ort.

Manchmal tauchte in mir der Gedanke auf, einen guten Bekannten, besser aber noch einen kirchlichen Vertreter zu Rate zu ziehen. Ich konnte mich aber nie zu dem Entschluß durchringen, es zu tun. Heute muß ich sagen: es war gut so. Wohl hat die Religion eine große Bedeutung bei seelischen Störungen, auch ich habe oft Kraft in den Liedern wie »Was Gott tut, das ist wohl getan«, »Sei getreu bis in den Tod«, »So nimm denn meine Hände und führe mich« u. a. gefunden; aber die entscheidende Lösung ist auf diesem Wege nicht zu finden. Wer sich einmal in den Polypenarmen einer falschen Gedankenwelt befindet, kann nur langsam davon befreit werden durch die Behandlungsweise, wie ich sie durch die Psychotherapie erfahren habe.

Ich möchte mit dem Wunsche schließen, daß viele Menschen, insbesondere aber alle Ärzte und alle kirchlichen Vertreter sich der Bedeutung und der Erkenntnisse der Psychotherapie bewußt werden möchten, damit vielen körperlich und seelisch kranken Menschen der Weg zur Befreiung aus ihrer Not gewiesen werden kann.«

Darf ich Ihnen noch eine andere Krankengeschichte geben, diesmal von einer Frau, mit einer ganz anderen Problematik:

Eine etwa fünfunddreißigjährige Frau wird mir von einer Kollegin zur Begutachtung geschickt, ich soll Stellung neh-

men zu einer eigenartigen Erkrankung der Patientin, zu
einem sehr schmerzhaften Adduktorenspasmus, einem Ober-
schenkelmuskelkrampf, der nun seit über vier Jahren das
Leben der Frau zur Hölle macht und derart hartnäckig ist,
daß von seiten der Gynäkologen eine operative Sterilisierung
durch Unterbindung beider Eileiter als letzte Rettung vor-
geschlagen wurde. Die Kollegin hofft, daß diese einschnei-
denden Maßnahmen vielleicht durch eine psychische Behandlung illusorisch werden. – Die Patientin selbst gibt an, daß
die Schmerzen das erstemal nach der Geburt eines Kindes,
die während eines Fliegeralarms stattfand, auftraten. Sie
mußte damals etwas lange auf dem geburtshilflichen Stuhl
zur Dammnaht liegen. Es scheint eine Art Muskelkater sie
für Tage gequält zu haben. Dann war der Schmerz für Wo-
chen völlig verschwunden. Der Mann kommt aus kurzer
amerikanischer Gefangenschaft zurück; sie muß ihm raten,
schleunigst wieder zu verschwinden wegen der Gefahr der
Wiedergefangennahme durch die Franzosen. Sie tut dies sehr
gegen ihr besseres Wollen, denn sie hätte mit dem Neugeborenen doch recht des männlichen Schutzes bedurft. Der Mann
geht, und der Schmerz, der Krampf tritt wieder auf. Die
Muskeln sind schmerzhaft gespannt und machen das Gehen
zur Qual. Es ist alles nur Erdenkliche zur Beseitigung dieser
Erkrankung unternommen worden, angefangen von der me-
dikamentösen Behandlung bis zu Einreibungen, Vitaminver-
abreichungen über Bäder, Höhensonnebestrahlungen, Dia-
thermie und Kurzwellen – bis zum Gesundbeter, den die
Frau in ihrer Verzweiflung aufsuchte. Sie ist eine hübsche,
große, schlanke Erscheinung mit einem müden und für ihr
Alter sehr gereiften Gesichtsausdruck. Sie vermag ihren
Haushalt kaum mehr aufrechtzuerhalten, hat keine Freude
mehr daran, da ihr jeder Schritt zur Qual wird, sie kennt
sich selbst nicht mehr, die früher lustig und vergnügt gewesen ist und alle Arbeit mit Leichtigkeit erledigt hat. Ihre Klagen werden in keiner Weise übertrieben vorgetragen, sie versucht immer sachlich zu bleiben und ist für ihre Arbeit bei
mir sehr interessiert. Ohne sich zu schonen, trägt sie alles nur
irgendwie zur Erkenntnis der Krankheitsursache Beitragende
zusammen und hat in 25 Stunden erstaunlich viel herausge-
arbeitet.

Ich kann Ihnen nur in Kürze die Hauptpunkte bringen. Ihre Spasmen sind zunächst ein gewaltiges *Nein* dem Manne gegenüber, gegen dessen sexuelle Überbeanspruchung sie sich wehrt und dessen Wunsch: »auf keinen Fall mehr ein Kind«, sie *auf diese Weise* respektiert. Daß sie den Mann ablehnte, war ihr unbewußt, ebenso unbewußt ihre kräftige Vaterprojektion. Sie hatte ihn, den Mann, geheiratet, weil sie das Gefühl hatte: ihm kann man wie einem guten Vater alles erzählen. Und es gibt etwas zu erzählen, einen dunklen Fleck in ihrem Leben, den sie *dem* Manne, den sie wirklich geliebt hätte, niemals hätte sagen können; das wußte sie sicher anzugeben.

Sie war ihrer Meinung nach völlig illusionslos in die Ehe gegangen, erkrankte aber kurz vor ihrer Hochzeit an einer schweren Angina, so daß die Hochzeit verschoben werden mußte. Heute erkennt sie das Nein, das sie damals schon in dem Symptom des Nichtschluckenkönnens der anginösen Erkrankung aussprach. Kurz nach der Hochzeit brach der Krieg aus, und die Eheleute sahen sich nur in den wenigen Urlaubszeiten des Mannes. Im Urlaub 1944 wußte sie ihm ein Kind abzuschmeicheln, um dann mit Entsetzen feststellen zu müssen, daß der Mann dieses Kind nicht beachtete, also ihr Geschenk nicht annahm. Der Alltag der Ehe begann mit der Rückkunft des Mannes. Es begann aber auch die Erkrankung der Frau. Der Mann leidet unter der Krankheit, denn er jammert ständig, daß er nur ein krankes Weib kenne. Sollte die Krankheit eine Rache für die Kränkung wegen des Kindes sein? Das ist zunächst die Frage.

Der dunkle Fleck im Leben der Patientin war eine Vergewaltigung zehn Jahre vorher. Der betreffende Mann wollte dann nichts mehr von ihr wissen und auch nicht das aus der gewaltsamen Vereinigung entstandene Kind anerkennen. Sie mißt sich selbst viel Schuld an der Tat bei, weil sie weiß, daß sie aus einer gewissen sexuellen, jugendlichen Neugierde eben doch auch mit dabei war. Sie hat das Kind als eine gerechte Strafe auf sich genommen, es aber doch nicht selbst aufgezogen, sondern die Erziehung der Mutter überlassen. Wir sehen, wie nun unter einem Wiederholungszwang zehn Jahre später eine ähnliche psychische Konstellation wiederhergestellt wird. Wieder wird das Kind vom Mann nicht anerkannt, wieder kümmert sich der Mann nicht um Frau und Kind. Um so eigenartiger wirkt die Situation, wenn wir hören, daß sich in dem Schicksal der Tochter das Schicksal der Mutter der Patientin wiederholt, die in ihren jungen Jahren unter den gleichen Umständen zwei uneheliche Kinder geboren hatte, auch von den jeweiligen Männern nicht anerkannt und ebenfalls von ihnen verlassen. Unsere Patientin weiß, daß sie mit der unehelichen Geburt ihres ersten Kindes ihren Vater bis in die Seele getroffen hat, wie sie sich ausdrückte. Sie war sein Liebling. Er hat immer alle Stücke auf sie gehalten. Sie ist das erste eheliche Kind ihrer Eltern, vor ihr sind eben die beiden unehelichen Schwestern. Eine davon ist der erklärte Liebling der Mutter; ihr wird alles zugeschoben; sie darf zu Haus bleiben, während alle anderen Geschwister, und unsere Patientin mit, sehr früh zum Dienen außer Haus müssen. Diese uneheliche Schwester benimmt sich sehr erhaben über unsere Kranke. Kräftige Neid- und Eifersuchtsmomente treten zutage, die die Patientin nie für möglich gehalten hat. Verdrängte Haßgefühle auf die Mutter werden erkannt, wo sie sie zu lieben vermeinte. Eine eigenartige Zuneigung zum Vater wird offenbar, die während der Jugendzeit für sie nie erkennbar war. Sie als einzige bleibt katholisch wie der Vater, während alle Geschwister nacheinander zum evangelischen Glauben sich bekennen wie die Mutter. Sie wäre auch gerne übergetreten, um auch den gleichen Glauben wie ihr Mann zu haben – sie kann aber dem Vater diesen Schmerz nicht antun. Sie kann nicht los vom Vater. Verstehen wir in dem Symptom des Krampfes nun das Nein besser? Ein infantiler Inzestwunsch muß auf das Heftigste abgewehrt werden, es darf nicht ja gesagt werden zu dem Mann, der die vaterähnliche Figur ist.

Die Enttäuschung am Mann und die Vaterfixierung scheint ein schwerer psychischer Schmerz für sie zu sein, und dieser psychische Schmerz hat sein Sprachrohr im körperlichen Schmerz gefunden. Sie hat in der Zeit dieser Erkenntnisse eine intensive Auseinandersetzung mit ihrem Mann. Ein ganz heftiger Rücken- und Oberschenkelschmerz und -spasmus ist die Antwort. Er ist so unerträglich stark, daß sie in ihrem Bett tobt und schreit und stampft, bis ihr plötzlich ganz deutlich bewußt wird, daß sie mit diesem heftigen Schmerz und Wutausbruch sich die Beachtung des Mannes ertrotzen will. Langsam verlieren sich nun die Symptome, auch ein so nebenbei bemerktes Luftaufstoßen, das sie immer abends vor dem Zubettgehen quälte und sie davon abhielt, mit dem Mann gleichzeitig sich schlafen zu legen, um ihn nicht zu stören. Da erinnert sie sich, daß sie dieses Symptom, das einmal zufällig abends auftrat, die nächsten Abende bewußt provoziert hat, um ein längeres Aufbleiben zu motivieren und sexuellen Ansprüchen aus dem Weg zu gehen, bis sie es schließlich nicht mehr unterlassen konnte, auch wenn sie gewollt hätte. Das Symptom hatte sich eingeschlichen und war dem Willen nicht mehr zugänglich.

Wenn wir uns noch einmal fragen, warum die Patientin gerade kurz nach der Entbindung und im Zusammenhang mit dem Kommen und Gehen ihres Mannes erkrankte, so gibt uns die tiefenpsychologische Arbeit die Antwort. Die tief und unbewußt an ihren Vater gebunden gewesene Frau hat unbewußt dieses Kind ja vom Vater sich gewünscht und tief in sich den gewünschten Inzest als Schuld gespürt. Das Symptom wehrt diesen Inzestwunsch ab und spricht auch das Nein zum Mann, weil sie ja noch gar nicht Frau sein kann in der unbewußten Bindung zum Vater. Dies trägt zur weiteren Schuldverstrickung bei, denn sie ist ja ihrer eigenen Lebensaufgabe, Frau zu sein, nicht nachgekommen und kann ihr nicht nachkommen, weil sie, an die Vergangenheit gebunden, nicht reifen kann. Gleichzeitig versucht sie im Schmerz dieses Symptoms des Krampfes in Selbstbestrafung zu sühnen. Mit der wachsenden Erkenntnis der Zusammenhänge verlor sich das Symptom.

Verhältnismäßig noch rasch auflösbar und ohne schwerere organische Störung zu hinterlassen, war die Problematik bei den beiden geschilderten Kranken. Aber groß ist die Zahl derer, die lieber bis zu den schwersten organischen Veränderungen, bis zur Selbstzerstörung (Tod an Magengeschwür und an Angina pectoris) es kommen lassen, als sich ihren seelischen Problemen zu stellen. Sei es, daß die Problematik so schwerwiegend und untragbar ist oder mangelnder Lebenswille oder mangelnde Intelligenz deren Verarbeitung nicht ermöglicht. Ich erinnere mich an eine Patientin, deren Behandlung letztlich scheiterte. Sie bekam nach jahrelang bestehender Amenorrhöe während der Behandlung, die sie wegen eines sehr schweren Hautleidens durchmachte, immer im Anschluß an eigenartige, sich mit Feuer beschäftigende Träume heftige Blutungen, und zwar schon gleich am Morgen unmittelbar nach dem Traum. Es waren immer Träume mit Feuer außerhalb geordneter Feuerstellen, die zu großer Erregung führten und zu den erwähnten Blutungen. Diese Blutungen waren medikamentös nicht zum Stillstand zu bringen. Mehrfache Ausschabungen waren notwendig, bis endlich die Patientin die Natur und Hintergründe ihrer Träume erkennen konnte als eine im bewußten Leben streng verpönte, intensivst verdrängte Liebe zu ihrem Bruder, die im Traum andeutungsweise in dem abseitigen Feuer durchbrach und in der sofortigen Blutung strengstens abgewehrt wurde. Letztlich hatte die Patientin dann doch nicht die Kraft, sich diesem Schuldproblem zu stellen. Sie wich der vollen Erkenntnis und der Annahme ihres Schattens aus und behielt lieber ihre schwere, zur Zerstörung ihres Körpers führende Hautkrankheit.

Mehr und mehr wächst auch die Erkenntnis, daß auch die Geschwürleiden des Magens und Zwölffingerdarms zutiefst seelische Dynamismen aufweisen, und zwar oft von besonderer Schwere. Für das Magengeschwür gilt etwa folgende Problematik: In einer Art Selbstverdauung und Selbstzerfleischung wendet der Mensch die ganze Wucht der gestauten Affekte gegen sich selbst, weil nirgends ein Durchbruch nach außen gestattet wird. Nach außen tragen diese Kranken oft das Gesicht eines ehrgeizigen tatkräftigen Strebers, der aber dabei sehr auf Kleinliches, Pedantisches Wert legt. Und dahinter verbirgt sich eine ungeheure mimosenhafte Empfindlichkeit. Mitscherlich schreibt: »Die dominierende Lebenserwartung im Persönlichkeitskern dieser Menschen ist die, geliebt und beschützt und genährt zu werden wie das Kind an der Mutterbrust. Die unbewußt gewordene Liebeserwartung, die hier untrennbar mit einer Nahrungserwartung verknüpft ist, repräsentiert sich in einer dauernden peristaltischen und sekretorischen Beanspruchung des Organs, das nun die Nahrung aufnehmen soll.«

Weiter zeigen tiefenpsychologische Behandlungen von Kranken mit Bronchialasthma, mit den verschiedensten

Frauenkrankheiten, Bluthochdruck, Basedowerkrankung, Migräne und vielen, vielen anderen, bisher als rein körperliche Störungen aufgefaßten Leiden als Hintergrund schwerste seelische Not. Allen ihnen ist gemeinsam, daß versucht wird, unlösbar erscheinenden seelischen Problemen einen körperlichen Ausdruck zu geben. Zum echten, tiefen, seelischen Schmerz und echten Erleben sind diese Menschen nicht imstande. Sie leben nicht der Gegenwart, sie sind der Vergangenheit verhaftet, ohne die Ketten zu erkennen. Diese lösen zu helfen und den leidenden Menschen dem Sinn seines Lebens entgegenzuführen, das ist die Aufgabe des Psychotherapeuten.

Die unverheiratete Frau

von Ursula Laessig

Ich weiß nicht, ob Ihnen aufgefallen ist, daß das Thema
»Ehe« in unserem Tagungsprogramm fehlt. Das ist bestimmt
ein Regiefehler. Aber es wird schon seinen Sinn haben, daß
uns das Thema der unverheirateten Frau als besonders dringlich einfiel, ein Thema, das man oft mit der Bezeichnung
»heißes Eisen« nennen hört und an das wir uns hier mit aller
Vorsicht wagen wollen.

Zunächst möchte ich für die Anregungen danken, die mir
für diesen Vortrag besonders geholfen haben. Vor vier Wo-
chen durfte ich an einer Tagung der Evangelischen Akademie
in Tutzing teilnehmen mit dem Thema »Frauen ohne Männer«. Drei von den Rednern dort sind heute unter uns, und
ihnen danke ich zunächst: Frau Dr. von Graevenitz, Frau
Vikarin Präger und Herrn Rosenberg. Außerdem war es von
großem Wert, dort noch einmal einen Eindruck zu bekommen
von der Fülle der Probleme, vor die die Frauen, und nicht
nur sie, heute gestellt sind. Dann sind es einige Bücher, alle
von Frauen, die ich auch Ihnen empfehlen möchte: zunächst
das kleine, aber sehr inhaltreiche von Ida Friederike Görres:
»Von Ehe und von Einsamkeit«, sodann Gertrud von Le
Fort: »Die ewige Frau«, von tiefenpsychologischer Seite die
Bücher der amerikanischen Ärztin Esther Harding: »Der
Weg der Frau« und »Frauenmysterien« und das ebenfalls
amerikanische psychoanalytische Buch von Helene Deutsch:
»Die Psychologie der Frau.«

Die Generation, die jetzt 50 bis 60 Jahre alt ist, hat zwei-
mal Gelegenheit gehabt, das Problem mit leidenschaftlicher
Anteilnahme zu behandeln: nach dem ersten Weltkrieg und
jetzt noch einmal. Man denkt ja heute bei diesem Thema zuerst an den großen Frauenüberschuß, der eine gewaltige Ge-
wichtsverschiebung in der natürlichen Geschlechtsordnung
darstellt und durch den das gesamte Leben in eine so tiefe

Unordnung gekommen ist. Ich weiß nicht, ob die Zahlen stimmen: in manchen Gegenden sollen auf 100 Männer 190 Frauen kommen, im heiratsfähigen Alter noch größere Prozentsätze. Dieser zahlenmäßige Überschuß von Frauen geht heute Hand in Hand mit der Auflösung der Bindungen, über die hier ja bei so vielen Gelegenheiten gesprochen worden ist, und dadurch hat eine besonders alarmierende Desorientierung um sich gegriffen, eine Not und Angst, die keineswegs nur die Not der alleingebliebenen Frau ist, sondern den ganzen sozialen Organismus schwer beunruhigt. Auch die Ehe ist durch die Tatsache, daß viele Unverheiratete um sie herumstehen, in eine kritische Situation gekommen. Schlimm ist es auch, daß der Mann weitgehend um sein Vorrecht betrogen wird, um eine Frau wirklich werben zu müssen. Wenn er dauernd im Gefühl leben kann, »ich brauche ja nur zuzugreifen, wenn ich eine Frau haben will«, so gehen ihm starke Entwicklungsimpulse für seine schöpferischen Kräfte verloren.

Nur kurz möchte ich heute etwas über die Lage der Witwen sagen, die mit Kindern zurückgeblieben sind und die schwere Lebenslast allein zu tragen haben. Die Gemeinden sollten sich viel mehr dieser Frauen annehmen als im allgemeinen zu geschehen pflegt, ähnlich, wie ich es neulich beim vaterlosen Kind sagte: jeder Mann, der Bruder, der Nachbar, der Freund usw. sollten sich mitverantwortlich fühlen für diese Frauen, ihnen behilflich sein, vom Äußeren, etwa dem Umgang mit Behörden, angefangen bis zu Beratungen in allen Fragen der Lebensgestaltung, die auch aus der männlichen Sicht gesehen werden müssen. Hier herrscht noch viel Gedankenlosigkeit und Lieblosigkeit, wie man es immer wieder erleben kann, wenn eine alleinstehende Frau bei Behörden ihr Recht erkämpfen muß.

Das Hauptthema aber, zu dem ich von der Tiefenpsychologie aus heute etwas zu sagen versuchen will, möchte ich so formulieren: »Ist es möglich, als unverheiratete Frau durch alle Entwicklungsstadien hindurch wirklich ein echtes Frauenleben zu leben, ohne Ehe und Mutterschaft erfahren zu haben? Ist solch eine Frau dazu verurteilt, ein steriles Neutrum zu sein, eine Arbeitsbiene im wirtschaftlichen Prozeß?« Das würde praktisch so viel heißen, daß sie zum Unmenschlichen verurteilt sei. Gott schuf den Menschen, einen Mann und ein

Weib. Gibt es für sie nur den einen Weg der »alten Jungfer«
mit den vielen Ersatzbefriedigungen, dem Mops, dem Kana-
rienvogel; die ängstliche Frau, die aber doch immer irgendwie
lüstern in ihren Gedanken um das Leben der Glücklicheren
kreist, oder den heute häufigeren Weg der »Amazone«, der
tüchtigen Berufsfrau, die oft gar nicht einmal leidet unter
ihrer Isolierung, weil sie nichts anderes kennt als männliche
Leistung und Erfolg?

Noch einmal: unsere Frage heißt: Kann die unverheiratete
Frau ein vollwertiger weiblicher Mensch werden? Und damit
wird zunächst die andere Frage beiseite geschoben, nämlich
die Frage, ob sie im landläufigen Sinne glücklich leben kann.
Auch die Ehefrau ist ja keineswegs gleichzusetzen mit der
glücklichen Frau. Oft ist ihr Leben weit schwerer zu leben als
das der erfolgreichen Amazone, und es gibt wohl kaum eine
größere Hölle als eine zerbrochene Ehe, die bis zum Tode
zuende gelebt werden muß. Um das Glücklichsein geht es
also bei der Frage »verheiratet – unverheiratet« nicht. Ich bin
überzeugt, daß der Weg der alleinstehenden Frau leidvoll ist,
daß er jedenfalls nie zum Ziel führen wird, wenn sie sich vor
dem Leid zu drücken versucht und das Unnatürliche ihrer
Lebensform bagatellisieren will.

Als These möchte ich nun voranstellen: es gibt wirklich
eine Entwicklung zur vollwertigen Frau auch unter völligem
Verzicht auf körperliche Gemeinschaft mit dem Mann. Ich
glaube, Sie alle kennen Frauengestalten aus der Vergangenheit und auch aus der Gegenwart, die das durch ihr ganzes
Wesen bezeugen. Wenn das aber möglich ist, dann nur in dem
Fall, daß nicht nur die Frau seelisch gesund diesen Weg antritt, sondern daß auch die anderen Menschen, die hier »im
Spiele« sind, gesund, liebevoll und verantwortungsbewußt
sind. »Im Spiele« ist zunächst immer der Mann, der Freund,
der Chef, der Mitarbeiter, im Spiele sind auch die Ehefrauen
dieser Männer, im Spiele ist aber auch die ganze Gemeinschaft, in der die Frau lebt, mit ihrer öffentlichen Meinung.
Im einzelnen werde ich das noch ausführen.

Wir sind in unserem Kreis wohl darüber einig, daß ober-
flächliche Lösungen bei einem zo zentralen Lebensproblem
nicht möglich sind. Unter oberflächlichen Lösungen verstehe
ich jetzt nicht nur alle organisatorischen Maßnahmen, wie

etwa die Gründung von Ledigenheimen, durch die man die Lage der Frauen zu erleichtern sucht. Ich meine mit oberflächlich hier auch einen innerpsychischen Lösungsversuch, nämlich den vom Willen her. Mit einem einfachen »das schaffe ich schon« ist sehr wenig zu machen. Natürlich gibt es immer wieder Situationen, über die man sich mit solchen Willensimpulsen hinwegretten muß. Aber die wirkliche Entwicklung vollzieht sich in einer viel tieferen Schicht, in die solche Willensimpulse nicht hineinwirken können.

Zunächst möchte ich mit Ihnen einmal einen Blick tun auf das Leben der Frau, die außerhalb der Ehe wenigstens einen Teil des Liebesglücks erleben will. Sie wissen, daß das heute beinahe zur Selbstverständlichkeit geworden ist, von der hemmungslosen Zufallsbegegnung angefangen bis zu sehr intensiven, den ganzen Menschen verwandelnden Erlebnissen, die sich einer von außen kommenden moralischen Wertung entziehen, weil es sich um echte schicksalhafte Liebe handelt. Wie steht es nun, aufs Ganze gesehen, um das Glück der außerehelichen Geschlechterbeziehung? Ich spreche jetzt nicht nur aus der Erfahrung meiner Praxis, sondern auch aus der fast 25jährigen pädagogischen Erfahrung an sozialpädagogischen Seminaren durch die ich Hunderte von jungen, gesunden Frauen und Mädchen kennenlernen konnte. Wieviel Not und Angst pflegen hier das gesuchte Glück ins Gegenteil zu verwandeln. Angst vor der Konzeption, vor Entdeckung und Klatsch, vor der Wirtin und dem Hotelportier. Angst vor dem Verlassenwerden und der nur tiefer empfundenen Not der Einsamkeit nach einem Abschied! Diese Angst verhindert nicht nur das Glück – dieser Gesichtspunkt sollte ja für unsere Frage ausgeschaltet bleiben –, sondern sie bewirkt eine viel tiefere Vergiftung. Der Tiefenpsychologe weiß, daß da, wo Angst herrscht, keine wirkliche geschlechtliche Erfüllung erlebt werden kann. Sicherlich gibt es Frauen von so vitaler Unmittelbarkeit und so starkem Herzen, daß alle Angst in dem Liebeserlebnis untergeht. Weit größer aber ist die Zahl derer, die zu einem vollen Erleben nicht kommen können, wenn sie sich nicht richtig geborgen fühlen. Man könnte sagen, diese Frauen sind mit ihrem Geliebten nie wirklich allein, was doch so unbedingt nötig ist, wenn man sich wirklich miteinander in die Gemeinsamkeit fallen lassen will. Mit einem Ohr hören sie auf ihre Zimmerwirtin, oder die betrogene Ehefrau steht innerlich dazwischen, oder die strenge Mutter – es ist immer ein fremdes Drittes dabei, das die Gemeinsamkeit sprengen will. In solcher Spannung erlebte Nächte wirken oft genug mehr krankmachend als befreiend. Aus der Unbefriedigung folgt dann automatisch der Durst nach mehr, die Sucht. Wir kennen ja die, die aus ihrer inneren Unbefriedigung ein Erlebnis nach dem anderen suchen, oft aus echter leidenschaftlicher Lebenssehnsucht und damit in die große Gefahr geraten, die leibliche Hingabe mehr und mehr zu bagatellisieren, gleichsam das Erlebnis einer Nacht mit der Morgenwäsche abzuspülen, als wäre nichts geschehen. Mit dieser Bagatellisierung des Leiblichen versündigt sich der Mensch schwer, die Frau aber ganz besonders. Es ist oft erschütternd zu sehen, wie bei dem Versuch, Anteil am weiblichen Leben zu finden, in Wirklichkeit dieses Weibliche mehr und mehr verraten wird. C. G. Jung hat es so formuliert, daß dem Mann der Logos und der Frau der Eros wesentlich zugeordnet sei; Eros als die große vielfältige Welt der menschlichen Beziehungen. Die Frau, die in ihrer Not anfängt, mit Beziehungen zu spielen, die in Ehen störend eingreift, verletzt in sich selbst etwas von dem, was ihr eigentliches Leben ist. Es ist merkwürdig, daß hinter der Haltung der drei Typen Angst steckt: die prüde Frau hat Angst vor dem, was sie überkommen könnte, wenn sie sich wirklich innerlich dem Mann stellt, ich möchte sagen, wenn sie sich vom Manne in irgendeiner Form den Atem verschlagen läßt. Auch die Amazone mit ihrem scheinbar so heroischen Leben hat diese Angst nur getarnt, im Grunde sucht auch sie nach dem Stärkeren, der sie überwindet, wie die Gestalten der Brünhild und der Penthesilea zeigen. Aber auch die Frau, die sich in das Abenteuer der freien Liebe hineinbegibt, wird oft nur von Angst getrieben, zu kurz zu kommen. (Daß auch viele Ehen auch solcher Angst geschlossen werden, ist selbstverständlich.) Daß aber aus Angst nichts Gutes kommen kann, ist eine Grunderfahrung der Tiefenpsychologie.

Ist es denn nicht einfach die sexuelle Not, die die Frauen zu diesen Erlebnissen treibt? Man erwartete von uns Tiefenpsychologen allgemein die Antwort, daß Freud ja deutlich genug die Wichtigkeit der Sexualität aufgedeckt habe und daß es also keine Frage mehr sei, daß die Frau, ebenso wie der Mann, sexuelle Erfüllung nötig habe. Dieselbe Tiefenpsychologie hat im Laufe ihrer Entwicklung aber auch ganz andere Dinge aufdecken können, nämlich daß das, was als sexuelle Not auftritt, oft etwas ganz anderes ist, zumindest verquickt und verflochten mit anderen Nöten. Durch die Aufdeckung solcher Verwechslungen wird das scheinbar Übermächtige des sexuellen Hungers auf ein natürliches Maß reduziert.

Wenn man mit ganz jungen Mädchen, vielleicht erst 15 oder 16 Jahre alten, die ihren »Freund« haben, vertraulich sprechen kann und etwa die Frage stellt, ob ihre Mutter eigentlich zärtlich zu ihnen sei, ob sie zu Hause wirklich lachen könnten, dann erfährt man oft genug etwas von der grauen Leere, in der diese jungen Menschen leben. Wenn dann jemand kommt und den Arm um sie legt, sie einlädt ins Kino oder Café, dann erleben sie nur mit großer Dankbarkeit, daß es überhaupt noch etwas wie Wärme gibt. Ich habe schon die Antwort gehört, daß man aus purer Dankbarkeit für diese Wärme sich geradezu verpflichtet fühlte, die innere Angst vor dem sexuellen Erlebnis zu überwinden; man fand es sozusagen nicht mehr als anständig, nun auch mit dem Mann weiterzugehen und seine Wünsche zu erfüllen. Von einer sexuellen Not im engeren Sinn kann hier überhaupt nicht die Rede sein. Und was steckt in diesen jungen Mädchen an Lebenssehnsucht, die weder zu Hause noch in einem eintönigen Beruf befriedigt werden kann! Sie suchen das Aufregende, Spannende, Verheißungsvolle, und ihrer Hilflosigkeit bietet sich oft nur das sexuelle Abenteuer. Wie viele genieren sich geradezu, im Büro oder in der Werkstatt die einzige zu sein, die noch keinen »Freund« hat. Sie haben oft einfach Angst vor der Verachtung ihrer Freundinnen und können der Suggestion, die von Film, Büchern und der öffentlichen Meinung ausgeht, nicht standhalten. Hilflose Lebenssehnsucht und Herzensnot sind hier weit stärkere Triebfedern als die Sexualität.

Nun etwas anderes, was durch die Tiefenpsychologie aufgedeckt wurde: in vielen Fällen ist es der nicht verarbeitete Ödipuskomplex, der ein junges Mädchen als Dritte in eine Ehe hineintreibt. Das kann man daran erkennen, daß wenn man versucht, einem Mädchen aus dieser hoffnungslosen Si-

tuation herauszuhelfen, dieses Mädchen sich nicht nur verzweifelt an den Mann klammert, sondern auch an die Frau
und die Kinder. Auch der negative Affekt gegen die Frau
kann eine sehr starke Bindung bedeuten, denn wir wissen ja,
daß Haß ebenso fesseln kann wie Liebe. In dieser Familie
spielt sich der zweite Akt des Ödipusdramas ab, das in der
Kindheit nicht wirklich zu Ende gelebt werden konnte; die
Lösung aus dieser Situation heißt psychologisch: Lösung aus
der erweiterten Inzestbeziehung und damit wirkliches Erwachsenwerden.

Ebenso lehrt uns die Tiefenpsychologie eine andere Komponente der sogenannten Sexualnot der Frau, das Minderwertigkeitsgefühl. In meinem Vortrag über die Freudsche
Trieblehre konnte ich nicht alles berühren, was gerade die
Psychoanalyse darüber zu sagen hat. Auch hier nur soviel,
daß das Mädchen sich leicht als minderwertig vorkommt im
Vergleich zum Jungen, und daß es darum auch unter allen
Kränkungen später in ganz besonders tiefer Weise zu leiden
pflegt, also immer dann, wenn es sich verschmäht, nicht anerkannt, nicht umworben fühlt. Sehr viele Frauen erwarten die
große Bestätigung ihres Wertes unter dem Klischee: »Ich muß
unbedingt begehrt und geheiratet werden.« Dieses Verlangen
treibt sie in immer neue Beziehungen, in denen nicht so sehr
die Liebe zum anderen Menschen als die Sehnsucht nach Bestätigung die Hauptsache ist.

Wenn man dieses traurige Bild anschaut, das von der Tiefenpsychologie aufgedeckt wurde, so scheint sie sich wieder
einmal als das auszuweisen, was man ihr so gerne vorwirft,
nämlich als begierig auf der Suche nach dem Dunklen und
Allzumenschlichen. Aber dann kann man plötzlich überrascht
aufblicken, wenn sie auch auf ganz andere Schichten stößt.
Denn sie arbeitet oft wie ein Restaurator eines alten Bildes:
hinter den verzerrten und uneigentlichen seelischen Haltungen, die ich oben skizziert habe, leuchtet zuletzt ein Bild heraus, auf Goldgrund gemalt wie eine russische Ikone: die Gestalt eines Mannes und einer Frau. Diese Frauen und Mädchen haben ja von Kind an die Märchen gehört, von denen
die meisten und schönsten endeten: »und da ward die Hochzeit mit großer Pracht gefeiert«. Diese Märchen haben an das
Urbild gerührt, das in jedem Menschen angelegt ist, und sie

finden ihre Fortsetzungen im Backfischbuch, im Roman, im Film, im guten wie im schlechten, und bringen immer neue Variationen der Grundtatsache, daß die Geschlechter in ihrer Entwicklung aufeinander angewiesen sind. Die Frau wird wirklich nur Frau in der Beziehung zum Mann. In irgendeiner Form muß tatsächlich im Leben jeder Frau »Hochzeit gemacht werden«. Auch hinter den erschütterndsten Zerrbildern weiblichen Lebens, in der Selbsterniedrigung, in Quälereien kann etwas durchleuchten von dem echten Frauenschicksal, wie es die Genesis ausdrückt mit dem Wort: »Und dein Verlangen soll nach deinem Manne sein, und er soll dein Herr sein.«

Lassen Sie uns nun betrachten, wie dieses Weibliche auch von der Unverheirateten gelebt werden kann, ohne der Karikatur zu verfallen.

Ich sagte schon: je gesünder die Frau ist, um so eher kann es ihr gelingen, auch auf diesem schwierigen Weg, dem Weg der Versagung im Leiblichen, zur Frau zu werden. Damit meine ich zunächst: sie muß eine wirklich gesunde Beziehung zu ihrer Leiblichkeit haben. Das hängt weitestgehend davon ab, ob sie eine richtige Mutter gehabt hat, die ihr ein erfülltes Frauenleben vorgelebt und ihr Kind auch unbefangen erzogen hat. Viele Frauen, verheiratete oder unverheiratete, haben keine gesunde Beziehung zu ihrer Leiblichkeit, die ja einbezogen ist in den Rhythmus des Mondes und dadurch Anteil hat an den großen kosmischen Gesetzen. Solche Frauen können ihr Leben lang vom Unbewußten her deprimiert oder auch bewußt verbittert und störrisch reagieren, wenn sie immer wieder daran erinnert werden, daß sie eben Frau, »nur Frau« sind. Wenn das so ist, ist von vornherein der Weg zur Entwicklung des Weiblichen sehr erschwert, auch in der Ehe. Denn das sehen wir ja doch deutlich genug, daß auch in der Ehe lange nicht alle Frauen wirklich im vollen Sinn Frau zu werden vermögen.

Die psychoanalytische Ärztin Helene Deutsch, eine der bedeutendsten Schülerinnen von Freud, hat in ihrem Buch »Psychologie der Frau« exakt die weibliche Sexualentwicklung geschildert und nachgewiesen, daß die Sexualität der Frau sich weniger auf den eigentlichen Genitalapparat konzentriert, als mehr diffus den ganzen Körper durchdringt. Das hat psychologisch die Folge, daß sie feiner hinfühlen muß auf ihr Leibliches und daß sich dadurch die Innenwahrnehmung, Gefühl und Intuition, besonders stark entwickeln. Damit hat sie die physiologische Grundlage dessen aufgezeigt, was die Jung-Schülerin Esther Harding im »Weg der Frau« schreibt, daß nämlich die Frau besonders begabt sei für die Pflege der Beziehungen, was ja ein sehr differenziertes Einfühlungsvermögen erfordert; das ist wiederum dasselbe, was Jung meint, wenn er der Frau besonders den Eros als Lebensprinzip zugeordnet hat.

Diese Welt der Beziehungen muß also von der Frau gelebt werden, und zwar – das klingt jetzt vielleicht sehr mißverständlich – auch leibhaftig erlebt werden. Wenn sie nicht den Mut aufbringen kann, »durchs Feuer zu gehen«, sich allen seelischen Erschütterungen auszusetzen, die mit einer intensiven Begegnung mit einem Mann verknüpft sein können, wenn sie nicht bereit ist, allen Stürmen, dem »Herzbrechenden«, aber auch die Eifersucht und dem Verlangen sich auszusetzen, alles das am eigenen Leib durchzustehen, dann kann sie diesen Weg nicht gehen. Wer das Opfer fürchtet, schließt sich dadurch von der Entwicklung aus, denn jedes Leiden, das einem auf den Weg gelegt ist und vor dem man sich drückt, hat Verkümmerung und Neurose zur Folge. Wenn aber sie sich zu stellen vermag, dann ist ihr die Möglichkeit gegeben, ihre Weiblichkeit voll zu entfalten.

Bei dieser Weiblichkeit denkt man heute im allgemeinen zuerst an die angeborene Mütterlichkeit, an das Pflegen des Schwachen und die Hilfe, die bei der Entwicklung zu leisten ist. Pestalozzi und Fröbel haben ihr System auf der Erkenntnis aufgebaut, daß in jeder Frau diese Mütterlichkeit angelegt ist, und die Frauenbewegung hat in ihrer zweiten Phase die ursprüngliche Tendenz zur Gleichberechtigung ergänzt durch die Forderung, der mütterlichen Natur der Frau Raum zu schaffen. Helene Lange definierte: »Die weibliche Eigenart kann und wird sich nur in der Richtung fortentwickeln, die gegeben wurde, als die erste Mutter ihr Kind mit warmem, menschlichem Empfinden in die Arme schloß.« Eine eindrucksvolle Beobachtung eines Berliner Kollegen bestätigt das: er sah im Luftschutzkeller, als es einmal hart auf hart ging und alle sich instinktiv duckten, wie eine Frau, die nicht leibliche Mutter war, ihre Arme ausbreitete wie eine Glucke. Aus der Überzeugung, daß die Frau von Natur aus im wesentlichen mütterlich ist, leben viele weibliche Berufe, Diakonissen, Barmherzige Schwestern, Lehrerinnen und Sozialpädagoginnen. Mir scheint aber, daß hier die Gefahr besteht, allzu einseitig nur diese Seite zu sehen. Gewiß ist das Bemuttern für viele Frauen Lebensinhalt. Doch gerade in den fürsorgerischen Berufen kann es eines Tages auch zu einer abgegriffenen Geste werden, oder man gerät in die Gefahr mütterlicher Machtansprüche, wie wir sie auch bei der natürlichen Mutter gesehen haben. Manche Oberin oder Lehrerin ist nicht weniger eine »fressende« Mutter, die nicht loslassen kann, als es die leibliche mitunter ist. Darum muß auch die wirklich mütterliche Frau durch das gleiche Sterben hindurch wie die natürliche Mutter, wenn sie nicht zur »Hexe« werden oder, ohne daß sie es merkt, doch als »steriles Neutrum« enden soll. Ich glaube, man kann sagen, daß jede Frau das Urerlebnis erfahren muß, »auf den Sohn zu verzichten«, d. h. jemanden, an den sie sich wirklich mütterlich geopfert hat, in die Welt hineinzulassen. Die »Geburtsschmerzen« können dann bis ins Leibliche hinein den Schmerzen der natürlichen Mutterschaft gleichwertig sein. Ob darum für sie nicht nur auch das Wort gilt, daß das Weib selig wird durch Kinderzeugen (1. Tim. 2, 15)?

Ehe von der Frau als Mutter gesprochen wird, spricht die Heilige Schrift davon, daß dem Mann eine Gehilfin gegeben werden soll, und mir scheint, daß damit noch etwas Zentraleres ausgesagt ist über das Wesen der Frau. Vielleicht klingt das zunächst gering: »Gehilfin sein«, aber es ist nichts Geringes. Wie vieles von dem, was ein Mann schaffen will, gelingt einfach nicht, wenn nicht die Gehilfin da ist, sei es, daß sie ihn inspiriert, bei der Ausführung für ihn da ist oder die Arbeit zu Ende führt. Das kann in sehr verschiedener Form geschehen, in ganz großer Dimension etwa bei der Frau eines Künstlers. Aber es gilt auch für die schlichteren Weisen der Hilfe, wie sie etwa die Sekretärin im Büro leistet. Wenn die Frau auch meist nicht die ursprüngliche Aktion vollbringt, so doch die Re-Aktion; und damit entsteht zuletzt ein Ganzes. Auch da, wo auf den ersten Blick eine Frau ganz selbständig arbeitet, kann es sich im tieferen Sinne doch noch immer um das Tun der Gehilfin handeln. Gerade Gertrud von Le Fort hat so Tiefes und Schönes gesagt über die Frau, die ihr Bestes unter dem Schleier der Anonymität gibt, und hat hingewiesen auf die Aufgabe der Frauen, in Notzeiten überall da einzuspringen, wo der Mann aus äußeren oder inneren Gründen versagt, um sich später wieder zurückzuziehen. So gehört es sich eigentlich nicht, daß ich hier als Frau vor Männern spreche, aber es ist nun einmal durch die historische Situation die Notwendigkeit gegeben, daß auch die Frau in die Öffentlichkeit hineinsprechen muß und auf diese Weise »Gehilfin« ist.

Wie kann sich nun eine fruchtbare Begegnung der Geschlechter verwirklichen ohne leibliche Verbundenheit? Anders ausgedrückt: gibt es eigentlich eine Freundschaft zwischen Mann und Frau? Meist wird das verneint. Und tatsächlich gibt es sie nicht billig und selbstverständlich. Nicht einmal die Freundschaft zwischen Gleichgeschlechtlichen ist billig, und sie bedarf sorgfältiger Pflege. Unsere Zeit ist ja verhältnismäßig arm geworden an Freundschaften, verglichen etwa mit der Goethe-Zeit. Aber Freundschaft zwischen den Geschlechtern ist etwas noch viel Schwierigeres. Sie kann nur dann gelingen, wenn die Frau mit ihrem differenzierten Spürsinn unterscheidet, ob der Sinn einer Beziehung wirklich in der geschlechtlichen Gemeinsamkeit liegt oder anders verwirklicht werden will. Solche Unterscheidung ist im einzelnen natürlich sehr schwer, denn wenn man von dem Bild eines anderen Menschen tief ergriffen ist, ist eben der ganze Mensch ergriffen, auch sein tiefstes Begehren. Die meisten Frauen müssen in einer Beziehung intensiverer Art immer »durchs Feuer«. Damit ist aber nicht gesagt, daß nicht doch der Sinn dieser Beziehung letzten Endes Freundschaft, und nicht geschlechtliche Gemeinschaft ist. Ich möchte hier ein Bild bringen, das mir vieles aufgehellt hat. Es stammt nicht von mir, sondern aus einem Brief von Ida Friederike Görres, die die Freundschaft zwischen Mann und Frau mit einem Scherenschnitt vergleicht, dessen Schönheit gerade darin besteht, daß sehr genau herausgeschnitten ist, was nicht dazu gehört. Und dann schreibt sie: »Der Scherenschnitt, d. h., was als Kunstwerk übrig bleibt, kann aus glühendem Gold oder einem Feuer bestehen – nicht bloß aus schwarzem Papier!« Mir fiel dabei das Wort aus dem ersten Petrusbrief ein: »Habt einander inbrünstig lieb aus reinem Herzen.«

Auf dem Weg zu solcher Freundschaft ist man natürlich nicht davor gefeit, einmal abzurutschen und Grenzen zu überschreiten. Wir sind nicht vollkommen, und es ist wie ein Wunder, wenn es gelingt, der Gefahr einer zu großen Herbheit oder einer zu großen Lockerung ganz zu entgehen. Wichtig aber ist, daß wir überhaupt einen Maßstab haben und daß wir wissen, es gibt solche Möglichkeiten, sie enthalten ein großes Glück und einen großen Reichtum, um derentwillen es sich lohnt, immer wieder weiter diesen Weg zu suchen. Im christlichen Raum jedenfalls sollte er immer wieder angestrebt werden. Mich hat seit einigen Jahren von den biblischen Frauengestalten am stärksten die Maria von Bethanien (Joh. 12) beeindruckt. Vergegenwärtigen wir uns doch einmal die Szene, wo diese Frau wagt, vor den erstaunten und verständnislosen zwölf Männern und ihren Geschwistern dem Herrn, dem ihr Herz gehörte, diese Liebestat zu erweisen. Welch wunderbares Echo bekam sie von Christus auf dieses Wagnis der Liebe!

Vielleicht ist unsere Generation, die wir durch die Jugendbewegung und zwei Weltkriege hindurch immer wieder die Frage der Freundschaft nicht nur diskutiert, sondern mit allen Variationen zu verwirklichen gesucht haben, dazu da, diese Dinge auszusprechen, wenn auch nur für einen kleineren Kreis von ernsthaft Suchenden. Es wäre natürlich eine große Illusion, mit diesen Gedanken direkt in die Masse zu gehen, die keine geistliche Hilfe für solchen Weg hat. Hier muß jeder einzelne von uns in seinem Leben den Anfang machen.

Ich sagte, auch auf diesem Weg kann die Frau zur Frau werden. Aber die Ausprägung wird anders sein als die der Ehefrau. Die alleinstehende Frau, die Freundin, darf sich ja weit weniger anlehnen und sich geborgen fühlen als die Frau in der Ehe, obwohl auch dort nur diejenige ihre Aufgabe am besten erfüllt, die nicht angewiesen ist auf die Anlehnung an ihren Mann, sondern in sich aufrecht stehen kann durch ihre Beziehung zum Überpersönlichen. Aber sie hat eben doch viel mehr Schutz und Sicherheit als die alleinstehende Frau, und das hat zur Folge, daß sie – um mit C. G. Jung zu sprechen – ihren Animus in anderer Weise integrieren muß, d. h., daß sie männliche Haltungen mehr hineinnehmen muß in ihr persönliches Leben oder, anders gesagt, daß sie ihr weibliches Zentrum mit ihren »männlichen« Kräften stärker schützen muß. Esther Harding hat in ihren »Frauenmysterien« gezeigt, daß in den heidnischen Religionen die Jungfrau nicht diejenige ist, die unberührt vom Mann blieb, sondern diejenige, die im Unterschied zur Ehefrau allein steht. Über die Jungfrau in der christlichen Schau hat wiederum Gertrud von Le Fort besonders Tiefes ausgesagt. Schon in Sagen und Märchen werden der Jungfrau besondere Kräfte zugeschrieben, und ob wir sie hier nun mehr im heidnischen oder christlichen Sinne auffassen wollen, es gilt wohl in beiden Fällen, daß ihr eine besondere Macht und damit auch Verantwortung zugeteilt ist. Sie kann immer wieder Ehen oder andere Gemeinschaften durch ihr Dazwischentreten zerstören, aber auch Ehen und andere Gemeinschaften durch ihr Dabeisein heilen. Dies letztere wird Ihnen zunächst unverständlich vorkommen. Ich weiß aber, daß es tatsächlich die Freundin gibt, die als Helferin auftaucht und die Ehe wieder lebendig macht, indem sie sie auf ihrem Herzen trägt und dadurch auch ihren Anteil hat an der Verheißung, die der Ehe gegeben ist (Epheser 5, 22–33).

Das alles kann natürlich die Frau nicht allein leisten. Zunächst braucht sie die richtige Haltung des Mannes, angefangen schon in der Berufswelt. Die Frau will vom Mann als Frau genommen werden, was nicht dasselbe ist wie Geschlechtswesen. Das wäre schon ein billiges Ausgleiten, denn es ist natürlich leichter für einen Mann, eine kleine Tätschelei und Spielerei mit seiner Sekretärin anzufangen, als zu sehen, ob sie müde ist und nach ihren Sorgen zu fragen. Die Psychotherapeutin Erika Hantel hat in ihrem schönen Buch: »Verborgenes Kräftespiel« ein Kapitel über die Frau im Betrieb geschrieben und hat dort dargestellt, eine wie wunderbare Gehilfin die Frau sein kann, wenn man sie als Frau anspricht und nicht z. B. einfach ruft: »Fräulein, Diktat!« Das geschieht aber, und es geschieht auch unter Christen, daß Frauen von Männern behandelt werden wie eine Schreibmaschine ohne das Gefühl, daß da ein weiblicher Mensch anzusprechen sei. Man kann gar nicht genug darauf hinweisen, wie viele von den Frauen dann in ihrer Herzensnot dahin getrieben werden, Sexualnot zu empfinden, weil sie Tag für Tag und Jahr für Jahr nicht als weibliche Menschen behandelt wurden. Nachher wundert man sich, wenn Klatschbasen und alte Jungfern sich entwickeln, wenn sie als Fünfzigjährige erleben müssen, daß man Jüngere und Hübschere an ihre Stelle setzt. Die Männer sollten etwas davon ahnen, daß sie immer etwas von ihrer eigenen Seele verlieren, wenn sie aufhören, in der Frau die Frau zu sehen und ritterlich zu respektieren. Wird sie jedoch als solche respektiert, so kann man viel von ihr verlangen, denn in ihr lebt der tiefe Wunsch, wirklich gebraucht zu werden. Die Anerkennung für den Dienst ist dann das schönste Heilmittel gegen das immer lauernde weibliche Minderwertigkeitsgefühl.

Außer dem Mann muß aber auch die Ehefrau sich verantwortlich fühlen. Sie darf nicht nur mißtrauisch darauf achten, daß da nicht eine Dritte aufkreuzt, und eifersüchtig dem Mann alle Beziehungen verwehren, die er neben der Ehe hat, aus Angst, daß dadurch die Integrität der Ehe angetastet werden könnte. Es ist da oft, wie wir es im Psychologischen kennen: wenn man etwas, was vorhanden ist, ängstlich ausschließt, dann darf man sich nicht wundern, wenn es dann im Dunklen sein böses Wesen treibt. Sie werden wohl wieder sagen: Wer kann das? – und wieder muß ich antworten: Es gehören dann drei dazu, die gesund genug sind und genügend Mut haben, sich den entstehenden Spannungen vertrauensvoll zu stellen, und die genügend Wachsamkeit, d. h. Bewußtheit haben. Es heißt ja nicht nur: betet, daß ihr nicht in Anfechtung fallet, sondern es heißt zuerst: wachet. Dieses Wachen meint ein ganz anderes Bewußtsein als das, was sich Eva holte, als sie wissen wollte, was Gut und Böse war. Damit habe ich auch meine Überzeugung angedeutet, daß nur ein Mut des Glaubens und ein Wachsein im Gehorsam durch solche Krisen und Spannungen hindurchhelfen können.

Zum Schluß muß ich noch einmal auf den kollektiven Aspekt unserer Frage kommen. Daß es sich bei dem Frauenüberschuß um Kollektivschuld handelt, ist klar. Und zwar nicht nur um eine Schuld der Männer, wie heute von Frauenseite oft gesagt wird, sondern ebenso der Frauen. Wären sie alle echte Frauen und Mütter, würden auch die Männer keine

Kriege führen. Das macht uns auch unsere Kollektivverant-
wortung bewußt. Es geht nicht an, über eine Frau den Stab
zu brechen, wenn sie nicht nach der Ordnung lebt, die der
Christ anstreben sollte. Ihre seelische Gesundheit, der Einfluß
ihrer Umgebung von Kind an, besonders auch die Suggestion
der öffentlichen Meinung fallen nicht auf ihr persönliches
Schuldkonto. Hier sind wir alle miteinander verflochten. Statt
zu richten, müssen wir vielmehr helfen: zur Gesundung und
zur Beglückung echter Freundschaft. Es ist ja üblich, der alleinstehenden Frau ihren Beruf als eine Möglichkeit der Le-
benserfüllung hinzustellen, und es ist keine Frage, daß sinn-
volle Arbeit ein großer Segen ist. Aber die Herzensnot wird
nicht durch den Beruf gestillt; die will echte Begegnung. Und
ebenso fragwürdig ist es, die Frau auf Christus als Partner
zu verweisen. Nicht alle sind zu dieser ausschließlichen
»Brautschaft« berufen. Der andere Mensch muß stellvertretend mit seiner Wärme da sein, so wie wir ja auch nicht den
Dürstenden, der um einen Trunk Wasser bittet, auf Christus
verweisen dürfen. Über diese Fragen wird ausführlicher in
dem oben erwähnten Büchlein von I. F. Görres gesprochen.

In seinem Vortrag in Tutzing wies Herr Rosenberg auf eine
frühere Zeit des Frauenüberschusses hin, die Zeit der Kreuz-
züge, in deren Folge dann die hohe Form des Minnedienstes
entstand. Dieser Gedanke sollte uns auch heute die Hoffnung
geben, unsere Not nicht nur negativ zu sehen. Vielleicht hilft
sie uns zu einer neuen Differenzierung der menschlichen Beziehungen – wenn die Frauen ihre Stunde erkennen.

Das Kind im Kraftfeld der Familie

von Ursula Laessig

Unser heutiges Thema ist die Familie. Ich brauche Ihnen nicht besonders zu sagen, daß wir vor einem Niedergang des Familienerlebens stehen. Ich will mich nicht damit aufhalten, von den äußeren, den wirtschaftlichen und soziologischen Gründen zu sprechen. Sie werden mit mir einig sein, daß der Schaden tief im Inneren der Menschen liegen muß, wenn es um etwas so Großes und Urtümliches geht wie Gesundheit und Krankheit der Familie. Historisch scheint mir der seelische Auflösungsprozeß der Familie im Zusammenhang zu stehen mit dem Aufkommen des hybriden Idealismus, der das Leibliche, das Fleischliche in seiner ganzen Bedeutung ableugnete, sich entfernte von dem Wissen um das »Einswerden im Fleisch«. Dies Wort gilt wohl nicht nur für die Ehegatten, sondern abgeleitet dann auch für die, die gleichen Blutes sind, die Kinder. Wo es wesenlos wird, ist auch die seelische Einheit der Familie fraglich geworden.

Über diese *seelische Einheit der Familie* soll zunächst gesprochen werden. Der Psychotherapeut sieht sich Tag für Tag und Stunde für Stunde vor der Wirklichkeit dieser Einheit. Wir müssen uns wieder daran gewöhnen, die Familie wie einen Organismus zu sehen, ein lebendiges Ganzes. Ich hätte diesen Vortrag vielleicht besser »Organismus der Familie« nennen sollen, wenn es mir nicht gerade darum ginge, durch das Wort »Kraftfeld« die oft enormen Spannungszustände anzudeuten, in die jedes einzelne Glied dieses Ganzen hineingestellt ist.

Zunächst sehen wir die *Einheit der Familie in der Zeit*. G. R. Heyer hat in seinem Buch »Vom Kraftfeld der Seele« (Stuttgart 1949) von dem »Menschen im ›Feld‹ seiner Ahnen« gesprochen. »Eine überpersönliche Zeitgestalt umfaßt den Einzelnen und seine Vorfahren.« Die Heilige Schrift spricht von Sünden der Väter, die heimgesucht werden bis ins dritte und vierte Glied – wir Psychotherapeuten sehen das wohl unmittelbarer in unserer Arbeit als andere. Oft können wir den Verrat an elementaren Lebensgesetzen noch bis über die Großeltern hinaus verfolgen, wenn wir uns um eines der Opfer bemühen, eines Leidenden oder in besonderer Weise Schuldigen. Der gestrige, der Freudschen Psychoanalyse gewidmete Tag hat das wohl genügend deutlich gemacht.

Auf einen anderen Aspekt der psychologischen Einheit der Familie hat C. G. Jung besonders eindringlich hingewiesen: *das Unbewußte der Menschen, die nahe beieinander leben, ist gleichsam in Kommunikation,* und das ist natürlich nirgends so wirksam wie in der Familiengemeinschaft, ganz besonders in der Beziehung zwischen Mutter und Kind. Wir sprechen da oft geradezu von einer seelischen Nabelschnur, von der sich das Kind erst in einem langsamen Wachstumsprozeß befreien kann. In der Praxis, auch in Ihrer seelsorgerlichen, ist dieser Gesichtspunkt äußerst wichtig. Immer wieder sehen wir das ungläubige Staunen der Mütter, wenn wir ihnen in der Erziehungsberatungsstelle sagen müssen, daß es wohl die eigenen ungelösten, oft gar nicht bewußten Konflikte sind, an denen ihr Kind krankt. Wir hören dann, daß das Kind ja gar nichts gemerkt haben kann von der Spannung in der Ehe, weil die Auseinandersetzungen sich nicht in seiner Gegenwart abgespielt haben oder weil es noch zu klein war, um dieses oder jenes beobachtet oder verstanden zu haben. Für den Tiefenpsychologen haben diese Argumente kein Gewicht.

Wir erleben die seelische Einheit der Familie in der Weise, daß etwa *ein* Ehegatte sich in positivem Sinn entwickelt, während es uns gerade gelingt, dem *anderen* zur Gesundung zu verhelfen. In entsprechender Weise und besonders deutlich zeigt sich dieses innere Band der Familie, wenn z. B. – wie wir es so häufig in der Praxis erleben – als Folge der Behandlung einer Mutter bei einem ihrer Kinder solche Störungen wie Bettnässen, Stottern, Lügen, nächtliche Ängste oder leidenschaftlicher Protest verschwinden, während wir uns doch mit dem Kind selbst gar nicht befaßt haben.

Ein Weiteres: die gesunde Familie ist *ein lebendig wachsender Organismus.* Ich greife ein Beispiel heraus. Nehmen wir die üblichen Spannungen zwischen dem Sohn im Reifealter und seinem Vater. Man weiß, daß der Junge nun in ein

schwieriges Alter kommt, man weiß von seinen Wachstums-
krisen, den hormonalen Veränderungen und daß das so sein
muß. Man wird vielleicht Nachsicht haben mit dem Jungen,
der in eine neue Entwicklungsphase kommt, er ist eben
schwierig, und man darf ihm das nicht allzu sehr übel nehmen.
Ist das aber genug? Nein. In dem Augenblick, wo der Sohn
in die Pubertät kommt, steht auch der Vater vor einer neuen
Lebensstufe, wenn sie bei ihm auch nicht unmittelbar hormo-
nal bedingt ist. Auch er hat eine Wandlung in sich zu vollziehen, nämlich die Wandlung vom Vater des Buben zum
Vater des erwachsenen Sohnes, und das ist eine andere Lebensform. Stellen Sie sich bitte mit mir eine Familie vor, eine
gute Familie, die geradezu davon lebt, daß man die Sonntage,
die Feste in enger Verbundenheit zusammen erlebt. Wenn die
Kinder nun größer werden und am Sonntag ausfliegen, zum
Fußball, zu Wanderungen, gar zu Gemeinschaften anderer
politischer oder weltanschaulicher Richtung, wenn sie heiraten, dann haben nicht nur die Kinder hier eine Entwicklung
zu leisten, sondern auch die Eltern. Vieles, was an Krach oft
bis zum endgültigen Bruch sich hier vor unseren Augen abspielt, ist nicht so sehr die Schuld der Kinder, auf die man sie
so gerne abwälzt, sondern der Eltern, die die Forderung der
Stunde nicht verstehen und die eigene Wandlung nicht leisten
wollen. »Psycho-Sklerose« nennt Fritz Künkel in einer sehr
gelungenen Formulierung das, was wohl in der Moraltheolo-
gie mit der schweren Sünde der »Trägheit« gemeint ist, das
Starrwerden, die Verweigerung des Entwicklungswachstums
aus Mangel an Mut und echtem Gehorsam.

Nun noch ein letztes Blitzlicht auf das Thema »Einheit der
Familie«: in jeder Familie wird dem einzelnen eine bestimmte *Rolle* zugeschoben. Die speziellen Rollen des Vaters
und der Mutter werden wir nachher noch besonders zu beleuchten versuchen, Rollen, nun nicht etwa verstanden als ein
äußerlich aufgestülptes Verhalten, als ein Tun-als-Ob, sondern
als ein wirkliches Hineinwachsen in ein bestimmtes Amt. Aber
auch bei den Kindern kann man oft in sehr auffallender
Weise dieses Gesetz der »Rolle« beobachten. Ich denke da
etwa an einen Fall meiner Praxis, wo das jüngste einer Reihe
von Mädchen für sich nur noch die Rolle des Dummerle vorfand und sich gleichsam da hineinspielte, weil alle anderen

Rollen bereits vergeben waren. Erst die psychotherapeutische Behandlung konnte ihr zu ihrer »Individuation« verhelfen, d. h. in diesem Fall, ihr überhaupt die anvertrauten »Talente« verfügbar machen, die bis dahin völlig verkümmert geblieben waren. Oder ein anderes Beispiel: ein Zwillingspaar, Mädchen von etwa 30 Jahren, hatten sich von früh an in eine krasse Rollenverteilung hineindressiert. Die eine hatte einseitig die musikalische Begabung entwickelt auf Kosten der Bewältigung des realen Lebens, die andere stand für die Schwester mit im Lebenskampf und hatte einen organisatorischen Beruf erwählt. Beide hatten durch diese einseitige Lebensweise eine schwere Neurose erworben. Erst als es durch die Behandlung gelang, der Künstlerin ihre ursprünglich angelegte Freude am äußeren Lebenskampf bewußt zu machen und der anderen zu musikalischem Ausdruck zu verhelfen, konnten sie gesunden. Diese einseitigen »Rollendressate« habe ich nur da gefunden, wo die echte Liebesfähigkeit der Eltern fehlte, wo also nicht jedes Kind in seiner Besonderheit angenommen und bejaht wurde, sondern wo die Geschwister mehr oder weniger sich selbst überlassen waren und für einander die Hauptbeziehungspersonen wurden.

Wenn wir bisher etwas zu dem Thema »Seelische Einheit der Familie« gesagt haben, kommen wir nun zu den einzelnen Figuren im Kraftfeld der Familie. Herr Laiblin hat bereits in seinem Vortrag über die Archetypen ausführlich über die Urbilder gesprochen, die in der Seele jedes Menschen angelegt sind. Heute möchte ich auf zwei Archetypen eingehen, die eine große Rolle in unserem Leben spielen, die Bilder des Männlichen und des Weiblichen als zweier polarer Seinsformen, also die Archetypen des Geschlechtlichen, aber nun nicht im Sinne des Gattungstriebs, sondern als Ausdruck der Urtatsache, daß die Welt männlich und weiblich ist. Wer von Ihnen sich etwas mit der chinesischen Philosophie beschäftigt hat, weiß, daß sich dort wohl am reinsten durch Jahrtausende hindurch geradezu eine Metaphysik der Geschlechterspannung entwickelt hat. Vielleicht kennen Sie das tiefsinnige Tai-Ge-Tu-Zeichen, den Kreis, durch eine Schlangenlinie in eine dunkle und eine helle Hälfte geteilt, die männliche und die weibliche Seite des Kosmos symbolisierend. Oder Sie kennen vielleicht das alte chinesische Weisheitsbuch des I Ging, in dem die ganze Fülle der Möglichkeiten ausgefaltet liegt, in der sich Männliches und Weibliches mischen kann. Aber auch andere entwickelte Naturreligionen lassen die gleiche Symbolik erkennen. Im I Ging, dem »Buch der Wandlungen«, heißt der Gegensatz etwa: das Schöpferische – der Himmel, das Empfangende – die Erde, das Lichte – das Dunkle, der Mann – das Weib, der Vater – die Mutter. Oder denken Sie an die griechische Antike, an die alten Mutterreligionen, aus denen sich dann in mühsam-kühner Entwicklung die olympische Götterwelt als Sinnbild des Geistig-Väterlichen heraushob. Was diese Religionen herausgestellt und objektiviert haben, gibt auch uns noch eine großartige Orientierungsmöglichkeit über die Polarität allen Lebens. Um diese echte Orientierung auch für den heutigen Menschen unmittelbar möglich zu machen, muß er sie von Kind auf, noch vor aller bewußten Reflektion, geschaut haben, und der Ort, an dem diese Schau sich am ehesten vollzieht, ist die Familie, in der der Vater wirklich Vater, die Mutter wirklich Mutter ist. Was heißt das nun konkret?

Bedenken wir zuerst, daß in jedem echten Kind ein Doppeltes zu beobachten ist. Auf der einen Seite ist es ein Wesen, das ganz und gar im Augenblick zu leben scheint, jetzt und hier, bei seinem Bauwerk, mit seinem aufgestoßenen Knie, in seinem Zorn, in seinem Jubel. Wenn auf der anderen Seite aber jemand sagen würde, das Kind lebe ja geradezu davon, daß es in der Erwartung steht: »wenn ich einmal groß bin ...«, so hat auch dieser recht. Beide Seiten des Kindes, das Gegenwärtig-sein-Können und das In-der-Erwartung-Leben, müssen gleichsam Antwort finden in seiner Umgebung. Das Geschöpfchen, das Augenblickswesen ist, findet diese Antwort normalerweise bei seiner Mutter, während die Erwartung, die in die Zukunft weist, durch die Gestalt des Vaters bestätigt werden muß. Natürlich läßt sich das nicht reinlich scheiden, denn Vater und Mutter sind ja nicht nur Paradigma des Männlichen oder Weiblichen, die seelische Wirklichkeit ist viel reicher und bunter. Aber Sie werden doch auch finden, daß die Freude des Vaters und der Mutter an der Wiege des neugeborenen Kindes einen verschiedenen Charakter hat, auch wenn sie bei beiden gleich stark ist. Die echte Mutter findet das Kind, so wie es gerade daliegt, ganz besonders entzückend, während der Vater eher dazu neigt, schon von dem gemeinsamen Spiel mit der elektrischen Eisenbahn zu träumen oder den Geschäftsnachfolger in dem kleinen Menschen zu begrüßen. Dadurch entsteht nun ein ganz natürliches Kräftespiel in der gesunden Familie. Die Mutter muß nicht bewußt, sondern instinktiv leise bremsen, und sei es nur dadurch, daß sie das Kind, so wie es jetzt ist, bejaht und mit einer leisen Wehmut die Entwicklung begleitet, die unaufhaltsam das Kind zum Flug ins Leben treibt. Es ist echte Mutterweisheit, die ihr spontan aus dem Herzen kommen muß, zu wissen: ein Kind, das Schwierigkeiten *macht, hat* Schwierigkeiten; die Grundthese jeder Erziehungshilfe, weil sie aus der Liebe stammt. Der Vater hingegen ist mehr der Repräsentant des Lebens außerhalb des Nestes. Er muß durch sein ganzes Dasein ausdrücken, daß es auch beglückend ist, im Lebenskampf zu stehen und sich den oft gefährlichen Wind um die Nase wehen zu lassen. Die Gefahr, ganz bei der geliebten Mutter zu bleiben, in dieser warmen, weichen, spendenden Welt, diesem Schlaraffenland, wäre zu groß, wenn nicht der Vater durch sein Dasein die Brücke schlüge zum Leben in der Welt der Freiheit. Das gilt – mit verschiedenen Akzenten – für Söhne wie für Töchter. Auch die Tochter muß in diesem Sinn von der Mutter wegwachsen, dem Vater zu, wenn auch in anderer Weise.

Hier muß noch etwas Tieferes gesagt werden. An dem *Erlebnis »Mutter«* entfalten sich ganz andere Seiten im Kind als an dem *Erlebnis »Vater«.* Sie ist ja schon die erste und auf Jahre hinaus die wichtigste Beziehungsperson, und im Umgang mit ihr entfalten, differenzieren sich die Tiefenschichten in der Seele des Menschen. Tiefenschicht soll hier nicht etwa gleichgesetzt sein mit der Triebwelt. Ich meine hier auch alles, was sonst in unserem Unbewußten und Irrationalen lebt, Gefühl und Intuition. Konkret ausgedrückt etwa: ob ein Mensch fähig ist, sich im richtigen Augenblick zu entspannen, sich fallen zu lassen, ob er träumen kann, ruhig eingebettet auf einer Wiese liegen, oder ob er dann zu tief absackt in einen bodenlosen Sumpf von Depression und Süchtigkeit oder aus Angst vor solchem Absinken verkrampft lebt, das hängt weitgehend davon ab, ob er seine ersten Lebensjahre mit einer liebevollen und geduldigen Mutter leben konnte oder nicht. Die unmittelbare Beziehung zum Leiblichen, zur Natur, zu seinen schöpferischen Einfällen, ist irgendwie gebunden an das Erleben der ersten Kindheitsjahre im Umgang mit der Mutter. Der Titel des Buches von Felix Schottlaender »Die Mutter als Schicksal« (Stuttgart 1949) übertreibt nicht, wie die dort geschilderten Lebensgeschichten beweisen.

Im *Vatererlebnis* entfalten sich ganz andere Seiten des Persönlichkeitsgefüges: Geist, Gewissen, Verantwortung, Freiheit, Aktivität, und im Gegensatz zu der Möglichkeit der Entspannung die Freude an der echten Spannung.

Und was erlebt das Kind an der *Ehe?* Es erlebt entweder, daß Gegensätze und Spannungen in der Liebe und in dem Willen zur Versöhnung sich ausgleichen können; oder es erlebt an der unglücklichen oder geschiedenen Ehe zutiefst bis in sein eigenes Lebenszentrum hinein die Tragik eines unüberbrückbaren Gegensatzes. Es wird dann die Aufgabe einer Überbrückung der Gegensätze durch die Liebe neu aufnehmen müssen und vielleicht noch einmal an die eigenen Kinder weitergeben. Hier trifft wohl besonders eindringlich das Wort von dem dritten und vierten Glied zu, in denen die Sünden der Väter heimgesucht werden.

Nun etwas im einzelnen zur Psychologie des Vaters und der Mutter. Mutter werden ist schwer, nicht nur im physischen Sinn. Die psychotherapeutische Ärztin Josephine Bilz hat im fünften Beiheft des Zentralblattes für Psychotherapie über »Menschliche Reifung im Sinnbild« geschrieben und darin eine Anzahl Träume und Phantasien von Frauen gebracht, die ihrer ersten Mutterschaft entgegengehen. Viele dieser Träume sind voller Angst und enthalten das Thema des Sterbens. Sie wissen, wie viele Mütter fürchten, die Entbindung nicht zu überleben, obwohl ihnen bekannt ist, daß heute die Wahrscheinlichkeit, sein Leben bei der Geburt zu verlieren, äußerst gering ist. Diese Angst vor dem Sterben hat psychologisch einen tiefen Grund. Man wird ja nicht nur dadurch Mutter, daß man ein Kind auf die Welt bringt, sondern es handelt sich hier um eine seelische Entwicklung zur Mutterschaft, die oft durch schwere Krisen geht, und alle entscheidenden Lebenskrisen, wie etwa auch die Reifezeit, sind ja dadurch gekennzeichnet, daß eine bisher gelebte Form sterben muß, um einer neuen Platz zu machen. Es handelt sich hier um eine Bindung an eine neue Lebensaufgabe, oder, wie man es auch ausdrücken kann, um ein neues Freiwerden zu dem Erlebnis der Mutterschaft. Wovon muß nun die Frau frei werden, wenn sie Mutter wird?

Zunächst einmal von den besonderen Wünschen, den bewußten und unbewußten, die sie in Gedanken an das kommende Kind in sich trägt, angefangen mit dem bekanntesten: Es muß ein Junge, es muß ein Mädchen werden. In der Vorgeschichte unzähliger Neurosen heißt es: eigentlich hätte ich ein Junge, eigentlich hätte ich ein Mädchen werden sollen. Damit ist immer ausgedrückt, daß die Eltern, und besonders die Mutter, schuldig geworden sind an einer Fehlentwicklung, weil sie das Kind nicht liebend so annehmen konnten, wie es ihnen geschenkt wurde. Manche Eltern sind geradezu beleidigt, als hätten sie ein Recht, hier zu fordern, und ohne es selber zu merken, lassen sie ihre Enttäuschung an dem Kind aus, oder sie suggerieren ihm eine Entwicklung, die der Natur des Kindes nicht entspricht. Es können auch andere Wünsche als das Geschlecht sein, mit denen man das Kind belastet. Es darf nicht die Augen der Schwiegermutter haben, oder es darf die eigenen, oft verdrängten Eigenschaften nicht zeigen. Oft weiß man gar nicht, was alles man dem Kind übelnimmt. Man leidet einfach nur unter den Eigenschaften, die sich im Laufe der Entwicklung herausstellen, oder man reagiert unsachlich, affektiv auf kindliche Äußerungen, wo man erzieherisch Hilfestellung geben müßte. Denken Sie etwa an eine ledige Mutter, die Grund hat, mit Verbitterung an den Vater des Kindes zu denken und alles, was an dem Kind an den Vater erinnert, instinktiv ablehnt. Wenn es etwa seine ersten Versuche macht, einmal durch Schwindeln aus der Patsche zu kommen, kann solche Mutter schwer den richtigen Weg finden, das Kind zur Wahrhaftigkeit zu führen. Sie wird geneigt sein, zu sagen: »das hat es von seinem Vater!« und nun resignieren, als handelte es sich um ein unwiderrufliches Schicksal, oder das allerschwerste Geschütz auffahren. In beiden Fällen reagiert sie zutiefst unmütterlich, ihre persönlichen Wünsche und Ängste schlagen die Mütterlichkeit in Fesseln. Dieses Thema: die Mutter und das Kind eines ungeliebten Mannes, läßt sich in mannigfacher Weise variieren.

Ein Zweites gehört zum Mutterwerden, was gerade heute so vielen von uns schwerfällt: die Geduld. Wenn die Frau Mutter wird, muß sie herausfinden aus der Suggestion der Hetze und gestrafften Zielstrebigkeit, die ihr in Schule und Beruf anerzogen wurden. Sie muß Zeit haben für das Kind. Natürlich hat sie die nicht immer, aber dann darf sie dem Kind nicht übelnehmen, wenn es mit allen Mitteln protestiert gegen etwas tief Unnatürliches. Maria Montessori hat einmal darauf hingewiesen, wie gedankenlos wir den meisten Befehlen »schnell« oder »geschwind« hinzufügen. Je kleiner das Kind ist, um so mehr muß eine Mutter, in der das heutige Tempo lebt, sich dem Gefühl aussetzen, im Schneckentempo zu gehen, wenn das Kind organisch aus seinem ursprünglich langsamen Rhythmus in den der Erwachsenen hineinwachsen soll . . . Ein schweres Opfer für viele Frauen!

Sodann ist von der Mutter eine neue Form des Mutes zu erlernen, eine andere, als sie auf dem Sportplatz und im Lebenskampf oft bis zur Härte und Negierung der Gefahr trainiert wird. Es ist der Mut der Glucke, bei der die Küchlein Schutz finden, der Löwin, die für ihre Jungen kämpft. Praktisch zeigt sich das in der Fähigkeit, sich unabhängig zu machen von dem Gerede der Nachbarn, den kritischen Blicken anderer Fahrgäste, der Autorität eines verständnislosen Lehrers, wenn es um die Sache des Kindes geht. Unsere Praxis zeigt uns oft, wie schwer ein Kind verwundet werden kann, wenn es sich von seiner Mutter im Stich gelassen fühlt. Wie schwer fällt es später solchen Menschen, sich »im Schatten Seiner Flügel« geborgen zu fühlen!

Das Letzte und Schwerste gerade für die Frau, die ihr Muttersein intensiv erlebt, ist die Bereitschaft loszulassen. Vom Geburtsvorgang an steht die Mutter vor der Aufgabe, ihr Kind in die Welt hineinzugeben, Schritt für Schritt ihm zur Freiheit zu verhelfen und selbst in den Hintergrund zu treten. Die Mutter, die sich an das Kind klammert als ihren einzigen Lebensinhalt, ohne den sie eine unerträgliche Leere empfinden würde, ist eine mörderische Mutter und seit je als fressende Magna Mater empfunden worden, mag sie auch nach außen hin, bei Nachbarn und Behörden, als vortrefflich angesehen werden. Wir kennen die Hexe des Volksmärchens, die sich zunächst von den Kindern gleichsam auffressen läßt, um sie dann mit Haut und Haaren zu verschlingen. Was die Vogelmutter instinktiv in einem bestimmten Augenblick tut, wenn sie das Junge aus dem Nest stößt, muß die Menschenmutter in unzähligen kleinen Handlungen tun. Nur kann sie sich meist dabei nicht auf ihren Instinkt verlassen. Der Indologe Heinrich Zimmer berichtet von Zeremonien, mit denen der »Guru«, der Seelenführer, den indischen Frauen hilft, durch ständige Übung des Opferns zu reifen für das Opfer des Kindes, besonders des Sohnes. Nicht umsonst hat das Wort »einziger Sohn einer Witwe« einen besonderen Klang: wir kennen es aus dem Alten und dem Neuen Testament, aus Sagen und Dichtung bis in die Gepflogenheiten des Krieges. Und der Psychotherapeut kennt solche Söhne, die nicht wirklich zu Männern werden konnten, weil sie nicht die Kraft hatten, eine leidende Mutter allein zu lassen, oder die sich brutal losreißen mußten und seelisch eine Hornhaut bekamen, unter der später die Ehefrau leiden muß. Der Rat an die Mütter muß lauten: Sucht euren Lebenskreis weit genug anzulegen, damit das Kind nicht der einzige Lebensinhalt ist und ihr es ziehen lassen könnt, ohne es mit Schuldgefühlen zu belasten. Die wirkliche menschliche Bindung kann dadurch nur inniger und fester werden.

Und nun zum Vater! Seelisch ist das Vaterwerden gar nicht so leicht, wie der gute Busch sagt. Zunächst wirkt er nur *indirekt* auf das Kind, nämlich dadurch, daß er sich zum Gatten einer werdenden und jungen Mutter entwickelt, der ihr innerlich beisteht mit Rücksicht und Ehrfurcht für das, was in ihr vorgeht. Er muß sorgen, daß sie das Lachen nicht verlernt, das Kind nicht als Last empfindet, muß »Gehilfe ihrer Freude« sein. Der Christ hat ein ungeheuer eindringliches »Vor-Bild« in der Heiligen Familie. Jedem Vater sollte im Traum ein Engel erscheinen und ihm sagen, welche Kostbarkeit ihm anvertraut ist mit der patria potestas. Je mehr das Kind heranwächst, um so stärker wird der *unmittelbare* Einfluß des Vaters. Er vertritt die Autorität, und es kommt nun alles darauf an, ob er selber ein echtes Verhältnis zu einer überpersönlichen Autorität entwickelt hat, wirklich mündig geworden ist. Sonst sehen wir den allzu weichen oder allzu harten und starren Vater, und beide Zerrformen treiben das Kind in die Angst und oft in die Neurose. Die Angst vor dem harten Vater ist unmittelbar verständlich. Gefährlicher aber ist oft der allzu weiche, der dem Kind nicht genug Halt gibt, an dem es sich nicht reiben und seine Kräfte messen kann, bis es wieder zur »Ver-Söhnung« kommt. Mehrfach konnte ich beobachten, wie schwer die Entwicklung des Knaben zum Mann gefährdet wurde, wenn gerade in der Pubertät der Vater starb oder schwer erkrankte und der gesunde Protest des Sohnes ins Leere stieß. Daß durch einen haltlosen Vater, etwa einen Trinker, das Weltbild eines Kindes kaum heilbar verzerrt werden kann, brauche ich nur anzudeuten.

Heute wachsen unzählige Kinder ohne Vater auf. Das brauchte nicht eine solche Katastrophe zu sein wie die Mutterlosigkeit, wenn sich die Gesamtheit der übriggebliebenen Männer bewußt würde, welche Verpflichtung sie zu übernehmen hat. Wer immer mit Kindern zu tun hat, als Onkel, Lehrer, Seelsorger, muß bestrebt sein, in die Lücke zu treten und dem Kind das Erlebnis »Vater« zu vermitteln. Er muß dem kleinen Mädchen liebevoll-ritterlich begegnen, damit es eine vertrauensvolle Beziehung zum Mann entwickeln kann, weil es sich als kleine Frau angenommen fühlt. Und er muß dem Jungen ermöglichen, ein Bild echter Männlichkeit in sich aufzunehmen. Mir scheint, daß heute die Schule diese zentralen Notwendigkeiten weniger wichtig nimmt als Stoffplan und Methodik. Um so wichtiger ist es, daß nicht auch die Seelsorger an dieser Frage vorbeigehen.

Es bleibt mir kaum noch Zeit übrig für das »Kind im Geschwisterkreis«. Ich kann darum nur *ein* Thema anschlagen. Im Chinesischen unterscheiden sich, wie ich von einer in China aufgewachsenen Kollegin erfuhr, die Schriftzeichen für »Bruder« und für »Neid« nur durch ein kleines Häkchen. Der erste Mord, von dem die Heilige Schrift spricht, ist ein Brudermord aus Neid. Esau und Jakob, Joseph und seine Brüder, der Streit der Jünger: überall Neid! Erfahrene Juristen sagen, daß außer Ehescheidungsakten keine Akten so voll von bitterem Haß sind wie die über Erbschaftsstreitigkeiten unter Geschwistern. Es kann also nicht stimmen, wenn man leichthin behauptet, eine große Geschwisterzahl sei ein Segen für das Kind. Sie ist es nur unter einer Bedingung: daß die Eltern wirklich jedem Kind gleichmäßig ihre Liebe schenken können. Wo das nicht gelingt, aus äußeren oder inneren

Gründen, kann das Kind seine ursprüngliche Neigung zum Neid nicht überwinden zugunsten einer echten Bruderliebe, dem Paradigma der Nächstenliebe überhaupt. Wieder sehen wir das »Kraftfeld«; der Liebesstrom, der von den Eltern ausgeht, ihre Freiheit von subjektiver Vorliebe für dieses oder jenes Kind, sind entscheidend auch für die Beziehung der Kinder untereinander. Die bekannte Krise, in die das ältere Kind zu kommen pflegt, wenn ein Geschwister geboren wird, ist ein eindringliches Beispiel. Wenn wirklich die rechte Einstellung der Eltern gelingt, ist dies Kind aber auch weit stärker geschützt gegen eine Fehlentwicklung als ein Einzelkind gleicher Veranlagung. Hier braucht tiefenpsychologisch kaum etwas zu dem Wissen der allgemeinen Pädagogik hinzugefügt zu werden. Wir stehen hier heute vor einem Massenproblem, ähnlich dem des vaterlosen Kindes. Und auch da sollte die Verantwortung der Gemeinschaft wachgerufen werden und dem Einzelkind weit mehr als bisher die Häuser geöffnet sein, in denen es mit Altersgenossen umgehen kann.

Schulschwierigkeiten nervöser Kinder

von Kurt Seelmann

Zuerst eine Vorbemerkung:

Wenn hier im folgenden von »nervösen« Kindern die Rede ist, so handelt es sich *nicht nur* um zappelige, aufgeregte, unruhige Kinder. In der Psychologie nennt man Kinder »nervös«, wenn bei ihnen gewisse Unregelmäßigkeiten im Verhalten auftreten, die psychisch – also seelisch – begründet sind. Wir müssen also unter die »nervösen Kinder« alle rechnen, die von der Entwicklungsnorm abweichen, ohne daß sich für dieses »Anders-Sein« eine körperlicher Ursache auffinden läßt.

Nun kommen uns fast alle Kinder gelegentlich einmal merkwürdig, ja vielleicht sogar unnormal vor. Alle Kinder verhalten sich einmal anders, als der Erzieher wünscht und erwartet. Gutgemeinte, vertretbare und richtige Erziehungsabsichten stoßen auf passiven oder aktiven Widerstand. Handelt es sich dabei nur um gelegentliche, vorübergehende Störungen, so spricht man von Erziehungsschwierigkeiten.

Hat das Kind aber eine unerwünschte und abwegige Entwicklung eingeschlagen und hält diese fest, so spricht man von Schwererziehbarkeit. Ist diese Schwererziehbarkeit eine rein seelische Schwierigkeit, dann sprechen wir von nervösen Kindern.

Zweite Vorbemerkung:

Berichtet uns ein Erzieher von einer solchen ständigen Abwegigkeit im Verhalten, so braucht es sich noch nicht unbedingt tatsächlich um eine solche zu handeln.

Es gibt Erzieher, die das Kind überfordern, die zuviel und das noch dazu am falschen Platz verlangen. Manchmal wird ganz einfach vergessen, daß man ein Kind vor sich hat, einen jungen Menschen, von dem man noch keine hundertprozentigen Lösungen verlangen kann. (Wer von den Erwachsenen leistet wirklich hundertprozentige Arbeit?)

Das Kind hat als Kind auf jeder Altersstufe andere Verhaltensweisen, andere Interessen, andere Bedürfnisse und hat ein Recht auf eine andere Behandlung, auf eine Behandlung, die seinem jeweiligen, speziellen Reifungsgrad entspricht. Wer einen Sechsjährigen so behandelt, wie man einen Vierzehnjährigen behandeln sollte, wird natürlich auf Widerstand stoßen. Überforderte Kinder biegen aus, wenn sie seelisch gesund sind.

Wir wissen zudem noch, daß wir von allen Kindern *nicht* das gleiche verlangen können, weil sie alle verschieden sind nach Begabung, Veranlagung und nach den Erfahrungen in ihrem bisherigen Leben.

Wir können daher nur von Schwererziehbarkeit sprechen, wenn sich unsere Anforderungen in vernünftigen Grenzen halten und darüber hinaus dem Entwicklungsgrad, der Altersstufe und der individuellen Verfassung angemessen sind.

Dritte Vorbemerkung:

Was hier vorgetragen wird, ist aus einer fünffachen Sicht gesehen:

1. Ich selbst war ein sogenanntes schwieriges Kind und kann mich noch in vielem sehr genau erinnern, welche Fehlurteile über mich gefällt wurden und in welch krassem Gegensatz sie zu meiner inneren Verfassung standen.

2. Ich bin Vater und habe eigene Kinder, die die öffentlichen Schulen besuchen.

3. Ich bin seit 1920 Lehrer und seit 1946 Rektor an einer Münchner Volksschule und kenne die Schwierigkeiten, unter denen die heutigen Schulen arbeiten müssen.

4. Seit 1921 arbeitete ich als Mitarbeiter an der Beratungsstelle für schwererziehbare Kinder von Dr. Leonhard Seif, München, und habe nun schon seit vielen Jahren eine eigene Beratungsstelle.

5. Als Psychotherapeut bin ich immer wieder darauf gestoßen, wie eine schwierige Kindheit und Jugend die Vorbereitung schaffen, daß die später Erwachsenen dann in ihrem Leben scheitern.

Wenn wir uns nun endlich wirklich den Schulschwierigkeiten zuwenden, so zeigt sich sofort, daß sie sehr verschieden aussehen können. Man klagt über viele Schüler, aber man beklagt bei jedem etwas ganz anderes.

Da ist ein Renitenter, der sich immer dem Lehrer widersetzt, nachmault, immer irgendeinen Unsinn organisiert und absolut feindlich alle Anordnungen des Lehrers durchkreuzt oder zu durchkreuzen versucht.

Als Gegenteil des eben Dargestellten wird ein Schüler geschildert, der zwar nie störe, nie frech sei, nie schwätze, und doch habe man auch zu ihm kein positives Verhältnis finden können. Aufgerufen, erröte er, stottere unverständlich leise einige Sätze heraus, bleibe dann plötzlich völlig verwirrt stehen und reize gerade dadurch wieder die ganze Klasse zum Auslachen. Man käme nie dahinter, was er eigentlich und ob er überhaupt etwas wisse.

Fritz spiele immerzu den Klassen-Hanswursten. Er sei tatsächlich witzig, habe Humor, sehe immer sofort den Ansatzpunkt dafür und platze dann mit einigen Bemerkungen dazwischen. Er bekomme immer die Lacher auf seine Seite. Schade, daß dieser Junge seine wirklich vorhandenen Fähigkeiten und seine lebendige Intelligenz nicht am richtigen Platz verwende. Schulerfolge sehr gering.

Gerhard, Sohn aus gutem Hause, wirklich sehr begabt, arbeitet nur so lange, wie der Lehrer sich ausschließlich mit ihm allein beschäftigt. Wird von ihm eine selbständige Arbeit innerhalb der Klasse oder auch nur ruhiges Mitdenken verlangt, versagt er sofort. Er arbeitet dann nur außerordentlich flüchtig und schlampig oder schwätzt und tändelt oder liest und zeichnet heimlich unter der Bank.

Max ist Schulschwänzer. Gar kein besonders schlechter Schüler, fehlt er immer wieder einmal mehrere Tage. Versucht man mit ihm in ein Gespräch zu kommen, schweigt er verschlossen.

Hans ist immerzu in irgendwelche Händel mit Mitschülern verwickelt. Fast täglich kommen Klagen, von außen her an die Schule herangetragen, daß er sich wieder mit einigen geprügelt und dabei sich wirklich nicht fair benommen habe.

Dazu kommen »notorische Lügner«, Faule, die keine Aufgaben machen, Diebe, die den Nachbarn in der Schule bestehlen, Ehrgeizlinge, Sprachgestörte, die Ewig-Vergeßlichen usw.

Wenn wir einen Versuch machen, uns über dieses Durcheinander eine Übersicht zu verschaffen, dann sehen wir, daß die Schwierigkeiten hauptsächlich unter drei Gruppen fallen:

1. Schwierigkeiten, die vom Schüler zum Lehrer bestehen,
2. Schwierigkeiten, die vom Schüler zum Mitschüler und zur Klasse bestehen,
3. Schwierigkeiten, die im Kind bestehen und ihm nicht ein richtiges Verhalten zum Arbeiten, zum Stoff ermöglichen.

Wir wollen uns nun aus jeder Gruppe einige Beispiele ansehen, und ich möchte versuchen, daran zu zeigen, wie man in den einzelnen Fällen dabei mithelfen kann, daß die Schwierigkeiten kleiner werden.
1. Schwierigkeiten mit dem Lehrer:

Fall 1
Bei Übernahme einer neuen Klasse fehlt der Schüler Max B. Auf Befragen berichten seine vierzehnjährigen Mitschüler, er sei ein Rebell, der den Lehrer bis aufs Blut ärgere, er schwänze die Schule, er habe schon gestohlen, er sei schon einmal in den Wald durchgebrannt, er habe seinen Vater wegen Kindsmißhandlung angezeigt (der sei dann auch bestraft worden), er habe schon oft auf Bahnhofsaborten übernachtet, er habe schon eingebrochen, wäre auch ein Jahr in Fürsorgeerziehung gewesen, hätte sogar den Herrn Schulrat eine fette Sau genannt usw.

Wenn wir diese Aufzählung hören, so entsteht irgendein Bild in uns. Ich nehme an, daß Sie, meine Zuhörer, sich ein ziemlich schlechtes vergegenwärtigen. Der nun noch ganz Unbekannte hat einen Steckbrief bekommen, der ihn sicher an wirklichem Tatsachenmaterial schildert.

Wir dürfen aber dabei nicht übersehen, daß dies nur die eine Seite – seine öffentliche in der Schule – ist.

Wenn wir uns nun nur moralisch verhalten, dann sind wir schon von vornherein ablehnend, denn – damit bin ich mit Ihnen vollkommen einig – ein solches Verhalten entspricht nicht dem, was wir von einem Schüler erwarten.

Wenn wir helfen wollen, müssen wir uns – trotz dieser Schwierigkeiten – zu einem anderen Standpunkt durcharbeiten. Ich habe nun – da ich seit über dreißig Jahren in dieser Arbeit stehe – immer ein brennendes Interesse, dahinterzukommen, warum ein Münchner Bub von vierzehn Jahren sich gerade so verhält.

Durch die Erfahrungen mit schwererziehbaren Kindern weiß ich, daß es kein Kind gibt, das sich, nur »um böse zu sein« und nur »um den Lehrer zu ärgern«, in dieser merkwürdigen Art benimmt.

Am vierten Schultag kam er. Der Unterricht hatte schon begonnen, da wird plötzlich die Türe aufgerissen. Ohne den Lehrer zu beachten, tritt er ein, wirft die Tür ins Schloß, grinst der Klasse zu, begrüßt ungezwungen seine Freunde (ebenfalls ziemlich schwierige!): Servus Hanse, Servus Fritze, winkt ihnen zu, geht künstlich ungezwungen durch den Mittelgang der Klasse und setzt sich triumphierend und geräuschvoll in die letzte Bank.

Er ist klein, gedrungen, nicht besonders kräftig, das Gesicht voller Sommersprossen. Er guckt den Lehrer herausfordernd und zufrieden lächelnd an.

So sehr ihn noch vor drei Tagen viele angeschwärzt hatten, so sehr stehen sie nun wieder alle unter seinem Bann. Der – das muß ihm selbst ein Musterschüler lassen – hat Schneid! Viele Augen sind auf den neuen Lehrer gerichtet. Was wird geschehen?

Ja, was wird nun geschehen? Was kann überhaupt geschehen? Was muß in so einem Fall geschehen?

Wahrscheinlich denkt jeder Lehrer in solch einem Fall zunächst an eine exemplarische körperliche Züchtigung. Das ist doch eine Unbotmäßigkeit, die aus dem Rahmen fällt und wirklich eine energische Strafe erheischt.

Diese Überlegung stellt auch dieser Lehrer an, aber es fiel ihm gleichzeitig ein, daß die Mitschüler berichtet hatten, daß er den Lehrer meistens schon früh nach Unterrichtsbeginn so reizt, daß der sein volles, ihm zugebilligtes Strafmaß weggibt, und daß dann Max sehr oft bemerkt hatte: »Mehr als sechs Schläge dürfen Sie nicht geben an einem Tag. Jetzt kann ich tun, was ich will. Jetzt bin ich vogelfrei.« Und daß er dann sehr oft seine Unbotmäßigkeiten fortgesetzt hatte.

Zweitens sah er gleichzeitig plötzlich, daß ja dieser Junge wirklich schon sehr viel bestraft worden war und das – so werden auch Sie, meine Zuhörer, zugeben müssen – mit offenbar recht geringem Erfolg. So verwarf er diese Maßnahme.

Außerdem war in die Augen springend, daß dieser Bub in einer ausgesprochen feindlichen Absicht dem Lehrer entgegentrat. Warum tut ein Kind so etwas? Meint es, das müßte man so halten? Sprechen seine Erfahrungen dafür, daß alle Lehrer Feinde der Schüler sind?

Nach diesen Überlegungen versuchte der damals noch junge Lehrer einen neuen Weg:

Er sagt ruhig und freundlich: »Du bist wohl Max B.? Wir kennen uns ja noch nicht. Ich bin der neue Lehrer. Wir müssen ja nun ein Jahr zusammenarbeiten. Komm einmal her, wir wollen uns doch auch begrüßen.« Und dann geht er langsam den Mittelgang hindurch auf Max zu.

Der ist zunächst sehr verblüfft. Verwundert betrachtet er den neuen Lehrer. Zögernd steht er auf – nun nicht mehr so triumphierend – geht dem Lehrer zwei Schritte entgegen und begrüßt ihn mit einem Händedruck. Dann geht er ziemlich ratlos auf seinen Platz zurück und setzt sich diesmal wesentlich weniger geräuschvoll.

Die Klasse atmet auf und braucht einige Zeit, sich wieder auf die Arbeit zu konzentrieren. Im Verlauf der Rechenstunde wird Max aufgerufen und gibt die erwartete Antwort. Wieder neues Erstaunen bei der Klasse. Max starrt den ganzen Tag den Lehrer ausdruckslos an.

Würde er an ihm nur das geringste Zeichen eines Triumphes entdeckt haben, so würde er sofort wieder die feindselige Haltung angenommen haben. So aber war er zunächst ratlos und beschloß – wie er selbst viele Jahre später mir einmal erzählte –, den Lehrer scharf aufs Korn zu nehmen und zu beobachten. Er ging auf einen Warte-, auf einen Beobachtungsplatz. Was ist der neue Lehrer für ein Mensch?

Ich weiß nicht, wie Sie, meine Zuhörer, nun auf diese Erzählung reagieren. Jedenfalls war sich der neue Lehrer sehr bewußt, daß er mit diesem Anfang den Jungen nicht von einem Saulus in einen Paulus verwandelt hatte. Mit einem solchen Anfangserfolg wird kein Vertrauen gewonnen und wird kein Rebell gemeinschaftsfähig. Aber es wurde die Klippe umschifft, die eine neue Reihe von Feindseligkeiten hätte eröffnen können.

Max erzählte mir einmal später – als er schon ein ganz anderer geworden war – wie tief ihn gerade dieses Erlebnis getroffen habe. Durch seine genauen und scharfen Beobachtungen, die diesem folgten, lernte er den Lehrer erst kennen und kam auf diese Weise zu einem lebendigen Kontakt mit ihm. Er sah, daß es dem Lehrer wirklich darum zu tun war, mit der Klasse in Freundschaft auszukommen. Er sah, daß er sich mühte, auch zu ihm ein Verhältnis zu finden und sperrte sich immer weniger. Freilich hat es doch noch ein halbes Jahr lang gedauert, bis er sich wirklich eröffnete und ihm dann einmal seine ganze Lebensgeschichte berichtete. Ich kann sie Ihnen hier nicht wiedergeben, weil einfach dafür die Zeit fehlt, aber ich muß doch sagen: der Bub war nicht unrecht, wenn er bei sich dachte: die Menschen, wenigstens oder besonders die Erwachsenen, sind nicht vertrauenswürdig: ein strenger, überstrenger Vater; eine müde, verbrauchte, ewig quängelnde Mutter; eine große Schwester, die ihn immerzu verklagte und Vater und Mutter gegen ihn hetzte; eine Reihe von Lehrern und Religionslehrern, die ihn immer vor der Klasse herabsetzten und ihm für das fernere Leben die schlimmsten Dinge prophezeiten. Sein Leben bestand aus Angst, aus Hunger, Vernachlässigung, Prügel, Beschimpft-Werden, Verachtung.

Was wären wir wohl für Menschen geworden, wenn unsere Kindheit so ausgesehen hätte?

Das, was auch aus Max, dem Rebell, im Verlauf dieses Schuljahres einen umgänglichen Schüler machte, war weniger eine psychologische Untersuchung, als einfach die menschliche Haltung des Lehrers. Max sah schließlich immer deutlicher, daß er, der unzugängliche Rebell, im Grund ein unglückliches Kind sei. Bisher hatte er keine Gegenliebe gefunden. Er war immer Stein des Anstoßes gewesen und niemand hatte ihm geholfen, aus dieser Haltung herauszufinden. Strafen, Beschämungen usw. wurden ausgiebig verteilt. Aber waren solche Erziehungsversuche nicht dazu angetan, den Jungen noch immer tiefer in seine gemeinschaftsfeindliche Haltung hineinzutreiben?

Vielleicht haben Strafen manchmal einen Sinn; aber da, wo sie, meist noch dazu mit ganz ruhigem Gewissen und mit der festen Überzeugung gegeben werden, daß es sich hier um eine außerordentliche Unbotmäßigkeit handelt, gerade bei diesen Kindern sind sie ausgesprochenes Gift. Der Erzieher sollte nicht das Odium des Strafenden bekommen. Er sollte immer seine Bereitschaft fühlen lassen und spüren lassen und immer wieder zeigen, daß er auch an einem solchen Schüler interessiert ist und gerne weiterhelfen möchte.

In diesem Fall gab es noch viele Belastungsproben. Es gab Rückfälle auch nach wirklich verheißungsvoll verlaufenen Zeitspannen. Einmal kam ein recht unerfreulicher Diebstahl auf. Aber der junge Lehrer hielt durch. Er verzweifelte nicht an den Rückfällen, sondern bewies sogar da noch seinem Schüler Max, daß er auf dem Wege der Besserung sei, denn: die Zeitabstände zwischen den Rückfällen vergrößerten sich. Und auch das – ich möchte darauf noch einmal ganz ausdrücklich hinweisen – bedeutet eine Weiterreifung zum Richtigen, wenn es auch in der Praxis fast nie so angesehen wird.

Zusammenfassend möchte ich erstens sagen: Dem Feind mit Feindschaft begegnen, heißt: ihn in der Feindschaft bestärken. Und zweitens: Was böse ausschaut, ist oft nur eine auf einem schweren Schicksal aufgebaute Abwehrhaltung.

Fall 2

Ein Schülerfall, der ganz anders lag und dessen Schwierigkeiten einerseits zum Lehrer, andererseits aber stark schon zur Klasse bestanden:

Klaus fiel schon am ersten Tag auf. Überall – wo das nur möglich war – fragte er, und zwar die selbstverständlichsten Dinge. Sagen wir, es mußte eine kleine Niederschrift angefertigt werden, die besprochen war. Alle gingen an die Arbeit, nur sein Finger schnellte in die Höhe: Entschuldigen Sie, Herr Lehrer, sollen wir die Überschrift gedruckt schreiben oder bloß mit gewöhnlicher Schrift? – Verzeihen Sie, soll nach der Überschrift eine Zeile frei bleiben? – Soll man beim Anfang ein bißchen einrücken? – Er fing also, nachdem er jedesmal eine freundliche Antwort bekommen hatte, an zu schreiben. Er schrieb einige Worte, verschrieb sich, verbesserte, verwischte einiges, radierte, radierte ein Loch ins Blatt und kam dann wieder zum Lehrer: Was soll ich nun tun?

Beim Lesen aufgerufen, zuckte er zunächst zusammen, faßte sich mühsam, fand nicht gleich das richtige Wort, beteuerte, dazwischen mitgelesen zu haben, fing dann holpernd an, wurde dann sicherer und betonte dann so geziert und affektiert, daß er lautes Gelächter seiner Kameraden hervorrief.

Er war dafür bekannt, daß er jedesmal so verwirrt war, daß er die unmöglichsten Sachen nachsagte, wenn sie ihm einer zuflüsterte. Es versagte einfach das Gedächtnis, wenn er drankam, so behauptete er. Sein Versagen ging durch alle Fächer. Am stärksten kam seine Angst beim Turnen durch.

In diesem Fall handelt es sich um einen zwölfjährigen Jungen. Dem Lehrer war sofort klar, daß hinter all diesem Versagen eine große Unsicherheit stand. Was ist aber hier zu tun? Kann man einem Menschen Mut machen? Kann man einem Menschen Selbstvertrauen geben, aufreden?

Nein. Es ist auch hier so. Die Erfahrungen, die ein Kind in seinem Leben macht, sind stärker als das, was einem dann gelegentlich nette Menschen einzureden versuchen. Wer helfen will, muß verstehen. Verstehen kann man nur, wenn man ein solches Leben begreift. Wieso ist also unser Klaus zu seiner Mutlosigkeit gekommen?

Dem Lehrer steht innerhalb seiner Schularbeit nicht so viel Zeit zur Verfügung, daß er das alles umfassend erheben kann.

Der Schulbogen gab nur lakonische Auskünfte:

2. Schuljahr: Klaus ist überaus zart, nervös und unbeholfen. Sein vieles Fragen ist noch kindlich. Doch ist er sehr anhänglich und willig. Schwache Begabung.

4. Schuljahr: Klaus ist anhänglich und treuherzig. Er nimmt alle Arbeit sehr ernst. Noch sehr kindlich und in praktischen Dingen unbeholfen.

Die früheren Lehrer erzählten:

In den ersten zwei Schulmonaten hat Klaus nie laut gesprochen. Er war auffallend schüchtern. Den ganzen ersten Schultag hat er nur geweint. Bei der Klasse hieß er »Bubi«. Er sei sehr unvernünftig erzogen: die Mutter habe ihn zwei Jahre lang täglich zur Schule gebracht und wieder abgeholt. Leistungen unterdurchschnittlich, mangelhaft begabt, aber ich habe ihn trotz allem recht gern gehabt. Er ist halt noch ein richtiges Kind.

Bei mir – so sagt der zweite Lehrer – war er schrecklich an-
hänglich. Ich wohne in seiner Nähe, er ist immer mit mir zur
Schule gegangen und wieder nach Hause. Ich hatte ihn ganz
gern. Ich halte ihn für eine verzögerte Entwicklung.

Wir haben wenig Neues erfahren. Interessant war nur, daß
ihn die Mutter immer zur Schule gebracht hat. Er scheint
also ein verpäppelter Junge zu sein.

Dann fällt auf, daß ihn trotz seiner Fragerei und trotz
seiner Unselbständigkeit beide Lehrer ganz gern hatten. (Ob
die Lehrer unselbständige Kinder mehr lieben als selbständige?)

In Aufsätzen über Träume, über Jugenderinnerungen, über
Erlebnisse aller Art, über die Eltern kam allmählich ein run-
deres Bild zustande. Ein Schulbesuch der Mutter brachte neue
Einblicke, die allmählich den ängstlichen Jungen besser verstehen ließen.

Kann der Lehrer so lange warten, bis er all das beisammen
hat? Er braucht es nicht. Es gibt eine Methode, die überall
angewendet werden kann und jedes Kind fördert.

Aus der Psychotherapie ist bekannt, daß an der Wurzel
aller Fehlentwicklungen immer zwei Dinge stehen:

1. ein gestörtes Selbstgefühl (mangelndes Selbstvertrauen,
   mangelnder Mut, kein Vertrauen in die eigene Kraft, Unselbständigkeit);
2. ein gestörtes Verhältnis zu den Mitmenschen (in unserem
   Fall zu den Mitschülern und zum Lehrer, aber natürlich
   auch zu den Eltern und Geschwistern).

Die Erziehung überhaupt, und im besonderen die hier zur
Diskussion stehende Schulerziehung sollte deshalb immerzu
bestrebt sein, diesen zwei Hauptübeln zu begegnen. Einerseits muß von Anfang an alles vermieden werden, was das
Selbstgefühl schwächen und das Verhältnis zu Lehrer und
Mitschülern stören und belasten könnte, andrerseits muß alles
getan werden, was zu mehr Selbstvertrauen und zu besseren
Beziehungen verhilft. (Wie wir gleich sehen werden, stehen
Selbstvertrauen und Gemeinschaftsbeziehung in einem sehr
engen Kontakt, denn nur der, der Selbstvertrauen und Mut
besitzt, wagt sich auch an den anderen heran.)

Der Erzieher sollte deshalb nur vor *einem* Angst haben:

den Schülern Angst zu machen, und Mut und Selbstvertrauen zu drücken. Wir haben deshalb versucht, ohne Kritik (oder wenigstens fast ohne und dann immer mit einer besonders liebevoll ausgedrückten Kritik) auszukommen. Und es geht. Wir anerkennen jede Leistung. Auch an der schlechtesten wird etwas gefunden, das anerkennenswert ist und wo man merkt, daß der Schüler sich gemüht hat.

Bei der großen Kritikfreudigkeit, die unsere Zeit zeigt, wird mancher von Ihnen, meine Zuhörer, gar nicht glauben können, daß es ohne das geht. Mir wird immer wieder, wenn ich das irgendwo als Forderung aufstelle, gesagt: »Aber man muß es doch sagen, wenn etwas nicht stimmt.« Wenn man das wirklich müßte und wenn das wirklich zum Ziel führen würde, müßten wir lauter ausgezeichnete Schüler haben. Der Augenschein aber zeugt dagegen. Getadelt werden die schlechten Schüler immer wieder – bis zum Überdruß. Aber sie haben daraus nur immer weniger Freude für ihre Bemühungen gefunden. Nie wird man gelobt, sagen immer wieder alle Schüler, alle Hausfrauen und alle Angestellten (also nicht nur die Kinder!).

Wir loben also ausführlich in unseren Klassen, nicht übermäßig zwar, aber der Leistung angemessen. Nur um Ihnen allen deutlich zu machen, wie sehr wir oft diese positive Methode übersehen: Ich korrigiere natürlich auch die Diktathefte. Neuerdings aber habe ich mir angewöhnt, nicht mehr die Fehler zu zählen, sondern die richtig geschriebenen Wörter, und da war es doch für die schlechten Rechtschreiber eine ganz neue Entdeckung, daß sie neben den 20 Fehlern immerhin noch 45 richtig geschriebene Wörter erzielt hatten (übrigens war das auch für die meisten Lehrer eine Überraschung, wenn sie sich einmal versuchsweise für die positive Auswertung interessierten).

Wir stellen also immer, möglichst von der positiven Seite her, das Ergebnis fest, anerkennen bei jedem Schüler etwas. Das, was sonst bei solchen Bewertungen im Mittelpunkt steht: das Nichtgelöste, das Falsche, das Nichtgelungene wird als selbstverständlich bei einem Kind vorausgesetzt. Wir wissen doch, daß keine Meister vom Himmel fallen, daß sich alles langsam entwickelt. Wichtig ist nur, daß die Entwicklung festgestellt werden kann, daß bemerkt wird, daß es weitergeht, der Reifung, dem Erwachsenwerden zustrebt. Wenn früher die Erzieher oft glaubten, bemerken zu müssen: »Aus dir wird nie etwas werden, wenn du so weitermachst«, so sehen wir uns vor die Notwendigkeit versetzt, zu sagen: »Wenn du so weitermachst, wird aus dir ein sehr tüchtiger Mann werden! Gut, mach nur so weiter, dann wird auch das, was noch nicht gelöst ist, noch gut!«

Diese positive Methode wirkt beinahe Wunder. Erstens beim Schüler. Zum ersten Mal sieht er seine Bemühungen Früchte tragen. Er wurde gelobt, gelobt vor seinen Mitschülern. Seine Bemühung hat also wirklich etwas genützt. Er kann also tatsächlich etwas. Er ist nicht nur ein Schlamper, ein Langweiler, ein Unverbesserlicher usw., sondern man glaubt an ihn. Das strahlt auf die Arbeit zurück. Mit mehr Freude und Zuversicht geht er an die nächste heran. Natürlich wird der Erfolg größer. Das bringt neue Anerkennung. Der Fortschritt wird hervorgehoben. Neue Freude, weiterer Leistungsanstieg.

Gleichzeitig verbessert diese Anerkennung die Beziehung der Schüler untereinander. Ein bis jetzt nur beschimpfter und immerzu kritisierter Junge wird plötzlich gelobt. Da horcht die ganze Klasse auf, interessiert sich für ihn, vergleicht seinen Leistungsanstieg, erkennt ihn gleichfalls an und verstärkt so die Wirkung und kommt damit gleichzeitig in eine bessere mitmenschliche Beziehung zu dem bisher etwas von oben Betrachteten.

Die positive Methode aber wirkt gleichzeitig Wunder auch beim Lehrer. Wenn er seinen Lehrerblick mit Hilfe ihrer etwas ändert, so bemerkt er plötzlich, daß er eigentlich gar keinen Schüler mehr hat, der sich nicht bemüht. Er sieht seine Anstrengungen nicht umsonst gemacht. Er bekommt wieder mehr Freude. Er schimpft weniger, und weil er lobt, haben ihn die Kinder lieber, bejahen ihn mehr, eröffnen sich ihm mehr, und er erlebt viel mehr Sinn hinter seiner Arbeit.

Alle haben mehr Freude, alle mögen sich lieber, und trotzdem wird dies Mittel so selten angewendet. (Das gilt aber nicht nur für die Schule!)

Aber nun zurück zu unserem Klaus. Sein Lehrer wandte diese Methode an. Klaus fühlte sich bejaht, spürte das entgegengebrachte Vertrauen und faßte daher auch Vertrauen zu ihm und schließlich auch zu sich. Er wurde – obwohl er langsam war – nicht mehr angetrieben, sondern eher gebremst (er hatte ja gerade durch sein Hetzen so maßlos viel Zeit verschwendet!). Wenn er sich wieder einmal verheddert hatte, wurde die Klasse angesprochen und gebeten, ihn nicht auszulachen. Er hatte sich ja nur verheddert, weil sie ihn früher dann immer so freigebig belacht hatten. Sie wurden freundlich um mehr Geduld gebeten. Und sie sind darauf eingegangen. Auch das entlastete Klaus wiederum. Natürlich wurden nun auch die Erfolge, die Klaus errang, zum Teil der Klasse zugeschoben. Sie haben alle mitgewirkt und werden weiter mitwirken, bis unser Klaus genauso ein guter und selbstverständlicher Schüler ist, wie die andern. Daß es mit ihm voranging, das haben sie ja alle gesehen! Das verstärkt wieder die Beziehung und das Interesse. Sie verhalten sich interessierter und mitmenschlicher und üben dabei sich alle im Einfühlen. Auch für Klaus bedeutet das eine Lösung seiner Angst vor den anderen.

Aber nun will ich noch einiges mitteilen, was das Verständnis für Klaus erleichtert:

Er war hinter fünf Kindern im Abstand von elf Jahren geboren. Seine Geschwister fanden das nachgeborene Baby süß. Er wurde von allen sehr verwöhnt und bildete sehr bald den Mittelpunkt der Familie. Ob er lachte oder weinte, ob er einen Zahn bekam, sich zum ersten Mal aufsetzte usw., alles wurde ausführlich besprochen und belobt.

Er zeigte auch sehr bald Verstand, lief schon mit zehn Monaten und versuchte schon als Einjähriger zu sprechen. Auch späterhin lernte er leicht. Bald konnte er einige Gedichte auswendig, die er bei allen Gelegenheiten fremden Besuchern vortragen mußte. Überall erzielte er damit großes Lob.

Da starb plötzlich der Vater. Die Mutter heiratete nach einer kurzen Zeitspanne einen etwas derben Werkmeister, und wieder ein Jahr später bekam Bubi einen kleinen Bruder.

Das brachte eine große Umstellung für Klaus. Nun spielte der kleine Bruder Rolf die erste Rolle. Ihm galten die Besuche. Er wurde von den Geschwistern herumgetragen und verwöhnt. Zu Klaus sagte man: er sei nun groß und müsse selbst zurechtkommen. Er aber konnte das nicht.

Er – daran gewöhnt, daß alles sich nur um ihn drehte – war gar nicht darauf vorbereitet. Er fühlte sich plötzlich maßlos einsam und verlassen. Er fand nun plötzlich seine ganze Familie ungerecht, treulos. Sein ganzes Weltbild krachte zusammen. Angstvoll erschien ihm die Zukunft.

Eines Tages kam sein Stiefvater verbunden nach Hause. Er war von einem Hund gebissen worden. Beim Verbinden verzog der kräftige Vater vor Schmerzen das Gesicht. Bubi sah das mit Staunen und Schrecken. Von diesem Tag an ging er nicht mehr allein auf die Straße. Er machte keine Einkäufe mehr und bekam plötzlich eine ungeheure Angst vor Hunden. In der Familie nahm man das nicht weiter ernst. Man hielt es für eine vorübergehende Sache.

Nicht viel später wurde er Zeuge eines Verkehrsunfalls. Klaus sah den Verunglückten. In der Nacht träumte er schwer, bekam Fieber und phantasierte. Seine Angst steigerte sich. Er wurde nun auch noch menschenscheu, verkroch sich, wenn Bekannte kamen, wagte sich nicht mehr allein aufs Klosett.

Kurze Zeit darauf wurde er zur Schule gebracht. Wir wissen, daß er dort den ersten Tag weinte, daß er monatelang kein Wort sprach, daß er zwei Jahre lang jeden Tag zur Schule gebracht werden mußte, weil er sich allein (der Hunde und der Unfälle wegen) nicht auf die Straße gewagt hätte.

In der Schule versagte er seiner Angst wegen. Das enttäuschte die Mutter, und sie wandte sich noch mehr ab. Das ließ ihn aber immer mehr verzagen. Deshalb versuchte er wenig, um mit den Schülern in Kontakt zu kommen. Als er beim Lehrer etwas Sympathie spürt, strengt er sich maßlos an, ihn nicht zu enttäuschen. Deshalb die ewige Fragerei und die große Angst und Gehetztheit in seinen Anstrengungen.

Und wie haben wir ihm nun weitergeholfen? Der Mutter wurde die ganze Situation klar gezeigt. Sie wußte zwar alle die Details – sie hatte sie ja dem Lehrer größtenteils erzählt –, aber sie sah alles nicht im Zusammenhang. Sie sah nur, daß ihr Klaus nach anfänglich vielversprechendem Start nun auf der ganzen Linie scheiterte. Sie fühlte sich von ihm enttäuscht und wußte gar nicht, wie sehr sie ihn enttäuscht und verwundet hatte. Nachdem sie nun besser verstand, wurde auch sie für die positive Methode gewonnen. Außerdem gelang es, sie dazu zu bewegen, Klaus zu einer verständigen Gymnastiklehrerin und in einen Schwimmkursus zu schicken (ihm wurde gesagt, er müßte da noch einiges nachlernen, damit er auch ein Großer würde). In der Schule wurde er zunächst als Beigeordneter zu verschiedenen Ehrenämtern abgeordnet und übernahm ein halbes Jahr später eines allein.

Ich glaube, ich kann hier abbrechen und brauche Ihnen nicht den ganzen Gesundungsprozeß bis zum Schluß zu erzählen. Er ist im Verlauf von zwei Jahren ein brauchbarer junger Mann geworden, der heute längst seinen Platz in einer optischen Fabrik ausfüllt.

Klaus und Max waren zwei Schüler, die den Lehrer auf sehr verschiedene Art und Weise beschäftigten, der eine mit einer ausgesprochenen Feindschaft, der andere mit einer Mitleid erheischenden Übereifrigkeit und Ängstlichkeit. Beide hatten nur wenig Beziehungen zu ihren Mitschülern. Erst im Verlauf der Nachreifung gelang es, ihnen zu solchen zu verhelfen. Wie das neben dem, was wir hauptsächlich zeigen wollten, gleichzeitig begonnen wurde, haben wir gezeigt.

1. Ich möchte hier wieder einmal etwas zusammenfassen und wieder ein paar kurze Lehrsätze sagen: Jemand Mut zusprechen, geht nicht. Man muß ihn in Situationen bringen, die er bewältigt, dann wächst sein Mut. Wer auf Erfolge zurückblicken kann, wird mutig vorwärts schreiten. Wer nur Mißerfolge hinter sich sieht, kann sich trotz bestem Willen nicht mehr mit Mut nach vorwärts bewegen. Er wird versuchen, stehen zu bleiben oder wieder Baby zu werden, wie wir das eben am Klaus ganz deutlich sahen.

2. Anerkennen stärkt, während Antreiben nur lähmt.

3. Nie die Leistungen der Schüler miteinander vergleichen, sondern zeigen, daß sie sich alle bemühen.

4. Verwöhnen ist fast so schlimm wie zu strenge oder launenhafte Erziehung.

Vom Wesen des Symbols

Die biblischen Symbole des Lebensbaumes und des Lebenswassers

von Alfons Rosenberg

Wenn sich der heutige Mensch wieder in mancher Hinsicht dem Symbol und symbolischer Schau des Lebens zuwendet, wie dies z. B. in dem Wirken von Rudolf Koch, Edgar Daqué, C. G. Jung oder Karl Kerenyi zutage tritt, so mag dies in den noch immer nachwirkenden Forschungen und Intentionen der Romantik begründet sein. Wurde doch seit dem Zeitalter der Renaissance das dem christlichen Mittelalter wie dem vorhellenistischen Altertum eigentümliche Bilddenken mehr und mehr aufgegeben und statt dessen ein reines Begriffsdenken entwickelt. Damit aber wurde im Bewußtsein des Menschen die Einheit des Seins zerstört, dieses in eine Vielheit von Begriffen aufgelöst, die mehr oder minder mechanistisch oder mathematisch determiniert, durch Kausalketten zusammengehalten wurden. Den Höhepunkt dieser Entwicklung bildete Kant, der die innere und die äußere, die subjektive und die objektive Welt, das Seelische und das Kosmische voneinander trennt, dem Menschen die Autonomie der sittlichen Natur zuerkennt, aber die objektive, die kosmische Welt von dieser streng isoliert. Ist freilich auf diese Weise der Zusammenhang zwischen Seelen- und Naturwelt, zwischen Wissen und Glauben zerrissen, so ist damit die Möglichkeit symbolischen Schauens und Denkens zerstört. Denn diese beruht auf dem innigen Kontakt beider Bereiche, auf der Erfahrung von der Ineinandergefügtheit und Wechselwirkung derselben.

Die Romantik jedoch, als Gegenbewegung zum Rationalismus der Aufklärung, hatte in ihrer Naturphilosophie wiederum versucht, die von den alten Hochkulturen erfahrene und gelebte Einheit des Seins neu zu verkünden und die Thesen dieses urtümlichen, aber unvergänglichen Weltbildes als Lebensprinzipien zu erweisen: die Polarität alles Seins, das Rhythmische und die Ausdrucksfülle im Leben der Natur, das Sinn- und Bildhafte jeder Erscheinung. In diesem Zusammenhang gebührt Herder das Verdienst, die Natur wieder als einen Gesamtorganismus sehen gelehrt zu haben. Nach seiner Anschauung durchdringt ein göttliches schöpferisches Leben das Universum, das in immer neuen Formen und Typenreihen sich entfaltet. Goethe führt diese Einsicht weiter, indem er eine neue anschauliche Natur- und Lebensbetrachtung begründet, innerhalb deren er eine unlösliche Verwobenheit von Form- und Geisteskräften wahrnimmt. »Natur hat weder Kern noch Schale, alles ist sie mit einem Male«, diese zentrale Erkenntnis seiner Lebensschau hält er als Antwort dem Rationalisten Nicolai entgegen, der echt kantisch formuliert hatte: »Ins Innere der Natur dringt kein erschaffner Geist.« Mit anderen Worten: Für Goethe ist die »Schale« der Natur, ihre Form und Erscheinung, nicht von ihrem »Kerne«, nämlich der schöpferischen formgebenden Kraft des Geistes zu trennen. Wer die »Schale« umfängt, wird zugleich auch des »Kernes« inne, wer die Form schaut, dem tritt auch zugleich ihr Gehalt, ihre Bedeutung entgegen. Auch für Novalis stehen Form und Geist, Leib und Seele in der Beziehung nach der Weise eines Mysteriums, denn: »Das Äußere ist ein in Geheimniszustand erhobenes Innere« – es ist sichtbar, anschaubar gewordener Geist. Am Sichtbaren, dem Äußeren, leuchtet das Geheimnis des Inneren auf. Aus dieser Gesinnung sind Goethe wie die Romantiker zu den Begründern der modernen Ausdruckskunde und -deutung geworden.

Auf dieser »romantischen« Anschauungsweise beruht aber auch die symbolische Erfassung des inneren und des äußeren Lebens, jene Weise, den Sinn im Sinnlichen wahrzunehmen und am Rhythmus oder an der Gestalt einer Lebenserscheinung die Bedeutung derselben abzulesen. Denn da die Natur nicht ohne den ihr innewohnenden Geist erfahren werden kann, diese also gewissermaßen das Medium des Geistes ist, bildet sie auch seine »Sprache«. Andererseits ist die Welt der Seele, das Innerliche, keine abstrakte und stumme; ihr ist ein Sinnliches eingeboren, durch das sie sich wie die Natur zu »äußern« vermag, eine lebendige unaufhörliche Bildkraft –

die Bildkraft der Seele. Wie auch schon der noch lallende
Mund des Säuglings auf die Erzeugung der geistesgewirkten
menschlichen Sprache hin gestaltet ist, so ist die Seele auf die
Erzeugung, die Zeugung bedeutungsgeladener Bilder – als auf
eine Sprache und ein Mitteilungsvermögen des Innern hin angelegt. Diese Anschauung vertritt in besonders nachdrück-
licher Weise der romantische Psychologe und Naturforscher
G. H. von Schubert (1780–1860) in seiner »Symbolik der Natur«, wenn er sagt: »Von jenen Bildern und Gestalten, deren
sich die Sprache des Traumes, so wie die der Poesie und der
höheren prophetischen Religionen, öfters als Worte bedienen, finden wir die Originale in der umgebenden Natur, und
diese erscheint uns schon hierin als eine verkörperte Traum-
welt, eine prophetische Sprache in lebendigen Hieroglyphen-
gestalten.« Schubert vergleicht die Natur »einer Traumred-
nerin, welche überall nach derselben innern Notwendigkeit, nach demselben bewußtlosen (d. h. unbewußten) Triebe wirke, weshalb ihre Gestalten, ihre mannigfachen Geschlechter und Arten den Bildern unsrer Träume
gleichen, die an sich selber unwesentlich, erst durch das, was
sie bedeuten, was sie darstellen, Sinn und Wesenheit erhalten«. Schubert nimmt demnach eine geistige Bedeutung der
Natur an, die im Menschen zwar zu Bewußtsein gelangt, die
aber nicht als seine nur subjektive Erfindung anzusprechen
sei. Denn die Natur stellt nach seiner Anschauung eine ursprüngliche Bildersprache dar: »Die uns umgebende Natur in
allen ihren mannigfaltigen Elementen und Gestalten erscheint
hiernach ursprünglich als ein Wort, eine Offenbarung Gottes
an den Menschen, deren Buchstaben (wie denn in dieser
Region alles Leben und Wirklichkeit hat) lebendige Gestalten
und sich bewegende Kräfte sind.« Der kühne, die Einheit des
Seins wiederherstellende Gedanke Schuberts ist es jedenfalls,
daß die Natur zugleich eine Naturbildersprache darstellt, in
deren Mittel »sich die Gottheit ihrer Propheten und andern
gottgeweihten Seelen von jeher geoffenbart hat, jener Sprache, die wir in der ganzen geschriebenen Offenbarung finden
und welche die Seele als die ihr ursprüngliche und natürliche,
im Traum, und in den hiemit verwandten Zuständen der
poetischen und pythischen Begeisterung redet«.

» Jene Bilder- und Gestaltensprache, deren sich das geistige

Organ der ursprünglichen Sprache im Traum und in der poetischen und prophetischen Begeisterung bedient«, ruht demnach im Grund der Natur, wie sie andererseits im Menschen
als seine Mitgift präformiert ist – die Seele ist von Rhythmen
durchpulst und ihr Leben von Bildern und Gestalten bewegt.
Aber Schubert geht noch einen Schritt weiter. Es gibt, um
Wesensbezüge auszudrücken, Seinszustände zu umschreiben,
Lebensprozesse anschaulich zu machen, das verborgene Leben
der Seele ins Bewußtsein zu heben und um göttliche Einspre-
chungen zu artikulieren, nur *eine* angemessene Sprache: jene
Bild- – wir könnten auch sagen: Sinn-Bild- oder Symbolsprache, die er Naturbildersprache nennt, die gleicherweise
von der Natur wie von der Seele »*gesprochen*« wird.

Dieser Ganzheitsschau der Natur tritt die Anschauung einer
rationaleren Richtung entgegen mit der Behauptung, daß
diese Naturbildersprache der Symbole und Mythen nur dem
frühgeschichtlichen Menschen eigen gewesen sei, daß sich der
Geist nur auf seiner Frühstufe in mythischen Symbolen und
intuitiven Bildgedanken gleichsam träumend ergangen habe.
Doch die gegenwärtige Erfahrung lehrt, daß auch heute noch
der Mensch unwillkürlich jene Bildsprache spricht, z. B. im
Traumleben, in der Dichtung, sogar noch in der Politik, der
Reklame und im Film. Ebenso ist die Heilige Schrift in dieser
Naturbildersprache geschrieben, was infolge der lange vor-
herrschenden Begriffstheologie vergessen wurde. In unseren
Tagen ist dies im positiven Sinne z. B. durch Alfred Jeremias,
im negativen durch Bultmann wiederentdeckt worden.

So ist auch heute noch die Bilder- und Symbolsprache neben
der wissenschaftlich-abstrakten das wichtigste Mitteilungsmit-
tel des Menschen. Die moderne Tiefenpsychologie hat zu deren Erforschung Wesentliches beigetragen, ja sie hat erst wieder eine Weise des Verstehens dafür geschaffen. Im gleichen
Sinn wie Schubert weist darum C. G. Jung darauf hin, daß
diese Menschheitssprache, weil in den Erfahrungen des kollektiven Unbewußten begründet, dem Menschen eingeboren
sei, daß ihre Figuren in der Seelentiefe praeformiert seien. Die
Seele sei so strukturiert, daß sie Naturformen in innere Bilder zu verwandeln befähigt sei. Sie bediene sich dabei der
sogenannten »Archetypen«, das sind Urbilder des Seins, die
als Bildform in der Seele eingeprägt sind. Sie wirken struk-

turbildend ebensowohl in den Bewegungen der Seele wie andererseits im Formtrieb der Natur selbst. Sie können daher keinesfalls zurückgeführt werden auf geschichtliche oder vorgeschichtliche Mythen und Symbole, die aus dem Wachbewußtsein abgesunken seien. Vielmehr müssen sie als durchaus autonome Mächte angesehen werden.

Die archetypischen Bilder des Traum- und Wachlebens steigen, wie die Erfahrung zeigt, in der Seele auch *ohne* entsprechende Natureindrücke auf: sie sind aufzufassen als angehörig einem *autonomen Reiche der Urbilder;* von ihm her wird menschliches Handeln und Imaginieren der äußeren Zufälligkeit ebenso wie der inneren Willkür entzogen.

An eine solche archetypische Struktur der gesamten Schöpfung denkt auch Origenes in seinem Hohelied-Kommentar:

»Diese sichtbare Welt enthält einen Unterricht über die unsichtbare Welt, der irdische Bestand faßt in sich gewisse ›Gleichnisse der himmlischen Dinge‹, damit wir von den Dingen, die unten sind, Schlüsse zu ziehen vermögen auf jene, die im Himmel sind. Nach dem Bilde der himmlischen Dinge gab der Schöpfer den irdischen Geschöpfen eine gewisse Ähnlichkeit, aus der ihre Mannigfaltigkeit leichter zusammengefaßt und durchschaut werden könnte. Und vielleicht hat Gott, wie er den Menschen ›nach seinem Bild und Gleichnis schuf‹, so auch den übrigen Geschöpfen die Ähnlichkeit mit himmlischen Urbildern gewährt ... und so kann man auch von allen andern Dingen annehmen, seien es Samen, seien es Wurzeln oder Tiere, daß sie zwar auf der einen Seite den Menschen einen leiblichen Nutzen und Dienst gewähren, andererseits aber Gestalt und Bild des Unsichtbaren enthalten, aus denen die Seele angeleitet werden kann, auch die himmlischen und unsichtbaren Dinge zu schauen.«

Origenes weiß also, daß dem Menschen wie der gesamten Schöpfung realisierbare, darstellbare Bildkraft eingeboren ist, deren Elemente wiederum auf transzendente Urbilder bezogen sind. Die ganze Natur ist demnach nicht als Projektion, sondern ihrem Wesen nach als symbolträchtig zu verstehen, so wie der Mensch seinem Wesen nach symbolfähig.

Was jedoch ist unter Symbol zu verstehen? Das griechische Wort, das dem deutschen zugrunde liegt, bedeutet zusammenwerfen, ergänze: zweier getrennter oder entgegengesetzter Teile. So wurde im alten Rom als Symbolon z. B. ein in zwei Teile zerbrochener Ring bezeichnet, dessen wiederzusammengefügte Bruchstücke als Erkennungszeichen zweier getrennter Freunde galten. Im Symbol werden »zusammengeworfen«: Sinnliches und Geistiges, Gestalt und Bedeutung, Offenbares und Verborgenes, Inneres und Äußeres, Oberes und Unteres. Wenn nun dem Menschen eine Erscheinung zum Symbol wird, sei es Blume, Stein, Stern oder Element, dann erblickt er – denn das Symbol hängt primär mit dem Sehen und nicht mit dem Denken zusammen – auf eine durchaus unwillkürliche, spontane Weise im Medium des sichtbaren Teils ihren Wesensgehalt und verborgenen Sinn. Im Symbol spricht jede Erscheinung ihren geistigen Gehalt und ihren Stellenwert innerhalb der Gesamtwelt aus. Freilich ist dies nicht unmittelbar möglich, denn, um mit Goethe zu sprechen: »Das Wahre, mit dem Göttlichen identisch, läßt sich niemals von uns direkt erkennen, wir schauen es nur im Abglanz, im Beispiel, im Symbol, in einzelnen und verwandten Erscheinungen; wir werden es gewahr als unbegreifliches Leben und können doch dem Wunsche nicht entsagen, es dennoch zu begreifen.«

»Symbolisch ist also ganz allgemein jenes Wissen, jener Daseinszustand, in dem das Sinnenhaft-Empirische lebendiger Ausdruck des ihm Immanenten einer höheren Wirklichkeit ist. Ein Symbol ist für uns niemals ein von außen heran gebrachtes Abbild von etwas, was kausal, phänomenal oder gegenständlich wäre. Es bezieht sich immer auf das diesen Kategorien Transzendente, auf das Unnennbare, Ungreifbare, Unbeschreibliche, was sich von innen her in ihm lebendig objektiviert. Es ist aus dem Innersten geschöpft und geschaffen, ist nur das Sinnbild für das Unaussprechliche.«

Allerdings ist jedes echte Symbol – im Gegensatz zur nur erdachten und darum eindeutigen Allegorie – durch eine Eigenart gekennzeichnet, die dem heutigen eingleisig und begrifflich denkenden Menschen ebenso schwer verständlich wie schwer erträglich erscheinen muß. Der Begriff vermag eindeutig zu sein, weil er abstrakt, d. h. von der sich bewegenden und sich wandelnden Fülle des Lebens abgezogen ist. Das Symbol aber ist innig verbunden mit dem Reichtum des quellenden Lebens, es nimmt teil an dessen Vielschichtigkeit. Zudem wohnt dem Symbol Wirkmächtigkeit inne – es wirkt unmittelbar auf das Unbewußte des Menschen, es bewirkt, was es darstellt, d. h. Symbole sind dynamische Gebilde. Was ihnen jedoch einen so fremden und widersprechenden Charakter verleiht, ist ihre Eigenschaft der Ambivalenz. Denn wie im Leben jeder Prozeß, jede Gestalt ambivalent erscheint, d. h. in bestimmten Grenzen mehrdeutig und den eigenen Gegensatz umschließend, so verhält es sich auch mit dem Symbol. C. G. Jung spricht in seinen »Paracelsica« aus, daß die Natur zweideutig sei und sich immer in Gegensatzpaaren äußere – darum, meint er, ist lebendigen Prozessen gegenüber das Symbol die einzig angemessene Ausdrucksweise, da es seiner paradoxalen Natur nach das Tertium darstelle, das es scheinbar nicht gebe, das aber gerade das lebendig Wahre sei nach der Wirklichkeit. Schon darum sei das Symbol z. B. zur Beschreibung seelischer Prozesse angemessener, weil es, anders als der Begriff, nicht nur eine Anschauung des Vorgangs, sondern auch noch ein Mit- oder Nacherleben desselben vermittle. Im Begriff wird versucht, eine Erscheinung von außen zu »begreifen«, das Symbol aber führt den Menschen in das innere Leben, in das Wesen der Erscheinung.

Wenden wir diese Anschauungen auf zwei der ältesten und grundlegendsten Symbole an, die in jeder Kultur oft miteinander verbunden sich ausprägen: den Lebensbaum und das Lebenswasser. Sie bilden gewissermaßen die Elemente einer Ursymbolik des Lebens und sind darum in ihrer Aussage weniger auf bestimmte Teile des Lebensprozesses, denn auf die Darstellung des Lebens als Ganzem gerichtet. Auch für die Symbole des Baumes und des Wassers gilt, was für die gesamte Symbolik kennzeichnend ist: ihre Zuständigkeit in drei Seinsbereichen: dem menschlich-seelischen, dem kosmischen und dem himmlischen. Die Welt, aus der Hand des einen Schöpfers stammend, spricht die gleiche »Sprache« wie der Schöpfer selbst.

Da in der Antike und im Mittelalter der Mensch noch in innigem Kontakt mit der ihn umgebenden Natur lebte, lag freilich jedem Symbol echte Anschauung zugrunde, von deren Nachwirken heute noch jede Symbolik zehrt. So war der Baum einst wirklich ein Lebensspender, d. h. Lebensbaum. Der Frühmensch hatte in ihm seine ihn vor Raubtieren schützende Wohnung, der Baum spendete ihm das Material für das

Feuer, Früchte für Hunger und Durst, Medikamente gegen die Krankheit, Holz für den Einbaum – er war ihm Grabstätte der Toten, ja aus den Orakelbäumen ertönte sogar die göttliche Stimme der Weisung. So war der Baum dem Menschen eine unaufhörlich spendende, nährende Mutter, die für ihren Dienst dem Menschen keine Gegengabe abforderte. Aus dieser Erfahrung galt und gilt der Baum als ein positiv mütterliches, als ein urweibliches Symbol. Als Weltenbaum ist er zudem der Inbegriff der gesamten Schöpfung, die sich zu dem Gottschöpfer, als dem »Männlichen«, weiblich-empfangend verhält. Dies wird in den babylonischen und assyrischen stilisierten Darstellungen des Lebensbaumes deutlich: dort schwebt häufig die geflügelte Gottessonne, die den siebenästigen Baum (sechs Äste und ein Blütenbüschel) mit Lichtsamen befruchtet, während zwei Genien als die Mittler dieses Prozesses oder als »Gärtner« mitwirken. Diese Siebenteiligkeit des Lebensbaumes bildet noch heute in den Darstellungen der Bauernornamentik und der Volkskunst die Grundgestalt des Baumes. In dieser Siebenheit bildet sich der Rhythmus des wachsenden Lebens ab, der auch das Weltbild der Hl. Schrift so grundlegend beherrscht. In der Hasmonäerzeit findet sich der siebenästige Lebensbaum auf jüdischen Münzen, und er wird schließlich in der stilisierten Gestalt des siebenarmigen Leuchters (der im Alten Testament als Mandelbaum mit Blättern und Blüten geschildert wird) das eigentliche Symbol des spätantiken Judentums und seines Sendungsbewußtseins.

Immer aber ist der Sinn des Lebensbaumes die Darstellung leiblicher und geistiger Fruchtbarkeit, mütterliche Spende von Frucht und Leben, das von Gott besamt, ins Dasein hineingeformt wird. Das will besagen: im Lebensbaum wirken Gott und Natur zusammen, worauf auch die Zahl Sieben, die so eng mit diesem Symbol verbunden ist, durch ihre Verbindung von Drei, dem Göttlichen, und Vier, der Natur, hinweist. Diese Einsicht schimmert auch im biblischen Lebensbaum durch: der Genuß seiner Früchte führt zur Vergottung. Aus dieser Sicht wurde den Kirchenvätern der Lebensbaum transparent auf das Christusmysterium hin. Stammt doch im christlichen Mythos das Holz des Kreuzes vom Lebensbaum ab: es ist der wiederergrünte Paradiesesbaum. In einer anderen Sicht der Deutung dieses Symbols erscheint aber das Kreuz als Sinnbild Marias: dann erscheint Christus als die Frucht, die am Lebensbaum gereift ist. Darum ist auf altchristlichen Elfenbeintäfelchen mit den Darstellungen der Verkündigung durch den Engel Gabriel an Maria dieser immer der Lebensbaum beigesellt. Maria gleicht dem Baum, der durch göttliche Besamung fruchtbar werden soll, die lebenspendende Frucht aber ist Christus. In den Darstellungen des Jesuskindes auf dem Schoß seiner Mutter hält der Knabe oftmals die Frucht in Händen oder bietet sie dem Betrachter an (»welcher mich ißt, wird leben«). Im Mittelalter wird sodann das Kreuz vielfach als Baum dargestellt. So wächst z. B. auf dem Mosaik zu St. Clemente in Rom das Kreuz als Mittelstamm einer mächtigen Akanthuspflanze empor; in ihm bergen sich die Seelen-Vögel, die in Analogie zu den natürlichen Vögeln, im Kreuz-Baume Zuflucht und Nahrung finden.

Im Symbol des Lebensbaumes wird das Wachsende sichtbar, die Ausfaltung des Keimes zur Fülle und Gestalt des Baumes, der von der Erde zum Himmel ragt. Denn der Baum wächst von unten nach oben dem Lichte zu, er empfängt die Kräfte aller Elemente als den Samen der Schöpfung und verwandelt sie in Frucht und Lebensspeise. Er ist das Bild der schutzspendenden und gebärenden Mutter, des allumfangenden, hingegebenen Weiblichen.

Eine geradezu entgegengesetzte Seite des Gesamtlebens stellt sich jedoch im Symbol des Wassers dar. Es ist das Bild des »Unteren«, Verschlingenden, Dunklen und Unergründlichen; auch dies ein mütterliches Prinzip, aber in der Bedeutung des verschlossenen Schoßes, der gestaltlosen Möglichkeit der Fruchtbarkeit: – das Bild der »verschlingenden Mutter«. Die Schöpfung ist der Schrift nach (Genes. 1, 2) aus einem dunklen wässerigen Urchaos entstanden, in dem die Kirchenväter das Urbild des gestaltfeindlichen, gottwidrigen Drachens erblickten. Nach der Auffassung der Schrift ist das Wasser das Drachenelement – in seiner Tiefe haust der Leviathan – die Ströme werden Schlangen und Drachen genannt – der Pharao ein zwischen den Nilarmen hausender Drache. Der apokalyptische Drache speit als Vernichtungswaffe sein eigenes Wesenselement, das Wasser, aus. Im Wasser als dem vernichtenden, gestaltauflösenden Element ertränkt Gott in der Sintflut die vielgestaltige Fülle des Lebens. Der mit Wassermacht hereinbrechende Drache ist der Feind Gottes, dessen Werk es ist, die Häupter der Drachen auf dem Wasser zu spalten. In der Wassertiefe, dem Abyssus, dachten sich die Väter den Satan wohnhaft und in der Bildtheologie des hortus deliciarum der Äbtissin Herrade von Landsberg angelt Gott, mit Christus als Köder, den Satan aus der Wassertiefe. Noch immer umgeben die zehrenden und nagenden Gewässer der Meere die Inselkontinente der Erde, auf denen allein freies, bewußtes, gottzugewandtes Leben möglich ist. Wie eine Riesenschlange oder eine Drache umringeln die Gewässer die fruchtbare Erde.

So ist das dunkle Wasser der größte Gegensatz zum grüngoldenen Baum des Lebens; dort Gestaltlosigkeit und Chaos aller Möglichkeiten – hier die schöne, wohlabgegrenzte Gestalt von Verzweigung, Blüte und Frucht. Auch in der Symbolik der Tiefenpsychologie bedeutet das Wasser die abgründige, auch zuweilen saugende Region des Unbewußten, das unerlöste, auf Befreiung harrende Gestaltfülle in sich birgt, während der Baum das zeugende und gebärende Prinzip der Gestaltwerdung vertritt. Freilich kann der Baum nicht ohne die Benetzung durch das dämonische Element des Wassers, wie das Bewußtsein nicht ohne den Kontakt mit dem Unbewußten wachsen und fruchtbar werden. Jedoch beide Lebensbereiche, die sich in den Symbolen von Baum und Wasser aussprechen, bedürfen einer Einwirkung von oben, d. h. aus dem Geiste: der Baum wird durch den göttlichen Sonnensamen fruchtbar – und andererseits dringt das Schwert des Geistes in die egozentrische Verschlossenheit und Dunkelheit des Wassers erhellend ein, so daß aus ihm das Licht – auch das Licht des Bewußtseins – hervorzugehen vermag. Auch im Neuen Testament erscheint das Wasser als das dunkle und untere, als das wandlungsbedürftige Element. Es erscheint darum als Symbol des Grabes und des Sterbens, besonders im Mysterium der Taufe, die ja einst als Untertauchen des ganzen Leibes vollzogen wurde. Das Wasser wird so zum Grab der alten Kreatur und zugleich zum Uterus der Wiedergeburt, wie dies die Weiheformeln der rituellen Taufwasserweihe heute noch bezeugen. Darum umspannt der Akt der Taufe die Polarität von Tod und Auferstehung, Sterben und Wiedergeburt. Das Wasser in Wein zu verwandeln, wie es auf der Hochzeit zu Kana geschah, heißt darum nichts anderes als das Todeselement in einen Lebensquell verwandeln. Auch das Wandeln Christi auf dem Wasser hat die symbolisch-reale Bedeutung von Todesüberwindung, so wie durch die Fußwaschung der Staub der Füße – das »Untere«, Sündige, Unreine, Todverfallene des Menschen in die Dunkelheit des Wassers hinabgeschwemmt wird.

Erst wenn das Wasser »geteilt« wird, entströmen ihm lichtere Gestalten. Dann erscheint es in der Quelle als Symbol der Jungfrau, als das »ans Licht« getretene, reine, ungetrübte Leben, und im Fluß als Mann, aus dessen Amphora das erdbefruchtende Naß quillt. Auf den frühen Bildern der Taufe Christi ist diesem meist eine männliche Gestalt, aus dem Wasser auftauchend, beigegeben: der Jordan als eine dem Heilsmysterium beipflichtende Naturmacht.* Doch erst in den Gesichten der Erfüllung der Apokalypse breitet es sich als Himmelsozean des Kristallmeeres um den göttlichen Thron aus, unter dem der Urquell des Lebens hervorsprudelt, die Gassen der himmlischen Stadt erfüllend und die allfort fruchtbaren Lebensbäume tränkend: aber nun im Lichte des Lammes entgiftet, durchlichtet und erlöst. (Erlösung des Kosmos.) So umspannen die Ursymbole von Baum und Wasser die Bezirke von Leben und Tod, Geburt und Grab, Fruchtbarkeit und Verschließung des Schoßes, Hingabe und Gehemmtheit, Ernährung und Fest, Progression und Regression, Fall und Erlösung, und zwar – wie immer in der Symbolik – drei Seinsbereiche umfassend und ausdeutend: den seelischen Bereich, das Kosmische und die himmlische Welt.

---

* Auf einem Mosaik in Ravenna bildet dieser sogar die gekrönte Gegenfigur zum Täufer Johannes. Als Sinnbild und Repräsentant der ganzen »unteren« Natur begrüßt dort der Jordan Christus mit dem Gestus der Akklamation.

Das Schuldproblem in theologischer und tiefenpsychologischer Sicht

von Adolf Köberle

Mit dem Schuldproblem stehen wir an der Stelle, wo sich Psychotherapie und christliche Seelsorge besonders nah begegnen, wo aber zugleich auch die Diskrepanz zwischen den beiden Fakultäten besonders deutlich aufzubrechen droht.

Gegenüber einer rein naturwissenschaftlich eingestellten Medizin haben Psychotherapie und Theologie das eine unmittelbar miteinander gemeinsam: man weiß in beiden Bereichen in Klarheit darum, daß Schuldkonflikte ein Leben ungeheuer lähmen, hemmen und quälen können, ja daß dieser Zustand bis hin zu dem Ausbruch organischer Erkrankung führen kann.

Der bekannte Sozialarzt Hans Kellner erzählt in seinem schönen Buch »Ein Arzt erlebt die Industrie« (S. 22 f., Stuttgart 1949), wie ihm eine junge Arbeiterin vorgeführt wird mit einem völlig erstorbenen, bewegungsunfähigen Arm. Es ist bereits alles Mögliche versucht worden, den Schaden zu heilen. Man hat elektrische Ströme durch den Arm gejagt, hat ihn gebadet, massiert, mit Heißluft behandelt, und doch hat sich keinerlei Besserung gezeigt. Da wagt es Dr. Kellner mit der Psychotherapie, nachdem die Orthopädie versagt hat. Nach langen Widerständen bricht die tiefe Wunde im Leben der Frau auf. Sie hat den früher gesunden und jetzt kranken Arm einmal dazu benützt, die wachsende Frucht in ihrem Leib mit eigener Hand zu töten. Der daraus entstandene Schuldkonflikt wurde so heftig, daß sie sich vom Unbewußten her selbst bestrafte mit einer Abtötung, mit einem Absterben des Armes, der das Schreckliche begangen hatte.

Wie mächtig und real erscheint hier der Schuldkonflikt in der Arbeit des Psychotherapeuten! Wie weit sind wir hier weg von einer mechanischen Erklärung, die nur an Muskelzerrungen oder Nervenschädigungen denkt! Wie nah berühren sich in so einem Fall die tiefenpsychologische Erfahrung und das biblische Zeugnis, wenn es im 32. Psalm heißt: »Denn da ich es wollte verschweigen, verschmachteten meine Gebeine.«

Und doch dürfen wir nicht übersehen: gerade im Blick auf das Verständnis der Schuldfrage und ihre Beseitigung gehen Theologie und Psychotherapie verschiedene Wege. Wir wollen uns diese Unterschiede deutlich machen und wollen dann fragen, ob es nicht gleichwohl Möglichkeiten des Zusammenkommens im Voneinander-Lernen gibt.

Das christliche Schuldverständnis hat zur Voraussetzung, daß zwischen Gott und Mensch eine geistige Ich-Du-Beziehung besteht. Er ist unser Vater, unser Herr und Schöpfer, und wir sind seine Kinder. Gott bietet uns seine Liebe an, und er möchte, daß wir ihn wiederum von Herzen lieben. Gott beschenkt uns mit Gütern und Gaben Leibes und der Seele; all dieses Empfangene aber sollten wir ihm zurückgeben in Dankbarkeit und fruchtbarer Auswertung.

Die großen pantheistischen Religionssysteme, wie zum Beispiel der Brahmanismus oder die Bhakti-Mystik, wollen von einem solchen Gegenüber-Verhältnis zwischen Gott und Mensch nichts wissen. Nach der Schau der Identitätsmystik ist der menschliche Geist ein Teil der Gottheit selbst. Es kann hier darum eigentlich gar keine Trennung, keinen Gegensatz zwischen Gott und Mensch geben. Der Mensch ist vielleicht manchmal töricht und vermag diese Wesenseinheit zwischen Menschengeist und Gottesgeist nicht unmittelbar zu erfassen. Dann muß man ihn eben zu dieser Erkenntnis-Schau hinanführen, aber die Realität der Schuld als trennender Abstand, als bittere Last, als Verkehrung unseres ursprünglichen Seins taucht hier nicht auf.

Demgegenüber ist die christliche Wahrheit auf Grund des personalen Gegenüber-Verhältnisses in der Ich-Du-Beziehung zutiefst von der Tatsache bewegt, daß wir Menschen, zum Sein in der Liebe Gottes bestimmt, aus diesem Sein in der Liebe, aus dem Bund der Gemeinschaft herausgefallen sind und daß uns dieser Verlust an Unmittelbarkeit vor Gott mit Schuld belädt. Nach christlicher Schau und Überzeugung gibt es letztlich nur eine Urschuld. Sie besteht in dem Fahrenlassen des Vertrauens, in der Preisgabe der Kindeshaltung gegenüber Gott, dem Herrn unseres Lebens. Alles andere ist nur die Folge aus dieser Ur-Entzweiung. Wer Gott nicht mehr liebt, kann auch seinen Nächsten nicht mehr lieben. Wir tun ihm dann weh statt wohl. Wer nicht mehr in der Kommunikation mit Gott steht, wird selbstherrlich und selbstgefällig. Der Mensch neigt zur Hybris, zum hochmütigen und maßlosen Wesen, weil er nicht mehr gliedhaft dienend in den göttlichen Universalismus eingeordnet ist.

Man muß allerdings ein waches Gewissen und ein feines religiöses Empfinden haben, um sich für das Verständnis solcher Zusammenhänge innerlich öffnen zu können. Man kann die Schuld des Menschen vor Gott ja nicht messen, nicht wiegen, nicht fotografieren. Es ist nichts leichter, als darüber zu spötteln und sie für eine Erfindung der Pfaffen zu halten, die den Schuldkomplex angeblich brauchen, um die Menschheit in der Abhängigkeit von Priestertum und Kirche festzuhalten. Gleichwohl bestätigen Seelsorge und Psychotherapie gemeinsam, daß es sich bei der Schulderfahrung um eine Urtatsache des menschlichen Daseins handelt. Auch da, wo keinerlei konfessionelle Erziehung und Bindung vorliegt, kann die Verzweiflung über eine elementare Lebensschuld und Lebensverfehlung so gewaltig aufbrechen, daß sie sich nicht mehr unterdrücken oder beiseiteschieben läßt.

Im Mittelpunkt aller christlichen Verkündigung steht das Wort von der Vergebung der Sünden. Diese Botschaft hat ihren Realgrund in der Überzeugung: der ewige Gott hat sich in Jesus Christus, in einer geschichtlichen Heilandsgestalt, rückhaltlos zu uns gestellt. Es hat sich selbst hineingeopfert in unsere Welt der Sünde und des Todes. Das Zeichen des Kreuzes ist das große Unterpfand: Gott ist für uns, er ist nicht gegen uns, wieviel uns auch von ihm trennen mag durch Liebesverlust, Gottesflucht und Empörung. Aus dieser Gewißheit heraus übt die christliche Kirche die Absolution in der Beichte. Sie versteht das seelsorgerliche Handeln als die individuelle Zuordnung von Freispruch und Trost. Wir wagen es, einem verzweifelten Menschen zu sagen: Was dich auch immer bekümmern und belasten mag, wie groß und schrecklich deine Lebensschuld sein mag, du darfst das alles hinter dir lassen, du darfst es versenken in das unendliche, grundlose Meer der göttlichen Barmherzigkeit. Es gehört zu den schönsten Erfahrungen im Beruf des Seelsorgers, wenn er es dann und je erleben darf, wie durch diese persönliche Friedenszusicherung ein Mensch sich löst von Verzweiflung und Selbstzerfleischung, wie er an den alten Wunden nicht mehr herumkratzt und herumleckt, weil es ihm innerlich zur Gewißheit geworden ist: Gott hat mir vergeben, ich darf wieder Kind sein im großen Vaterhaus Gottes und darf dort frei ein- und ausgehen.

Es gibt Psychotherapeuten innerhalb *und* außerhalb des christlichen Bereichs, die mit großer Ehrfurcht erklären: gerade an dieser Stelle, was die Vollmacht der Absolution betrifft, hat der christliche Seelsorger einen Auftrag zu verwalten, der weit über das hinausreicht, was der Psychotherapie zusteht und möglich ist. Wie denn auch immer Bedeutung und Wert der psychotherapeutischen Praxis einzuordnen und zu beschreiben wäre, an *dieser* Stelle würde sie zurücktreten vor einem Handeln, das um göttliche auctoritas und dignitas weiß.

Aber freilich, die Psychotherapie ist nicht immer geneigt gewesen, die Auflösung des Schuldkonflikts einfach den Theologen und ihrer Schlüsselgewalt zu überlassen. Sie hat sich selbst darum gemüht, das Schuldproblem zu bewältigen. Die Art, wie es geschehen ist, hat viel dazu beigetragen, das Mißtrauen in der Theologie gegen die Psychotherapie zu wecken und wachzuhalten. Es soll über diese Spannungen und Gegensätze freimütig gesprochen werden. Wir wollen gleichzeitig aber auch ganz offen bleiben für alle Wahrheitselemente in der Psychotherapie, selbst wenn sie uns in säkularem Gewand entgegentreten.

Die Psychoanalyse, im engeren Sinn des Wortes, so wie sie Sigmund Freud ausgebildet hat, ist der Überzeugung, daß sich all unsere Schuldkonflikte aus sexuellen Störungen und Unordnungen herleiten lassen. Da ist vielleicht ein Mensch mit seinem starken Triebleben nicht fertig geworden. Er hat über lange Zeiten hin reichlich wild onaniert, eines Tages fängt er an, sich zu quälen, er könnte die Sünde wider den Heiligen Geist begangen haben. Oder ein Kind hat wirklich einmal starke Liebeswünsche empfunden, in Form einer übermächtigen Vater- oder Mutter-Bindung und kommt davon auch als erwachsener Mensch in der Ehe nicht los. In einem solchen Fall wäre es die Aufgabe des Arztes, all die verdrängte Not nicht nur ins Bewußtsein zu heben, nein, es muß die frühere Situation, die den Schuldkonflikt hervorgerufen hat, gewissermaßen noch einmal rekonstruiert werden, wobei der Arzt die Rolle des Liebespartners, des Liebesobjekts zu übernehmen hat. Der Arzt muß bei dem Vorgang der »Übertragung« darauf gefaßt sein, daß er ebenso geliebt wird, wie die Patientin ihren Vater geliebt hat. Der Arzt muß damit rechnen, daß er ebenso gehaßt wird, wie der Patient seinen Vater gehaßt hat. Damit aber, daß all diese leidvollen Vorgänge noch einmal nacherlebt und durchgemacht werden, nun jedoch in bewußter Verarbeitung, im Unterschied zu dem früheren unbewußten, kindhaften Erleiden, kann sich eine befreiende Ablösung der Schuld vollziehen.

Es bedarf keiner Worte, wie andersartig hier die Aufhebung des Konflikts erfolgt als bei dem Vorgang der Absolution. Nach christlicher Anschauung können wir Menschen einander wohl seelsorgerlich-brüderlich beistehen, wenn einer unter dem Übermaß einer Schuld zusammenzubrechen droht. Aber Schuld beseitigen, so, daß sie nicht mehr gilt, das steht Gott allein zu. Wir können immer nur Werkzeuge und beauftragte Boten des göttlichen Vergebungswillens sein. Trotzdem sollten wir das eine von der Psychoanalyse lernen, auch wenn sie sich uns in einer religiös indifferenten Gestalt darstellt und einen Ersatzvorgang für die Absolution anbietet, der uns völlig unzureichend erscheint.

Wer einem schuldverzweifelten Menschen wirklich helfen will, der muß in eine ganz tiefe Solidarität mit dem beladenen und beschwerten Du an seiner Seite eintreten. Es muß zu einer Verbundenheit kommen, wo tatsächlich einer des andern Last trägt, einer des andern Schmutz und Elend zu seiner eigenen Sache macht. An dieser Stelle dürfte es bei uns christlichen Seelsorgern oftmals beträchtlich fehlen. Wir erheben uns wohl mit gewichtigen theologischen Argumenten über die Psychoanalye und finden, daß sie schwere dogmatische Schönheitsfehler an sich trage. Dabei ist uns diese säkulare Therapie zweifellos überlegen in der Fähigkeit zur Kondeszendenz, in der Bereitschaft zur völligen Identifikation mit dem leidenden Menschenbruder. Wie oft sitzen wir viel zu sehr auf dem Thron eines Sittenrichters! Wir entsetzen uns über den moralischen Tiefstand, der sich in einer Beichte vor uns auftut. Auch wenn wir unserer frommen Entrüstung keinen lauten Ausdruck geben, der seelisch leidende Mensch in seiner Sensitivität spürt es doch, es verschließt ihm den Mund, er fühlt sich von uns nicht genügend aufgenommen und verstanden.

Also, es wird dabei bleiben, daß die Valutadeckung der Schuldaufhebung in der christlichen Seelsorge und in der Psychoanalyse wesenhaft verschieden interpretiert und vollzogen wird. Das soll uns aber nicht davon abhalten, von der Psychoanalyse zu lernen, in der Stellvertretung wechselseitiger Schuldannahme aufeinander einzugehen. Wir erfüllen damit nur den Sinn von Luthers Mahnwort: Einer sollte des andern Christus werden.

In einer anderen Beleuchtung erscheint das Schuldproblem in dem großartigen Lebenswerk von Carl Gustav Jung und bei seinen Schülern. Jung verbindet das, was wir Schuld nennen, wesentlich mit dem Phänomen des »Schattens« in unserer Tiefenseele. Wir werden hier darauf aufmerksam gemacht, daß es in unserem Leben nicht nur Geordnetes, Klares und Durchsichtiges gibt, sondern auch Dunkles, Chaotisches; minderwertiges, erbärmliches und gefährliches Wesen. Aber es gilt, auch diesen Schatten, diesen Bettler anzunehmen, statt ihn zu fliehen oder zu verdrängen. Es ist nicht gut, sagt man uns, allzu brav, allzu pflichttreu zu erscheinen. Der Mensch wird bei einer solchen Einstellung entweder langweilig oder unaufrichtig gegen sich selbst. Es müssen auch die unheimlichen, niedrigen und bedrohlichen Seiten unseres Wesens mit hineingenommen werden in den Prozeß der menschlichen Voll-Ausreifung. Man muß den Mut aufbringen und muß auch harte, spannungsvolle Gegensätze im eigenen Inneren aushalten und verarbeiten. Nur wer durch die Abgründe des Lebens hindurchgegangen ist, kann zu wirklicher Leuchtkraft gelangen. Hoch muß auf Tief stehen. Gern wird in diesem Zusammenhang das japanische Sprichwort zitiert: »Am Fuß des Leuchtturms ist es dunkel«, und darf es wohl auch dunkel sein. Der Satz: Intra faeces et urinas nova vita genitur, gilt dann nicht nur für den Durchbruch des biologischen Lebens, er gilt auch in Verheißung bei den Geburtsnöten, die zu dem Prozeß der Individuation führen.

Jung neigt von dieser Gesamtschau her dazu, die kirchliche

Lehre von der Trinität durch den psychologischen Aspekt einer Quaternitätsbetrachtung zu ergänzen (vgl. Symbolik des Geistes, S. 395–427: »Das Problem des Vierten«, Zürich 1948). Die vierte Macht, die neben Gott, Christus und dem Heiligen Geist von uns ernst genommen und angenommen sein will, ist der Teufel, ist das Geheimnis des Bösen, das zuletzt nicht zerstörerisch wirkt, sondern fruchtbar, lebensschaffend und bewußtseinssteigernd.

Man möge es auf seiten der Psychotherapie doch freundlich verstehen, daß diese Überzeugung von der Produktivität des dunklen Elements die Theologen nicht wenig beunruhigt, ja mit schwersten Bedenken erfüllt. Denn es sieht hier wirklich so aus, als komme das Ganze hinaus auf eine Rechtfertigung des Bösen, auf eine Theodizee des Teufels, auf eine Verklärung und Verherrlichung, und damit auch auf eine Verharmlosung unserer Irrwege und Abwege. Wir nähern uns hier wieder der Hegelschen Philosophie, für die alle Gegensätze in Natur und Geschichte nur Durchgangsstufen zu einem höheren Sein sind. Auch das Widersprüchlichste bekommt noch ein positives Vorzeichen, als Entwicklungsstufe auf dem Weg zu einer letzten großen Allversöhnung.

Die christliche Theologie kann das Böse nicht so zukunftsträchtig und verheißungsvoll ansehen, als wie es hier geschieht. Wir stehen als Christen zu stark unter dem Eindruck, wie das Böse immer die Tendenz in sich hat, uns Menschen zu verderben, uns in Unheil und Ohnmacht zu verstricken. Vor allem können wir nicht vergessen, wie die Zugeständnisse an unseren *eigenen* Vollkommenheitsreichtum von den *anderen* fast immer mit hohen Schmerzensgeldern bezahlt werden müssen. Es ist sehr wohl vorstellbar, daß in gewissen Fällen eine Ehescheidung für einen fünfzigjährigen Mann eine beträchtliche Bereicherung und Wesensbefreiung bedeuten könnte. Aber die christliche Seelsorge, die in einem solchen Fall um Rat gefragt wird, sieht eben ganz stark auch, was dieser Durchbruch in eine neue Entwicklung hinein für das Leben der verlassenen Frau, für die Zukunft der von ihrem Vater verlassenen Kinder bedeuten mag. Die psychotherapeutische Praxis dürfte davon selbst am allermeisten wissen, wenn sie in der Analyse die Biographie des Persönlich-Unbewußten aufarbeitet und dabei auf die schweren infantilen

Traumata stößt, die durch das ungeordnete Leben der Erwachsenen in der Kindesseele einstmals angerichtet worden sind. Wir können uns darum nicht so rasch für eine »Neue Ethik« begeistern, die zugunsten starker vitaler und instinkthafter Wünsche die sittliche Verantwortung, die wir aneinander haben, zurückstellt.

Es kann sein, daß auch unsere Umwege und Irrwege zuletzt noch zu unserem Besten dienen müssen. Aber wo sich das herausstellt, da sprechen wir nicht so gern von einem schöpferischen Prinzip des Bösen. Da rühmen wir lieber die Geduld und Gnadenmacht Gottes, der es trotz unserer Schuld und Verkehrung dank seiner langmütigen, planvollen Führung herrlich hinausgeführt hat. Man kann es eigentlich nur paradox so ausdrücken: In der *Rückschau*, wenn das Ziel erreicht ist, mag man, mit Jung übereinstimmend, die Schatten und die Tiefen segnen, durch die wir hindurch mußten, um ins volle Licht zu gelangen. Aber daraus im *vorausschauenden* Handeln eine seelsorgerliche Methode, einen empfehlenden Rat zu machen und das Leben so gefährlich wie nur möglich anzulegen und zu führen, das ist eine andere Sache. Vergessen wir doch nicht, wie viele Menschen an den dunklen Mächten ihrer Seele schon gescheitert sind, wie sie von ihrem Schatten überwältigt wurden, ohne sich seiner erwehren zu können. Wie oft versagt die Enantiodromie, das Einsetzen des Gegenlaufs, wonach bitter zu süß werden soll und aus der Begegnung mit der Nacht, mit Drachen und Schlange Helligkeit aufstrahlen darf.

Trotzdem wollen wir auch hier, genauso wie bei der Beurteilung der Freudschen Psychoanalyse, den tiefen Wahrheitswert in dieser Quaternitätsschau nicht übersehen. Es sei an einige biblische und kirchlich konfessorische Äußerungen erinnert, die uns nachdenklich machen mögen. Im Buch Hiob erscheint der Teufel als beratendes Mitglied im Hofstaat Gottes. In der Erzählung vom verlorenen Sohn (Luk. 15) läßt Jesus keinen Zweifel darüber, daß der davongelaufene, verirrte Sohn, der all sein Gut in leidenschaftlichem Genußhunger durchgebracht hat, die Liebe des Vaters tiefer erfaßt und versteht als der daheim gebliebene Bruder, der keine Begegnung mit seinem Schatten, mit dem Wilden und Ungebärdigen, hatte. Augustin spricht von der beata culpa, von der glückhaften Schuld, und die Kirche hat dieses Wort von der felix culpa wenigstens an einer Stelle im Missale Romanum in der Karsamstagsliturgie mit aufgenommen. Von Luther stammt das kühne, gefährliche Wort, das unsere katholischen Brüder mit so großer Sorge erfüllt im Blick auf das protestantische Ethos: Pecca fortiter, crede fortius, sündige du immerhin kräftig, aber glaube noch viel kräftiger! Man darf freilich nicht vergessen, daß dieses ungewöhnliche Wort einem Philipp Melanchthon gesagt worden ist, der als gewissensängstlicher, sittenstrenger christlicher Humanist nicht so leicht in der Gefahr stand, eine solche Aussage im libertinischen Sinn zu mißbrauchen. Immerhin, Luther hat es gewagt, Schatten und Licht so nahe zueinander zu stellen. Von dem Königsberger Hamann, dem Magus des Nordens, stammt das freimütige Bekenntnis: Periissem, nisi periissem, ich wäre zugrunde gegangen, wenn ich den Abgrund nicht kennen gelernt hätte. Auch in den Romanen von Dostojewski, von Bernanos und Graham Greene wird an Hand von eindrucksvollen Gestalten der Überzeugung Ausdruck gegeben: aus den *großen* Sündern werden die großen *Heiligen*. Es ist etwas daran, und hier liegt das Wahrheitsmoment der Jungschen Schau und Schule: wer keine schweren Erschütterungen erlebt und durchlitten hat, bei dem bleibt alles bescheiden, kleinbürgerlich und durchschnittlich, auch in seiner Frömmigkeit. Wer sich um jede Auseinandersetzung mit den Abgründen der eigenen Seele herumdrückt, nur um nicht in seiner frommen Bravheit und Behaglichkeit gestört zu werden, der hat keine Vollmacht, weder als Künstler noch als Seelsorger.

Es ist angreifend und aufwühlend, an dieser Stelle das rechte Wort zu treffen. Man darf die uns anvertrauten Menschen nicht in Abenteuer locken, bei denen wir nie wissen können, ob ihr Lebensschiff nicht dabei strandet und scheitert. Man sollte aber auch die harmlos und ahnungslos verschlafene Mittelmäßigkeit des seelischen Erlebens nicht idealisieren, denn diese kann auch für die christliche Kirche geradezu tödlich werden. Wären wir mehr erschüttert, angefochten und bedroht, wir könnten ganz anders beten und beichten, lieben und loben. Für ein Christentum, das fad und abgestanden geworden ist, kann darum die Praxis der komplexen Psychotherapie wesentliche Anregung und Hilfe bedeuten.

Wir müssen die Begegnung zwischen den beiden Partnern angesichts des Schuldproblems noch von einer neuen Seite her beleuchten. Jeder, der in der christlichen Seelsorge steht, kennt genug Beispiele dafür, wie wir angefochtenen, schuldbeladenen Menschen im persönlichen Zuspruch oder im sakramentalen Handeln von Beichte und Abendmahl das Wort von der Vergebung im Christi Namen und Auftrag dargeboten haben. Wir haben es nicht nur einmal getan, wir haben es zu wiederholten Malen getan, und dennoch kann es geschehen, daß unser Beichtkind, ob Mann oder Frau, unverändert mit derselben Not und Verzweiflung zu uns kommt. Man hat sich müde geredet, man hat getröstet und versichert, daß das Alte vergangen ist, daß alle Schuld göttlich vergeben und vergessen ist, aber all unser Beistand hatte keine Wirkung. Am Ende des Gesprächs tauchen die alten Fragen und Zweifel von neuem auf: Für mich gibt es keine Vergebung.

Wir stehen in solchen Fällen reichlich hilflos da und wissen nicht mehr weiter. Hier kann uns die Psychotherapie zu Hilfe kommen. Sie sagt uns, und das können wir gar nicht ernst genug beachten: es gibt auch krankhafte Formen der Schulderfahrung, es gibt das Schuldgefühl als Zwangsneurose und Selbstbestrafungswahn. Ein Mensch ist vielleicht in seiner Kindheit unter einem moralischen Überdruck gestanden. Die Vater-Autorität hat wie die Gestalt eines Riesen auf das junge Leben gedrückt. Durch dieses Übermaß von belastender Normierung ist die Seele überanstrengt worden. Ein solcher Mensch kann sich nur noch fürchten, er kann nur noch zittern und bangen vor jeder Größe, die Macht und Gewicht an sich trägt. In einem solchen Fall wird es nicht nur aller Voraussicht nach zu der typischen Examensangst kommen, auch Gottesbild und Gottesvorstellung werden dann in die Neurose mit hineingerissen: Es dürfte wohl klar sein: wo solche hintergründigen Zusammenhänge am Werk sind, da bleibt alle seelsorgerliche Tröstung zunächst rein vergeblich. Der Mensch in seiner krankhaften Gebanntheit ist überhaupt nicht fähig, sich entlasten zu lassen. Es bedarf bei solchen Verklemmungen und Verkrampfungen zuerst der auflösenden, abbauenden, seelisch gesund machenden therapeutischen Hilfe, ehe das biblische Wort von der Vergebung gehört und geglaubt werden kann. Die krankhaften Formen der Schulderfahrung müssen beseitigt sein, ehe echte Schulderfahrung erkannt und abgenommen werden kann.

So läßt sich am Schuldproblem besonders eindrücklich zeigen, wie fruchtbar es ist, wenn sich Psychotherapie und christliche Seelsorge begegnen. Gerade an dieser Stelle brechen wesenhafte Unterschiede auf im Blick auf Verstehen und Helfen, und wir sollten gar nicht versuchen, diese Gegensätze um jeden Preis auszugleichen. Es bleibt auch dann immer noch genug des Gemeinsamen in wechselseitiger Anregung und Förderung.

Die Grenzen zwischen Tiefenpsychologie und Seelsorge

von Fritz Leist

1. Begriffliche Bestimmung

Tiefenpsychologie, Psychotherapie und Seelsorge sind drei Verhaltensweisen, die sich unter verschiedener Hinsicht auf den Menschen beziehen.

Die *Tiefenpsychologie* erforscht die seelischen Kräfte des Menschen in ihrer Tiefendimension, also das, was man meistens das »Unbewußte« nennt. Aber immer sind es die unbewußten seelischen Kräfte eines bestimmten Menschen. Der Horizont, nicht der »Gegenstand« der tiefenpsychologischen Forschung ist einmal die Seele; aber Seele an sich gibt es nicht; daher die Seele, die sich als eben dieser Mensch verleiblicht hat. Das Ganze ist der Mensch, und die Erforschung der seelischen Kräfte bewegt sich in einem Umkreis, der vom Ganzen des Menschen umfaßt ist. Die Tiefenpsychologie ist also Wissenschaft, dagegen ist die Psychotherapie das dieser Wissenschaft entsprechende heilende Handeln des Menschen. Das erste Stadium der Tiefenpsychologie war die Psychoanalyse Freuds. Er war Mediziner, und so haftet der Tiefenpsychologie der medizinische Ursprung an. Das will besagen, daß auch von Philosophie und Theologie jene Kräfte zu erforschen wären, die die Tiefenpsychologie zu ihrem Gegenstand gemacht hat. Freud erforschte das seelische Leben kranker Menschen; die Arbeitsrichtung war lange auf die praktische Zielsetzung der Heilung eingestellt. Daher konnte der Eindruck entstehen, als sei die Tiefenpsychologie eine Lehre von seelischen Krankheiten und die Psychotherapie die Praxis ihrer Heilung. Vor allem C. G. Jung und seine Schule haben das Arbeits- und Forschungsgebiet erweitert; nun sollen möglichst umfassend die Tiefen der Seele erhellt werden.

Die *Psychotherapie* ist insofern tatsächlich eine Umsetzung der wissenschaftlichen Forschung in die Praxis, als sie in den meisten Fällen auf den kranken Menschen bezogen ist und ihr praktisches Ziel die Vermittlung der Gesundheit bleiben muß. In Entsprechung zur Tiefenpsychologie befaßt sich die Psychotherapie mit der seelischen Krankheit; die Psychoanalyse, als therapeutische Methode, hat die seelische Krankheit im Unterschied zur somatischen überhaupt erst wieder neu entdeckt. Insofern beschäftigt sich die Psychotherapie nicht allgemein mit den Tiefenschichten der menschlichen Seele, sondern mit den Krankheiten, die zumeist aus diesen Schichten entstehen.

Aber nicht erschöpft sich seelische Krankheit in gewissen Trieb- oder anderen Konflikten, sondern ein Mensch ist seinem seelischen *Sein* nach krank. Die Tiefenpsychologie richtet sich auf den Menschen in seinem seelischen Sein, die Psychotherapie auf den Menschen in seiner seelischen Krankheit.

Auch die *Seelsorge* ist mit dem Menschen befaßt, ist sie doch Sorge für die Seele. Was Tiefenpsychologie und Psychotherapie einerseits und die Seelsorge andrerseits als Seele bezeichnen, dürfte sich nicht ohne weiteres decken. In jedem Fall sind menschliche Grundkräfte getroffen; soweit es sich um die Psychotherapie handelt, geht sie weithin in der gleichen Richtung wie die Seelsorge. Beide wenden sich an den leidenden, kranken und schuldhaften Menschen. Zwar sind auch hier noch Unterschiede zu sehen, die jedoch später erst besprochen werden sollen. Seelsorgliches Handeln steht unter dem Anspruch göttlicher Offenbarung. Es bezieht sich auf den Menschen in seiner Schuld und auf die Gewinnung des Heils. Daher ist seelsorgliches Handeln vielgestaltig, doch unersetzlich bleiben die Grundakte: die Verkündigung des Wortes Gottes, die Feier des Herrengedächtnisses, die Spendung der Sakramente, die Anbetung und der Vollzug der gemeinsamen Übungen wie Gebet, Andacht und Betrachtung. Erst aus diesen grundlegenden Akten ergeben sich abgeleitete Tätigkeiten wie Fürsorge, Jugend- und Erwachsenenbildung.

Man versteht unter Seelsorge oft die Menschen- und Seelenführung, wie sie durch die Beichte oder im Anschluß an sie geübt wird. Doch müßte man die Beichte als Sakrament der Sündenvergebung scheiden von einer Seelenführung, welche zwar ein wertvolles Mittel geworden ist, selbst aber der Seelsorge im eigentlichen Sinn, in ihren ursprünglichen Grund-

akten nämlich, bedarf. Es gab Zeiten, in denen das Eingefügt-
sein in die kultische und sakramentale Ordnung durchaus
eine solche Leitung in sich barg. Alle therapeutischen und
seelsorglichen Hilfen sollen dem Menschen ermöglichen, wieder ansprechbar, fähig zum Hören, zu Stille und Sammlung
und zur Liebe zu werden, d. h. fähig zu werden, die religiöse
Verkümmerung aufzuarbeiten und auch als religiöser Mensch
voll auszureifen.

Der Mensch in seiner seelischen Tiefe, der Mensch in seiner
seelischen Krankheit, der Mensch in seiner Schuld: das sind
die Hinsichten, nach denen die drei in Frage stehenden Tätig-
keitsweisen sich auf den Menschen beziehen.

2. *Wahrheit und Unwahrheit*

Wir erkennen unschwer die Gemeinsamkeiten und Verschie-
denheiten. Wenn wir soeben sagten, daß zum Beginn der tiefenpsychologischen Forschung vor allem die kranken Seelen-
schichten erforscht wurden, so könnten wir sagen, daß vor-
nehmlich der Mensch in seiner Not und in seiner Verfallenheit
in Rede stand. Seelische Krankheit und Schuld sind zwar verschieden, kommen aber doch darin überein, daß sich in beiden
die notvolle Situation des Menschseins aussagt. Bevor wir
über den Unterschied von seelischer Krankheit und Schuld
sprechen, bevor wir die Verschiedenheit von psychotherapeutischem und seelsorglichem Handeln klarlegen, fragen wir
nach dem Grundlegenden, das die Situation menschlicher Not
überhaupt kennzeichnet. Was liegt sowohl seelischer Krankheit wie auch menschlicher Schuld zugrunde? Seelische Krankheit ebenso wie Schuld entstehen aus der Unwahrheit des
Menschen über sich. Die Aufgabe von Psychotherapie und
Seelsorge besteht darin, diese Unwahrheit im Menschen zu
entdecken und ihn zur Wahrheit über sich zu rufen. Im Fort-
gang unseres Vortrags hoffen wir zu zeigen, daß oft dem
Seelsorger das Herausrufen eines Menschen aus seiner Unwahrheit nicht gelingt, weil eine seelische Krankheit diesen
Menschen in seinem Verhalten zu sich bereits so erstarren ließ,
daß zuerst einmal der Psychotherapeut versuchen muß, den
Panzer der Verschlossenheit aufzubrechen. Die Aufgabe ist

psychotherapeutischem und seelsorglichem Handeln gemeinsam. Beide wissen sich verpflichtet dem Menschen im Zustand der Verlorenheit. Seelische Krankheit und Schuld sind Verlorenheit, wenn auch metaphysisch verschieden. Sie wird sichtbar als seelische Krankheit und, sie umgreifend und durchwirkend, als Sünde oder Schuld. Was wir als Verlorenheit bezeichneten, läßt sich allgemein als *Zustand des Menschen in der Unwahrheit* beschreiben. In Psychotherapie und Seelsorge wird der Versuch unternommen, den Menschen in die Wahrheit über sich zu rufen und zu führen.

Wir haben soeben einen anderen als den logischen Wahrheitsbegriff zugrunde gelegt. Es ist der Wahrheitsbegriff, der sich in der Hl. Schrift findet und der vor allem im Johannesevangelium, bzw. für das johanneische Christusbild, eine so große Bedeutung gewinnt. Zentral wird er dann im Denken eines Kierkegaard, Heidegger und Jaspers. Wahrheit wird nicht logisch verstanden, sie ist nicht gleichzusetzen mit der Richtigkeit, sondern sie ist die Unverborgenheit, die Entdecktheit. Der Mensch, der in der Wahrheit über sich steht, hat sich in seinem Menschsein entdeckt oder entdeckt sich immer wieder in dieser Aufgabe, Mensch zu werden und zu reifen. Die Entdecktheit seines Selbst schließt ein das Annehmen, das Wahrhabenwollen seiner selbst. Der Mensch, der sich in seinem Menschsein entdeckt, also annimmt, hat sich auch in seiner Vergänglichkeit, in seiner Begrenztheit, in seinem Sterbenmüssen entdeckt. Sich entdeckt zu haben, besagt *nicht,* die ganze Tiefe seines Seins zu durchschauen, sondern darin, daß ich mich entdecke, nehme ich mich auch als menschliches Geheimnis an, als Geheimnis, daß ich bin, jetzt und nicht früher, hier und nicht sonst, so und nicht anders. Die Unwahrheit eines Menschen über sich besteht stets in der Weigerung, sich zu entdecken, d. h. sich als Endlichen, Begrenzten, Vergänglichen und Sterblichen anzunehmen. Die Unwahrheit über sich kann dann etwa folgendermaßen aussehen: ein Mensch nimmt nicht an, will nicht wahrhaben, daß er so ist, wie er ist, er möchte anders sein, größere Fähigkeiten, größeren Besitz und Einfluß haben. Aus diesem Nicht-Annehmen entsteht die Lüge, die sich wahrmachen will, er sei schon der andere, der er sein möchte. Diese Unwahrheit kann sich aussagen in den Krankheiten, die Adler erforscht hat. Sie beruhen auf einem Streben nach göttlicher Macht und Geltung, nach einem Menschsein, das dem endlichen Menschen versagt ist und ihn krank machen muß. Oder ein Mensch nimmt sich in seinem Sterbenmüssen und in seiner Vergänglichkeit nicht an, er will sich nicht sehen, nicht wahrhaben, sondern sucht sein sterbliches Sein zu vergessen, er flieht in die Unwahrheit über sich. Sie kann sich in viele seelische Schädigungen übersetzen, überhaupt in jene Unfähigkeit zu reifen, also dem Tod entgegenzugehen und in ihm sich zu vollenden. Diese Unwahrheit übersetzt sich in jene verlogene Jugendlichkeit von Menschen, die sich gerade vor ihrem Altwerden fürchten und eben die Wahrheit, daß sie dennoch altern, nicht annehmen wollen. In der Wahrheit entdeckt der Mensch sich in seinem Menschsein; diese Entdeckung muß dauernd geschehen, solange er Mensch ist. Diese Decke vor sich selber wegzuziehen, fordert nicht allein die Kräfte des Erkennens an, sondern fordert von uns Mut, Bereitschaft und stellt im Verlauf eines Lebens die Anforderung, auch alle die Schmerzen und Mühsal mit anzunehmen, die aus dieser Aufgabe entstehen. Es scheint, daß dem Menschen nichts naheliegender ist, als sich ihr entziehen zu wollen, in die Unwahrheit zu flüchten. Er weiß zwar, daß er sich im letzten nicht betrügen kann, aber dennoch versteht er, dieses untrügliche Wissen beständig durch den Betrug über sich zu verdecken.

Wenn wir Wahrheit und Unwahrheit auf diese Weise verstehen, so bewegen wir uns bereits in der Nähe dessen, was für die Hl. Schrift die Wahrheit ist. Dort lesen wir, daß die Wahrheit den Menschen frei macht. Diese Aussage setzt voraus, daß der Mensch in der Unwahrheit und in der Unfreiheit ist. Wahrheit wird nach der Hl. Schrift verstanden als eine verwandelnde Kraft, die, sofern sie einen Menschen durchwirkt, ihn überhaupt erst menschlich werden läßt. Auch die Unwahrheit besitzt Kraft, aber die Kraft der Zerstörung, die den Menschen mehr und mehr sich selbst entfremdet.

3. Krankheit und Schuld

Wir haben in unserer Betrachtung vorweggenommen, was für einen Menschen oft erst das Ergebnis eines langen Heilungsprozesses sein kann, nämlich daß er seine Unwahrheit erkennt und bereit ist, sich so wahrhaben zu wollen, wie er ist. Jede seelische Krankheit beruht demnach auf einer Lebenslüge. Soweit ein Mensch seelisch krank ist, soweit ist er in der Unwahrheit.

Wir haben gesagt, sowohl die seelische Krankheit wie die Schuld seien Ausdruck dieser Unwahrheit. Wir werden diese Aussage erst verstehen, wenn wir Krankheit und Schuld seinsmäßig unterscheiden.

Die Diagnose einer seelischen Krankheit bewegt sich bisher auf einem zumeist noch ungeklärten metaphysischen Grund. Die metaphysische Frage lautet: was sagt sich über den Menschen im Kranksein aus? Worin gründet die Möglichkeit, krank zu werden? Was ist also das Wesen der Krankheit? Medizin wie Psychotherapie mußten sich auf Hilfsbegriffe und Übereinkunft beschränken. Je nachdem, was als Norm für ein gesundes Leben angesehen wurde, wurde Krankheit verschieden definiert. Wer als Norm die soziale Brauchbarkeit setzt, wird die Krankheit in der Unmöglichkeit sehen, sich anpassen zu können. Wer dagegen unter Gesundheit den ungestörten Ablauf im Geschlechtsleben versteht, wird seelische Krankheit anders definieren als derjenige, der in ihr die Unfähigkeit zu lieben und die mangelnde Reifung erkennt. Je nachdem ist das metaphysische oder theologische Problem der Krankheit in solchen Bestimmungen stark oder weniger stark mit enthalten und mit gesehen. Tatsächlich treffen diese Krankheitsbestimmungen Äußerungen der seelischen Krankheit, und so können wir ihrer auch nicht entraten. Aber je mehr wir uns mit der Metaphysik des Krankseins beschäftigen, desto mehr erkennen wir, daß in diesen Bestimmungen noch etwas Entscheidendes fehlt, so brauchbar sie im praktischen Verhalten auch sein mögen. Wir dürfen sagen: Krankheit zeigt sich als Störung im Geschlechtsleben, als mangelnde Anpassungsfähigkeit, als Zurückbleiben in der Reifung, als Spaltung zwischen bewußten und unbewußten Kräften, als Unfähigkeit zur Liebe, und es gibt auch Krankheiten, bei denen mehr das eine oder mehr das andere Zeichen in den Vordergrund tritt.

Wenn es zutrifft, daß in der seelischen Krankheit, solange sie dauert, der kranke Mensch sich vor sich selber versteckt, sich nicht wahrhaben will, unwahr ist, dann wäre die metaphysische Bestimmung der seelischen Krankheit der Mensch, der sich seiner eigentlichen menschlichen Möglichkeit, in der Wahrheit über sich Mensch zu werden, begibt und in den Zustand einer Verlorenheit gerät. Er verliert sich selbst. Krankheit ist die Verkehrung des Menschseins, der Aufstand gegen sein eigenes Sein, da der Mensch sich nicht in Wahrheit annehmen will, sondern abzulehnen versucht. Was wir soeben metaphysisch zu bestimmen suchten, ist ein Geschehnis: die Unwahrheit ist der Prozeß einer fortwährenden Zersetzung und Zerstörung des Menschen. Das Spiegelbild dieses Geschehnisses ist die seelische Krankheit.

Der Mensch in der Unwahrheit, der Mensch, der sich durch sich selbst ständig zerstört, ohne sich loswerden zu können, wie wollen wir dieses Geschehnis bezeichnen? Von woher gewinnt überhaupt Unwahrheit über sich eine solche zerstörerische Kraft? An dieser Stelle müssen wir eine Voraussetzung machen, die wir im Rahmen des Vortrags nicht weiter begründen können. Die Voraussetzung bezieht sich darauf, zu sagen, von woher der Mensch Mensch ist, von woher die Wahrheit die aufbauende Kraft gewinnt. Betrachten wir den Menschen seinem seelischen Sein nach, so ließe sich empirisch zeigen, daß die tiefsten seelischen Kräfte auf ein Letztes gerichtet sind, das göttliche Absolutheit besitzt. Absolut nennen wir den letzten Bezugspunkt, auf den das menschliche Leben ausgerichtet ist, weil er als Unbedingtes allem Bedingten im menschlichen Leben Sinn spendet. Ein solches Absolutes muß die Seele suchen, sonst kann sie nicht menschlich leben. Nicht immer wird es schon Gott genannt, obwohl es die innermenschliche, offene Stelle ist, an der der Einbruch Gottes in den Daseinsraum des Menschen geschehen kann. Nicht immer entspricht das, was in einem seelischen Leben den höchsten Wert darstellt, der Wirklichkeit Gottes. Aber der Mensch kann nicht anders, als aus dieser Rückbindung, durch die er zuerst gebunden ist, zu leben – und sei es auch in pervertierten Formen. Die Menschen, die wegen einer Aussprache zum Arzt oder Seelsorger kommen, klagen oft über eine seltsame Öde ihres Lebens. Gerade wenn ein beruflicher oder wirtschaftlicher Erfolg den Blick von sich weg nach draußen gerichtet hat, bricht diese Öde durch, und sei es auch nur, daß sie sich in rätselhaften und ungreifbaren Beschwerden anzeigt. Graben wir tief genug vom Erscheinungsbild einer seelischen Krankheit und Not hinab, dann treffen wir auf jene Mitte, wo die Seele nach dem Unbedingten eines Absoluten verlangt. Sie hat sich ein Bild desselben aufgerichtet. Aber es ist ein trügerisches Bild, und es vermag keinen Sinn zu spenden. Je länger ein Mensch ihm anhängt, desto mehr steigert sich die Sinnlosigkeit. Durch die empirischen Strömungen der Seele hindurch zeigt sich die metaphysische Struktur, der Mensch kann nur Mensch sein von Gott her, gewinnt allein von ihm aus die Wahrheit über sich. Und so wäre Unwahrheit in ihrem metaphysischen Kern: der Mensch nimmt sich in seinem Sein von Gott her nicht an. Die Unwahrheit über sich ist die Schuld. Sich wahrzuhaben ist der Anspruch, der von Gott her an den Menschen ergeht. Der Mensch, der ihm entspricht und gehorcht, wird unverborgen vor sich selbst. Kierkegaard hat gesagt: durchsichtig von Gott her. In der Wahrheit zu stehen ist Anspruch wie Antwort. Die Unwahrheit ist ein Sich-Versagen gegenüber diesem Anspruch. Der Mensch, der sich von Gott her nicht annimmt, vergreift sich in seinen Maßen, in seinen Vorstellungen über sich, in seinem Wollen und in seinen Zielsetzungen. Die Unwahrheit ist die grundlegende Schuld, die sich in allen menschlichen Weisen ausfaltet: im Verhältnis zum Du, das nicht geliebt, sondern hörig gemacht wird, in der Aufgabe des Berufes usw. In jeder Verhaltensweise wirkt diese grundlegende Unwahrheit, insofern jedesmal der Mensch sich weigert, sich von Gott her wahrzuhaben, sich jeweils konkret weigert in der Situation, in der er steht: gegenüber dem Menschen, auf den er trifft, vor der Aufgabe, die ihm gestellt ist.

Aus der Erkenntnis, daß der seelisch kranke Mensch in Unwahrheit über sich selbst lebt, gewinnen wir eine tiefere Einsicht in das Wesen der seelischen Krankheit. Der seelisch kranke Mensch ist also ein Mensch, der sich seiner Aufgabe, ein Mensch zu werden, versagt hat und in die Unwahrheit über sich geflohen ist. Mag die Schuld ursprünglich persönlich verursacht oder im vorpersonalen Bereich an ihm geschehen sein (etwa durch eine schwere Schädigung in den ersten Lebensjahren durch Lieblosigkeit o. dgl.), für beide besteht die Aufgabe, diese Schuld durch das Finden der Wahrheit zu tilgen. Wie aber ist es möglich, diesen Circulus vitiosus von schuldbegründeter Krankheit und krankhafter Schuld zu sprengen, ja zunächst einmal: was ist hier überhaupt Schuld und Sünde? Was gemeinhin als Sünde gilt, das sind die vielen, oft winzigen Verstöße gegen eine Moral, die legalistisch mißdeutet wird, die vielen kleinen Lieblosigkeiten oder Lügen usf. Aber sind diese nicht zwanghaft aus der Krankheit erwachsen und deswegen unfreiwillig und ohne persönliches Verschulden? Nach außen hin werden nur diese kleinen Tatsachen sichtbar, sie trägt der eine in die Beichte, sie tut der andere als Kleinigkeit ab. Der erstere will sich von Schuld lossprechen lassen, deren wahren Schuldcharakter er sich verschleiert. Er fühlt sich vielleicht noch bestärkt in dem Bewußtsein einer beachtlichen Anständigkeit und Tadelfreiheit, weil er eben die zeichenhafte Sprache, den stellvertretenden Wert dieser Symptome nicht erkennen will. Was zeigt sich als Versagen, daß ein Mensch fast zwanghaft lügen muß oder ständig den anderen zur Sache herabsetzt? Nicht darin dürfen wir Schuld und Sünde sehen, da sie zuweilen zwanghaft aus der Krankheit resultieren, sondern der metaphysische Ursprung der Krankheit ist der ständig vollzogene schuldhafte Akt, die Unwahrheit über sich selbst, das Nichtannehmen-Wollen seines So-geschaffen-Seins. Nur ein Mensch, der sich kasuistisch und legalistisch beruhigt, kann glauben, daß er im Bekenntnis dieser unwesentlichen Verstöße, die doch in Wirklichkeit die harmlos verschleierten Zeichen einer bedeutenden Unwahrheit sind, gerechtfertigt und heil sei. Wir müssen fragen, welche Einstellung hinter der äußeren Erfüllung der Gebote steht. Sünde und Schuld sind ein Totalakt des Menschen, den er nicht nur in seinem Bewußtsein registriert, sondern der auch vom Unbewußten wesentlich mit geleistet, vollzogen und in seinen Folgen ausgetragen wird.

4. Beispiele

Wo treffen wir gleichzeitig auf den Menschen sowohl in seiner Schuld wie in seiner Krankheit? In der Sprechstunde kommt zuerst die seelische Krankheit in den Blick, und es wird wohl zu selten die Not des Schuldhaften aufgearbeitet. Der Seelsorger befaßt sich vor allem in der Beichte mit der Schuld, ohne im allgemeinen auf die Beziehung von Sünde und seelischer Krankheit zu achten. Wir wollen den Menschen dort aufsuchen, wo beides zutage tritt, wo er sowohl in seiner Schuld als auch in seiner Krankheit erscheint oder sichtbar werden kann. Dieser Ort ist der Gottesdienst und der Umkreis der Verkündigung. Wie erscheinen uns die Menschen, die wir dort treffen? Erst dann wollen wir fragen, wie die Menschen sind, die diesen Bereich meiden.

Wir beobachten als beklagenswerte Tatsache, daß Gottesdienst, Verkündigung und Predigt weithin nicht mehr den Menschen unserer Tage erreichen oder gar erschüttern. Das gilt auch für diejenigen, die regelmäßig an diesen religiösen Übungen teilnehmen. Wenn man einen durchschnittlichen Gottesdienst beobachtet, gewinnt man den Eindruck, als würden durch die gottesdienstlichen Veranstaltungen oder durch Wortverkündigung lediglich die Menschen an ihrer Oberfläche bewegt, dagegen entsteht das, was in den Tiefen vor sich geht, zumeist nicht im gottesdienstlichen Raum oder aus der Berührung mit dem verkündeten Wort. Wir stellen als fast allgemeine Tatsache fest, daß der Christ nicht mehr durch den Gottesdienst, durch das Fest und die Frohe Botschaft erschüttert wird. Die Bewegtheit, die man vor allem an Festen wie Weihnachten beobachten kann, hat andere Ursprünge, über die wir noch sprechen werden. Die Gottesdienstbesucher lassen sich in mehrere Typen einteilen. Wir wollen nur zwei herausgreifen.

Der eine Typ ist gekennzeichnet durch eine gewisse regelmäßige Teilnahme an gottesdienstlichen Veranstaltungen, die naturgemäß bei katholischen Christen häufiger als bei evangelischen geschieht. Diese Teilnahme geschieht nicht selten aus Pflicht, aber sie wirkt sich keineswegs im übrigen Leben aus. Weder eine Festfeier noch die Frohe Botschaft dringen so in den Menschen ein, daß er von ihnen verwandelt würde. Man kann sagen, daß Menschen dieser Art trotz ihres korrekten Verhaltens religiös unansprechbar sind. Von einer religiösen Erfahrung im echten Sinn kann kaum die Rede sein. Das religiöse Leben bewegt sich in einer Scheinwirklichkeit. Gott wird gleichsam offiziell auch vor sich selbst geglaubt, aber an seiner Stelle steht im Leben etwas anderes als Absolutum. So entsteht eine Spaltung. Das Bewußtsein betrachtet sich als gläubig, aber die unbewußten Kräfte werden von dem religiösen Tun kaum erreicht. Diese Unansprechbarkeit wird dazu noch oft zugedeckt durch eine Aktivität in religiösen Vereinen u. ä., die nicht selten den geheimen Unglauben verhüllen soll. Die Täuschung über sich in einer so zentralen Verhaltensweise müßte genügen für das Entstehen schwerer seelischer Schäden. Die Unfähigkeit, sich von Religiösem ansprechen und ergreifen zu lassen, stellt eine menschliche Verkümmerung und Hemmung in der Reife dar. Häufig erscheint die Verkümmerung im Gewand seelischer Störungen. Sie sind so fest eingefahren, daß sie zuerst behoben werden müssen, wenn überhaupt ein solcher Mensch einmal von Gottes Wort berührt werden soll. Oft lassen sich die Ursachen für diese Unansprechbarkeit, ja direkte Organminderung im Religiösen aus der Biographie des betreffenden Menschen verstehen. Ein letztes Nicht-ernst-nehmen-Können der Offenbarungswirklichkeit wurzelt nicht selten in dem vom Kind erlebten Vertrauensbruch, in jenen frühen Enttäuschungen über die innere Teilnahmslosigkeit am Kommunion- oder Konfirmationstag, die so gar nicht mit dem übereinstimmen wollten, wie sie offiziell hingestellt wurden. Oft ist das Drängen einer ängstlichen Mutter, die Taktlosigkeit eines Vaters oder Lehrers Grund für eine Protesthaltung, die später nicht mehr den Anspruch der Offenbarung an sich heranläßt. Ein nicht überwundener Vaterprotest kann zu jenem Hindernis werden, das keine umwandelnde religiöse Erfahrung zuläßt. Wir haben damit zu rechnen, daß ein großer Teil der Christen, die, wie wir sagen, praktizieren, durch religiöse Störungen und Schädigungen gehindert werden, umfassend und tiefgreifend vom Wort Gottes angesprochen zu werden. Solange diese seelischen Schäden nicht angegangen werden, solange also die Spaltung zwischen bewußten und unbewußten Kräften (Glauben und Nicht-Glauben) besteht und solange ein Christ in der Täuschung über seine eigene verschleierte Glaubenslosigkeit verharrt, bleibt das religiöse Tun an der Oberfläche unseres Bewußtseins. Durch bestimmte Aktionen und Veranstaltungen wird dieser Zustand und die Selbsttäuschung noch verschlimmert, etwa wenn das echte glaubende Bekenntnis, das jeder allein zu leisten hat, aber viele nicht leisten, ersetzt

wird durch sogenannte Bekenntnisse in öffentlichen Kund-
gebungen. Die Verführungen zu derartigen Selbsttäuschungen
sind zahlreich und haben zur Folge eine mit den Lebensjahren wachsende Unfruchtbarkeit in den religiösen Möglichkeiten, d. h. eine Zunahme der verschleierten Gottlosigkeit. Eine
Vielzahl heutiger Christen dürfte dem Typ zuzurechnen sein,
den wir beschreiben wollten. Er erfüllt zumeist äußerlich
korrekt seine sog. religiösen Pflichten, aber er ist gegenüber
religiösen Wirklichkeiten wie organblind. Es ist klar, daß die
Unwahrheit über seinen eigenen Zustand allein genügen
würde, jede religiöse Betätigung, die gesetzt wird, zu entleeren. Doch darüber hinaus übersetzt sich diese Organblind-
heit, Unansprechbarkeit und existentielle Unwahrheit in
Neurosen, die je nach dem Menschen verschieden biographisch
bedingt sind, die aber diese religiöse Unausgereiftheit noch
steigern. Wir möchten C. G. Jung ausdrücklich zustimmen:
die Mehrzahl derjenigen, die in den 40er Jahren seelisch
krank werden, leiden an religiöser »Unterernährung«. Wir
stehen vor einem verhängnisvollen Zirkel: am Beginn der
Reifezeit mag schon eine Neurose bestanden haben, wohl im
frühkindlichen Stadium verursacht. Diese Neurose hatte wiederum zur Folge, daß die religiöse Reife ausblieb. Nicht
religiös leben zu können, heißt aber, einen dauernden Einbruch durch Sinnlosigkeit zu erleben. Diese wieder steigert
die seelische Krankheit. Wo hier die Schuld als persönlich zu-
rechenbar vorliegt, ist allgemein niemals zu sagen. Aber sie
wirkt dennoch tatsächlich, wenn auch die persönliche Schuld-
beteiligung nur gering ist. Seelische Krankheit und metaphysische Schuld vereinigen sich im unauflösbaren Ganzen
eines jeweiligen Menschen, eines Menschen, dem doch im
Wort Gottes und im Sakrament Heil gespendet werden soll.
Mag auch sein Bewußtsein nicht wissen, was ihm fehlt, die
unbewußten Tiefen wissen es untrüglich. Nach Heil sehnt sich
die Seele, aber Unheil erfährt sie zunehmend, je weniger der
Zirkel aufzubrechen ist.

Obwohl die Grenzen praktisch oft verfließen, müssen wir
noch einen anderen Typ herausarbeiten. Er wäre schlagwort-
artig als der Typ des Frömmlers zu bezeichnen. Wir meinen
damit jene Menschenart, die durch einen besonderen Eifer in
der Teilnahme an religiösen Übungen gekennzeichnet ist.

Wenn ein Seelsorger diese Art von religiöser Beteiligung, die wir meinen und noch skizzieren wollen, nicht von einem ernsthaften Christ-Sein unterscheiden kann, wird unabsehbarer Schaden angerichtet. Eine Haltung wird kanonisiert, die ebensowenig mit existentiellem Christsein etwas zu tun hat wie die des ersten Typs. Noch folgenschwerer aber wirkt die Verkennung auf den Menschen, der am Rande oder außerhalb der Kirche steht, insofern er in Gefahr ist, diesen Typ mit christlicher Existenz gleichzusetzen.

Warum empfinden vor allem jüngere Menschen gegenüber dem Wort »fromm« so etwas wie peinlich, abstoßend? Wir wundern uns mit Recht darüber, wodurch diese regelmäßigen Assoziationen entstehen. Nietzsche hat von den »Zukurzgekommenen« gesprochen und meinte, daß christliche Frömmigkeit aus einem verkümmerten Menschentum entstehe. Dem psychologischen Beobachter fällt auf, daß ein großer Teil dieses Typs tatsächlich, und zwar vor allem in der geschlechtlichen Sphäre, verkümmert ist. Wir möchten ausdrücklich betonen, daß diese menschlichen Verkümmerungen auch in anderen Schichten des Menschseins anzutreffen sind. Doch dürften sie sich gerade in der Geschlechtssphäre am folgenschwersten auswirken. Nicht selten suchen verdrängte geschlechtliche Wünsche einen Ersatz in religiöser Betätigung. Dann gewinnt diese eine seltsame Färbung, welche die Frömmigkeitsübungen von sich aus nicht haben. Und zwar ist das Religiöse als Ersatz für nicht gelebte menschliche Aufgaben sowohl innerhalb wie außerhalb der Ehe zu beobachten. Menschen, die bereits neurotisch waren und nicht zur Ehe gekommen sind, benützen die Übungen der Frömmigkeit, diesen Ausfall wettzumachen, den sich das Bewußtsein nicht eingesteht. Ihre Infantilität durchsetzt alle Frömmigkeitsäußerungen; da eine echte Gefühlseinstellung nicht möglich ist, macht sich Sentimentalität breit. Sentimentalität im Religiösen ist ein Warnzeichen dafür, daß die geschlechtliche Aufgabe mit der religiösen nicht in Einklang steht. Wird die geschlechtliche Aufgabe in der Ehe nicht christlich bewältigt, so wird der Mann meistens zu dem oben geschilderten korrekten Typ, während die Frau zur Sentimentalität in der Frömmigkeit neigt. Da aber die nichtbewältigte geschlechtliche Aufgabe aus Liebesunfähigkeit oder Lieblosigkeit entsteht, sucht der Mensch in seinem religiösen Tun nicht Gott, sondern sich, mißbraucht er die religiösen Übungen zum Selbstgenuß und verwechselt diesen Selbstgenuß und die daraus entstehenden Stimmungen mit religiöser Erfahrung. Vor diesem Mißbrauch ist keine religiöse Übung, keine seelsorgerliche Bemühung geschützt. Die Frömmigkeit ist Schein, die Übungen solcher Scheinfrömmigkeit sind Tarnung. Die Liebesunfähigkeit hat das Nicht-Bewältigte der geschlechtlichen Aufgabe aus sich heraus entlassen. Diese geschlechtlichen Kräfte ergießen sich ungelichtet in die Gefäße religiösen Tuns, das vor dem Bewußtsein als Frömmigkeit vorgetäuscht wird, aber in Wahrheit eine Symbolhandlung ist, die von den geschlechtlichen Kräften diktiert wurde. Je weiter solche Menschen ihre eigene Geschlechtlichkeit abgedrängt haben, desto stärker durchsetzt sie ihr Tun. Wie im Bereich des ersten Typs ist auch hier ein solcher Mensch nicht ansprechbar. Er hört das Wort und mißbraucht es. Er spendet oder empfängt das Sakrament, aber es kann sich an ihm nicht auswirken. Dieser Typ, den wir meinen, hat das Frömmigkeitsbild von Jahrzehnten zu Unrecht geprägt. Er beansprucht im Übermaß die Kräfte unserer Seelsorger, ohne einen greifbaren Erfolg zu zeitigen. Menschen, die dieser Pseudofrömmigkeit verfallen sind, gehören vorerst ins Sprechzimmer des Psychotherapeuten. Denn meistens ist ihr Menschsein durch die geschlechtlichen Konflikte so zerrissen, daß eine seelsorgliche Bemühung überhaupt keinen Ansatz findet. Aber diese Menschen gehören nicht nur zum Psychotherapeuten, sondern sie gehören auch in den Raum des Gottesdienstes, unter die Strahlkraft des Wortes Gottes. Mögen die seelischen Störungen noch so nachhaltig sein, wir können nie sagen, ob nicht doch einmal das Wort als Anruf in die Zerstörung hineintrifft und in ihr Leben schafft. Diese Menschen gehören vor allem deshalb unter die Kraft des Wortes Gottes, weil sie immerfort jene Möglichkeit als Heil anbietet, die nur an diesem Ort bereitgestellt werden kann. Denn wieder dürfte deutlich werden, daß diese Menschen in Schuld leben, wobei ebenfalls offen bleiben muß, wie weit sie von ihnen persönlich begangen wurde. Aber die Schuld besteht und wirkt sich aus als Leben in Unwahrheit. Die Unwahrheit aber zerstört und trägt die Tendenz in sich, das religiöse Tun fortschreitend zu entleeren und zu mißbrauchen. Beichte, Gewissenserforschung, Sakramentenempfang sind dann nicht mehr, was sie eigentlich sein sollen, sondern sie werden zur Verfestigung der Unwahrheit über sich.

Allerdings noch tiefer als diese eigen-süchtige Verkehrung liegt das eigentliche Verlangen nach Heil und Gesundung. Sehen wir es unter dem Bild einer seelischen Strömung, dann dürfen wir umschreibend sagen: diese Urströmung fließt in der falschen Richtung. Therapeutisches wie seelsorgliches Handeln haben diesen Urstrom freizulegen, daß er in seiner eigentlichen Richtung fließen kann.

Wir haben bisher über den Menschen gesprochen, der uns im Raum der Kirche begegnet. Die gleiche Verkümmerung, die gleiche Unfähigkeit, sich religiös ansprechen zu lassen, finden wir auch bei den Menschen außerhalb der Kirche. Allerdings zeigen sich deren seelische Störungen nicht in einer Scheinreligiosität, sondern in Faszinationen einer ungelichteten Sexualität oder dem Sog zu Kollektivismen im Massenbetrieb von Parteien und totalen Staaten. Ihnen gegenüber ist das Problem der Seelsorge noch schwieriger und ungelöster. Die Aufgabe einer Psychotherapie, die von Christen geleistet wird, ist darin zu sehen, den Menschen durch seelische Heilung ansprechbar zu machen. Seltsamerweise ist die mangelnde Ansprechbarkeit im Religiösen zumeist verbunden mit einer menschlichen Kontaktunfähigkeit.

Menschen außerhalb der Kirche leben nicht etwa religionslos. Auch wenn sie der Meinung sind, Religion sei durch Wissenschaft oder Fortschritt überwunden, bewegen sie sich in religiösen Formen, die sie als solche nicht durchschauen. Diese Formen tragen viele Zeichen schwerer Verkümmerung an sich.

Das gesamte Zwangsritual der Neurose ist letztlich eine Äußerung des Verlangens nach Religion, allerdings mit einem wesentlichen Unterschied zur echten Religiosität. Je mehr ein Mensch sich in solche zwangshaften Ritualien hineinsteigert, um so mehr steigert sich seine seelische Not. Das Kennzeichnende für diese Form der Unansprechbarkeit ist, daß die seelischen Leiden den Zugang zu einer wahren Religiosität verbauen und den Menschen hineinbannen in magische Praktiken. Hier hätten Psychotherapie und Seelsorge ihre schwerste und umfassendste Aufgabe: den Menschen aus seiner Bannung in die Magie zu befreien.

5. Die gemeinsame Aufgabe

Die Psychotherapie ist Zeichen eines Notstandes. Der Mensch hat sich aus den religiösen Ordnungen herausgelöst, und zwar auch der Mensch innerhalb der Christenheit. Wir müssen die Tatsache sehen, daß die religiösen Sehnsüchte des Menschen ein eigenes, autonomes Leben führen und vielfach nicht mehr in die überlieferten Bahnen einmünden können. Gegen Ende der Neuzeit, an dem wir angelangt sind, wird nur noch eine Schicht des Menschen seelsorglich erfaßt, die Oberfläche des bewußten Lebens. Von ihr abgespalten und ungestillt in ihrem tiefsten Verlangen leben die anderen Schichten. Der Mensch in der Spaltung – das ist die Not, die sich in die Krankheit übersetzt. Der Mensch in der Spaltung ist aber auch der Mensch in der Unwahrheit. Die Verfestigung des Zustandes erscheint in der Symptomatik seelischer Krankheiten, die ihrerseits den Weg verbauen. So könnte Psychotherapie, sofern sie von Christen verwaltet wird, die Spaltung aufarbeiten und auf dem Weg zur Gesundung den jeweiligen Menschen vorbereiten, daß er wieder ansprechbar wird im Bereich des seelsorglichen Handelns. Die Heilung wäre ein Aufstieg zur vollen Reife des Menschseins. Bis zu einem bestimmten Reifegrad wäre der Psychotherapeut der Führende. Er würde die abgedrängten und abgespaltenen Schichten öffnen, damit die Einheit des ganzen Menschen vorbereitet werden kann. Diese Reifung oder Gesundung kann aber nicht an der Sinn- und Schuldfrage vorbeigehen. Wenn der Mensch so weit geheilt ist, daß er sich ihnen stellen und die bisherige Täuschung über sich annehmen kann, könnte er reif geworden sein, sich der Auseinandersetzung mit dem Christentum zu stellen.

Innerhalb dieses Zusammenhangs erhebt sich noch einmal die Frage: wenn die Verfangenheit im Kreislauf von schuldhafter Krankheit und krankhafter Schuld so groß ist, wie können wir dann von Schuld sprechen, wenn der Mensch nicht aus dem Zusammenhang herausbrechen kann? Wie kann, wenn jegliches Handeln zwanghaft ist, das Unvermögen, aus diesem Kreislauf herauszutreten, das ja ebenfalls durch die Krankheit bedingt ist, schuldhaft sein? Besteht für einen solchen Menschen überhaupt noch die Möglichkeit der

Heilung? Diese Möglichkeit, so müssen wir sagen, gibt es dennoch, sogar auf mehrfache Weise. In Schicksalswendungen, Krankheiten, neuen Aufgaben und Begegnungen kann ein Mensch so mit aller Gewalt auf sich selber verwiesen werden, daß er für die Wahrheit wieder frei werden kann. Eine andere Möglichkeit wäre die Psychoanalyse an Hand eines erfahrenen Seelenarztes. Was in der Psychotherapie geschieht, ist wohl allgemein bekannt. Aber *wodurch* die Heilung möglich wird, müßte grundlegend gefragt werden. Wie vermag ein Mensch, der in der Unwahrheit steht, wider jegliches Erwarten die Wahrheit über sich anzunehmen? Mit dieser Frage ließe sich künftig die Stellung des Psychotherapeuten im Heilungsprozeß genauer klären. Als unableitbarer Neuanfang geschieht es je und je, daß ein kranker Mensch, der in der Unwahrheit über sich steht, den Anspruch der Wahrheit annimmt, dem er sich bisher verschlossen hatte, oft so lange, daß fast keine Möglichkeit mehr bestand, sich erschließen zu lassen. Der Neubeginn ist stets ein gleiches Wunder, über das der Mensch nicht verfügen kann, der Therapeut kann an die Grenze führen, aber der Durchbruch in die Freiheit ist nicht zu vermitteln, er muß sich am Kranken ereignen, er wird in sein eigenstes Menschsein geführt.

Da, wo diese Geburt in die Freiheit geschieht, können sich Arzt und Seelsorger treffen. Je mehr die neu gewonnene Freiheit, die zuerst keimhaft gegenwärtig ist, den Menschen verwandelt, desto mehr wird er bereitet für jenes Tun im Bereich der Verkündigung, auf dem seelsorgliches Handeln aufruht.

Die religiöse Unlust im Leben des Christen

von Adolf Köberle

Die elementare Äußerung eines Menschen, der aus der Verbundenheit mit Gott heraus lebt, sollte die Freude sein. Sowohl die Bibel wie die Erbauungsliteratur aller christlichen Konfessionen ist voll von spontanen Bezeugungen dieser strömenden Freude. »Mein Leib und meine Seele freuen sich in dem lebendigen Gott«, jubelt der 84. Psalm. Von den ersten Christen in der Urgemeinde zu Jerusalem heißt es: »Sie lobten Gott mit Freuden« (acta 2, 47). Ein Franz von Assisi sah in der Freude den reinsten Ausdruck der Gotteskindschaft. Sie soll von dem Angesicht des Poverello noch in der härtesten Krankheit und Armut geleuchtet haben. Von Paul Gerhardt, dem lutherischen Christuszeugen, stammt der Vers: »Mein Herze geht in Sprüngen und kann nicht traurig sein, ist voller Freud und Singen, sieht lauter Sonnenschein«.

Aber die konfessorischen Stimmen und seelsorgerlichen Erfahrungen im christlichen Leben wissen auch von schweren Anfechtungen der Seele zu berichten. Auch über einen Menschen, der im Grund seines Herzens ehrlich nach Gott verlangt, können Stunden und Zeiten der Dürre und Öde, der völligen Erschlaffung und Erschöpfung im religiösen Leben hereinbrechen. Keiner scheint gegen diese Gefahr gesichert zu sein, ja, es sind oft gerade die wertvollsten Naturen, die davon befallen werden. Es braucht sich darum keiner zu schämen, Gleiches von sich selbst zu bekennen. Der Marburger Theologe Friedrich Heiler hat in seiner umfassenden religionsgeschichtlichen Untersuchung über das Gebet (München 1920) darauf hingewiesen, wie häufig selbst bei den »Klassikern der christlichen Religion« die Klage wiederkehrt über die Mattigkeit des Herzens, über die Erstorbenheit aller gläubigen Regungen, über die Langeweile gegenüber der Welt des Heiligen. Bernhard v. Clairvaux, Heinrich Seuse, die spanische Mystikerin Theresa haben von diesen innersten

Nöten freimütig gesprochen. Auch Luther, Pascal und Kierkegaard wissen um den Kummer solcher Verarmung. Die katholisch aszetische Literatur, die für alle religionspsychologischen Vorgänge eine besonders reich ausgebaute Sprache besitzt, kennt zwei Worte zur Beschreibung dieser notvollen Zustände: siccitas und akédeia. Siccitas heißt Trockenheit und meint den schmerzlichen Vorgang der Indifferenz, bei dem das Leben aus Gott weder blühen noch wachsen kann. Die Ableitung des zweiten Wortes ist schwieriger und vielfach umstritten. Nah liegt die Erklärung von dem Wort acidus: sauer, säuerlich, scharf wie Essig. Es gibt auch in der Welt der Frömmigkeit säuerliche Menschen, sie wirken seufzend und unfroh, es geht nichts Wohltuendes, Beglückendes oder gar Strahlendes von ihnen aus. Es ist aber auch möglich, daß in dem Wort akédeia ein alpha privativum steckt und dazu das griechische Adjektiv ἡδύς, süß. Dann wäre zu übersetzen: ein Zustand ohne alle Süßigkeit. Die großen herrlichen Gotteswahrheiten schmecken uns nicht mehr. Es ist, als wenn wir jedes Empfindungsvermögen dafür verloren hätten.

Es kann sein, daß es eines Tages bei uns so weit ist, daß uns das Christliche rein nichts mehr sagt, weder in der Gestalt der Theologie noch in der Form der Liturgie. Die biblischen Worte, allzu oft gehört, sind wie tot. Das Brevier wird zwar noch gelesen, die Hausandacht wird um der Kindererziehung willen noch gehalten, aber es ist ein regelrechter Leerlauf. Das Herz wird von dem allen nicht mehr bewegt. Hand in Hand pflegt damit zu gehen die Unlust zum persönlichen Gebet, die Gleichgültigkeit gegenüber dem Sakramentsempfang und nicht selten auch eine spürbare Abneigung gegen alle christlichen Tugenden, die als fad, langweilig und allzu brav empfunden werden.

Der Zustand der religiösen Unlust bedeutet für jeden, der davon betroffen wird, ein schweres Leiden, eine tiefe Seelennot. Der Mensch fragt sich in seiner Stumpfheit und Verdrossenheit: warum kann ich Gott nicht mehr lieben wie ehedem? Besonders schwer ist es, in einer solchen Verfassung so tun zu müssen, als liebte man Gott, während innerlich doch alles erstorben ist. Wenn man dann wenigstens schweigen dürfte! Aber der Religionsunterricht muß ja weiter gegeben werden. Die Sterbenden und Kranken wollen getröstet sein und die Ge-

meinde erwartet eine hilfreiche Stärkung von der Predigt an
dem rasch herankommenden Sonntag.

Fragen wir zunächst: wie kann es zu diesem Zustand der
religiösen Unlust im Leben des Christen kommen? Es ist möglich, daß der Grund für die Austrocknung des Herzens gesucht werden muß in dem Abfall eines Menschen von Gott
und seinem Gebot. Eduard Mörike hat diesen Zusammenhang
einmal in erschütternder Beichte zum Ausdruck gebracht:

> Dein Liebesfeuer,
> ach Herr, wie teuer,
> wollt ich es hegen,
> wollt ich es pflegen.
> Hab's nicht geheget,
> und nicht gepfleget,
> bin tot im Herzen,
> o Höllenschmerzen!

Wenn ein Mensch über lange Jahre hin die göttliche Be-
gnadung und Erziehung empfangen hat, und er wirft dann
alles weg in einem jähen, wilden Rausch der Auflehnung und
Empörung gegenüber jeder göttlichen Ordnung, dann muß
man sich nicht darüber wundern, wenn dieser Konflikt den
Herzensfrieden bis auf den Grund zerstört. Denken wir an
eine Situation, wie sie Gerhart Hauptmann in seinem »Ketzer
von Soana« hinreißend geschildert hat. Dort ist es ein Priester, es könnte sehr wohl auch ein evangelischer Pfarrer sein,
von dem berichtet wird, wie eine glutheiße, aber in jeder
Weise unordentliche Liebe die Glaubensfreudigkeit und das
Berufsethos dieses Mannes innerlich und äußerlich völlig zerstört.

Und doch läßt sich der Vorgang der religiösen Unlust niemals nur auf die eine Formel des säkularen oder nihilistischen
Abfalls von Gott bringen. Wir hörten ja schon: die Austrocknung und Verödung der Seele kann auch über Menschen kommen, denen es ganz fern liegt, die christliche Wahrheit zu ver-
leugnen und mit Füßen zu treten. Solche Menschen sollte man
nicht quälen mit inquisitorischen Fragen nach ihrer heimlichen
kriminellen Schuld. Wir dürfen die Akedeia auch nicht gleich-
setzen mit dem Haß gegen das Christentum, wie er im Zeichen eines Friedrich Nietzsche oder eines Karl Marx in unserer Generation erneut aufgebrochen ist. Das ist ja gerade

das tiefste Leiden an dem Zustand der Dürre und der Dürftigkeit: der Mensch will gar nicht von Gott lassen, er versteht nur nicht, warum in ihm alles so tot und erstorben ist und nichts mehr zu ihm spricht.

Suchen wir darum weiter nach den Gründen dieses notvollen Geschehens. Es ist schon oft aufgefallen, wie häufig die religiöse Ermattung eintritt als Gegenschlag zu besonderen Höhenerlebnissen der Gottesbegegnung. Nach den großen Feiertagen der Kirche mit dem Reichtum ihrer Lieder, mit der Fülle der festlichen Gottesdienste, oder auch nach der Rückkehr von einer Freizeit, die uns weit über den Alltag hinausgehoben hat, ist die Gefahr besonders groß, daß ein Absturz in die Verdrossenheit und Verarmung erfolgt. Es ist, als hätten wir im Höhenflug der Gotteserfahrung eine Grenze überschritten innerhalb unserer endlichen, geschöpflichen Struktur, was mit einem Rückschlag in Traurigkeit und Kälte bezahlt werden muß. Wir mögen daraus ersehen, daß es nicht nur eine physiologische Überfütterung des Magens gibt, die unserer Gesundheit schlecht bekommt: es gibt auch eine erlebnismäßige, geistige und geistliche Übersättigung, die zur Erkrankung der inwendigen Menschen führen kann.

Wohl trifft man immer wieder einmal auf Glaubensgenossen, die in der Beziehung grenzenlos viel zu ertragen scheinen. Aber es gibt im religiösen Leben auch Menschen mit zarterer seelischer Konstitution, die sich einfach übernehmen an der Überforderung der ihnen allzu reichlich zugemuteten religiösen Produktion und Konsumption. Diese Menschen sind deswegen nicht schlechter. Man sollte sie wegen ihrer geringen Aufnahmefähigkeit im Blick auf die religiösen Ernährungsmengen und Vorgänge nicht moralisch aburteilen. Ist es schon eine beträchtliche Leistung, 28 Mathematikstunden in einer Woche zu geben, so dürfte die gleiche Zahl an Religionsstunden einfach über die Kraft gehen, und zwar nicht so sehr über die biologische und stimmliche Kraft, sondern vor allem über die seelische Kraft. Mancher Pfarrer ist am Heiligen Abend »wie tot im Herzen«, nachdem er zwanzig und mehr Weihnachtsfeiern in Altersheimen, Kindergärten, Herbergen zur Heimat, in Kliniken und vor Jugendgruppen, jedesmal natürlich mit einer obligaten Ansprache, hat halten müssen. Auch ein Theologieprofessor kann am Ende eines Semesters so ausgelaugt und müde geredet sein, daß er geradezu so etwas wie Widerwillen gegen jede Fachlektüre empfindet.

Die religiöse Unlust hängt nicht nur mit unmittelbaren Berufsüberforderungen zusammen. Sie kann auch begründet sein durch Überanstrengungen, die sich über lange Fristen hinziehen und deren Ursprung bis in die Kindheit zurückreicht. Gewiß ist die größere Gefahr in der Jugenderziehung heute die religiöse Verweltlichung und Oberflächlichkeit, daß den Kindern keine liebevolle und lebendige Einübung ins Christentum mehr vermittelt wird. Aber wir dürfen doch die Augen nicht davor verschließen, daß es daneben auch heute immer noch merkwürdig viel gesetzliche und freudlose Darstellungen des christlichen Lebens gibt. Wie oft gleicht das christliche Haus, gerade wenn es diesen seinen Charakter entschieden wahren möchte, mehr der Synagoge und der Thora als dem Evangelium und dem Reich Gottes. Es wird vor allem verboten und versagt; der junge Mensch wird mit geistlicher Kost übersättigt und überfordert; es bleibt zu wenig Raum für das kindliche Froh- und Natürlich-Sein. Die biographisch betriebene Seelsorge an Menschen, die unter religiöser Unlust leiden, ergibt jedenfalls häufig, daß die Kindheit und Jugend in einer gewiß gutgemeinten, aber wenig glücklichen Weise allzu sehr unterdrückt und eingesperrt verlaufen ist. Die Ermattung und Verdrossenheit im Glaubensleben erklärt sich dann als Gegenschlag zu den Überbelastungen aus der religiösen Vergangenheit.

Auch dafür müssen wir offen sein, daß sich in einem Menschenleben gelegentlich sogar eine ganze Familienkette für eine Zeitlang ausruhen möchte, ehe es in der nächsten Generation in neuer Frische wieder weitergehen kann. Wir wissen aus der Tiefenpsychologie, daß unsere Seele keineswegs eine ausschließlich auf sich selbst gestellte Größe ist. Unsere Seele hat Anteil an dem Ahnenerbe, an dem Erleben und Erleiden der Geschlechter, die vor uns gewesen sind. Haben diese sich anhaltend überfordert und überfordern lassen, sei es durch eine kantisch oder pietistisch geprägte Pflichtenstrenge, dann soll man sich nicht wundern, wenn sich bei uns selbst oder bei unseren Kindern auch einmal ein spürbares Verlangen nach Loslassen, nach Schonung und Muße lebhaft meldet.

Auch das Körperliche ist oftmals schuld an der religiösen

Ermattung. Der Geist des Menschen verhält sich zum Leib wie ein Spieler zu seinem Instrument, man könnte auch sagen: wie der Lenker eines Wagens zu seiner Karosserie. Ein Meisterpianist wie Edwin Fischer wird auch noch aus einem alten, abgespielten Wirtshausklavier erstaunlich viel herausholen. Ein vorzüglicher Fahrer steuert auch eine alte Kiste über die unmöglichsten Klippen hinweg. So darf es immer wieder der Geist sein, der sich den Körper baut.

Aber gilt doch auch das andere. Wie oft ist ein Spieler in seinem Ausdrucksvermögen gehemmt und gebunden, weil man ihm ein allzu unzureichendes Instrument in die Hand gedrückt hat, dem beim besten Willen keine reinen, edlen Töne zu entlocken sind. Gerade christliche Menschen sind häufig in der Gefahr, die ungeheure Gewalt der biologischen Vorgänge im Blick auf das geistig-seelische Leben zu unterschätzen. Nun hat aber der ewige Schöpfergott selbst unser geistiges Leben aufs allerengste mit dem leiblichen Leben verbunden. Auch in der Beziehung gilt: Was Gott zusammengefügt hat, das soll der Mensch nicht scheiden! Es kommt viel mehr seelische Not, als wir im allgemeinen ahnen, vom Leib. Darum sollten gerade wir Theologen uns viel stärker für die leiblichen Dinge interessieren, so wie umgekehrt die Ärzte sich heute erfreulicherweise ganz neu aufschließen für die Machtwirkung seelischer Faktoren, die sich bis ins Körperliche hinein auswirken. Ein Mensch, der anhaltend verstopft ist, der infolge falscher Ernährung schlechtes Blut und eine unzureichende Drüsenfunktion bekommen hat, soll sich nicht wundern, wenn eines Tages die religiöse Erschlaffung und Ermattung mit Gewalt über ihn hereinbricht. Sauna, Luftbad und Kneippkur, Beeren und Weintrauben dürften in einem solchen Fall mehr am Platz sein als Seelenmassage und Bekehrungspredigt.

Wenn der Zustand der Abstumpfung und Trockenheit da ist, pflegen wir den also gelähmten Menschen mit sittlichen Imperativen wieder hochzureißen. Wir fragen mehr oder weniger plump nach den Verirrungen seines Doppellebens, aus denen die religiöse Verdrossenheit und Dürre herrühren soll. Wir fordern auf zu vermehrtem Gottesdienstbesuch, zu eifrigerem Bibellesen, zu treuem, anhaltendem Gebet, zu intensiver Teilnahme am Leben der Gemeinde. Aber wir sollten endlich einmal einsehen, daß wir mit solchen seelsorgerlichen Ratschlägen die religiöse Gleichgültigkeit nicht nur nicht heilen, sondern sie im Gegenteil steigern und verschlimmern. Der religiöse Überdruß ist ja entstanden durch ein Übermaß an frommer Bemühung. Wird in derselben Richtung immer noch mehr verlangt und getan, dann muß die Krankheit ja zwangsläufig zunehmen, gleich wie wenn man einen Zuckerkranken, der sich schwach fühlt, mit Marzipan und Schokolade füttern wollte.

Aber was soll dann geschehen, wenn die überlieferten Formen der Wiederzurechtbringung versagen und dahinfallen? Für einen rechten Seelsorger und Seelenarzt sind Diagnose und Therapie eng aufeinander bezogen. Was wir als tiefste Ursachen der religiösen Unlust erkannt haben, das muß uns auch den Weg weisen zur Überwindung des leidvollen Zustandes. Noch einmal sei zugegeben: es kann sein, daß der Verlust der Freude an Gott zusammenhängt mit einer tiefen inneren Unordnung der gesamten Lebensführung. In diesem Fall tut einem Menschen nichts so not als ein gründlicher Inventarsturz in Form einer Beichte, in Gestalt einer sorgsamen seelsorgerlichen oder psychotherapeutischen Beratung. Wenn alles Unterdrückte, Verdrängte, Verheimlichte einmal ausgesprochen ist, wenn es bekannt, bereut und durch Absolution vergeben ist, dann pflegt eine wunderbare Befreiung davon auszugehen. Der Mensch kann sich Gottes wieder freuen, er hat Lust, Gott zu loben, in seiner Gegenwart zu leben, und alle Gleichgültigkeit und Verdrossenheit ist wie weggeblasen. Und doch müssen wir uns davor hüten, nur diesen einzigen Weg zur Deutung und Heilung der religiösen Unlust gelten zu lassen.

Da, wo sich die Akedeia aus religiöser Überkorrektheit und Überfütterung herleitet – ein Zustand, der sich über Generationen hin angesammelt haben kann – muß unbedingt ein Fasten in der religiösen Nahrungsaufnahme eingelegt werden. Es kann sehr wohl auch einmal zur seelsorgerlichen Aufgabe gehören, einem Menschen zu sagen: Leg deine Bibel für eine Zeitlang weg, lauf nicht in jedes Stündle, verkürze dein Gebet, verzichte auf die theologische Pflichtlektüre, bis der Hunger danach aufs neue erwacht und dir die Speise der göttlichen Wahrheit wieder kräftig schmeckt. Es gehört ein gewisser Mut dazu, solche Ratschläge zu geben. Denn immer muß man in einem solchen Fall darauf gefaßt sein, daß sich ein Chor von entrüsteten Stimmen erhebt, die nur das Negative, das Glaubenslose an dieser Seelenführung empfinden, weil man von der eigenen krisenlosen Lebenslage her keinerlei Verständnis dafür aufzubringen vermag, was dem geschwächten und erschöpften Bruder zur Zeit gut tut und vonnöten ist.

Aber freilich, es genügt nicht, dem seelisch ermatteten Menschen die Äußerungsformen religiöser Überbelastung zu untersagen. Viel wichtiger ist, daß positive Hilfen dargeboten werden, und das alles durchaus mit der Zielrichtung, den verbrauchten Menschen dadurch wieder empfangsbereit zu machen für einen lebendigen Austausch mit Gott.

Man spricht gegenwärtig wohl viel von den Einzelfällen neurotischer Erkrankung und bemüht sich um Heilung für den jeweilig betroffenen Träger. Aber wir sehen nicht genug den neurotischen *Gesamt*charakter unserer Zeit. Nicht nur die oder jene Person leidet heute unter einer Neurose inmitten eines Heeres von herrlich gesunden Zeitgenossen. Nein, unsere ganze Zeit ist durch und durch neurotisch geworden. Wir *alle* tragen an dieser Last und Verkehrung mehr oder weniger mit. Auch die christlichen Kreise, auch unser Pfarrerstand, machen davon keine Ausnahme.

Worin besteht die Kollektiverkrankung unserer Zeit, in deren Gefolge auch die religiöse Unlust und Erschöpfung miterscheint? Angeregt durch die überragende Lebensleistung von C. G. Jung und geführt von der Wahrheitsschau der Bibel, möchte ich die tiefste Ursache zu allem Lebensleid und zu aller Lebensunfähigkeit in unseren Tagen sehen in dem Ausfall an Seinsfülle, in dem Verlust an Gleichgewicht, in dem Mangel an Ausgleich.

Die großen entscheidenden Polaritäten des Lebens finden sich alle schon auf den ersten Blättern der Bibel in wundervoller Klarheit ausgesprochen. Wenn es heißt: Im Anfang schuf Gott Himmel und Erde, er schuf die Visibilia und die Invisibilia, dann wird hier bereits das Sinnliche und das Geistige, das Anschauliche und das Begriffliche, das Farbig-Gestaltete, und das Werthaft-Gültige zueinander gestellt. Vom Menschen wird in einer sehr schlichten mythischen Ausdrucksweise gesagt, er sei entstanden durch die Verbindung von Erde und göttlichem Geisteinhauch. Damit werden wir zu Bürgern zweier Welten gemacht, und darum können wir den Sinn des Lebens nur dann recht erfüllen, wenn wir das leibliche Leben und den Gesprächsaustausch mit Gott gleich ernst nehmen. Das menschliche Dasein in seiner leib-geistigen Fülle aber stellt sich uns dar in der geheimnisvollen Zweisamkeit der Geschlechter. »Gott schuf den Menschen, er schuf ihn männlich und weiblich, und sprach zu ihm: seid fruchtbar und mehret euch.« Ferner gilt: durch das Schaffen Gottes geht der Rhythmus von Wirken und Feiern, und auch der Mensch soll an diesem heilsamen Wechsel Anteil haben. »Also ward vollendet Himmel und Erde mit ihrem ganzen Heer, und Gott segnete den siebenten Tag und heiligte ihn, darum daß er an demselben geruht hatte von allen seinen Werken, die Gott schuf und machte.«

So treten uns allenthalben die herrlichsten Zusammenhänge und Zusammenklänge entgegen. Natur und Geist, Leib und Seele, Sinnlichkeit und Vernunft, Männlich und Weiblich, actio und passio, Anspannung und Entspannung finden sich im Schöpfungswirken Gottes in lebensvoller Einheit.

Was aber haben wir daraus gemacht! Wir haben die Fülle und die Ganzheit verloren und sind in schrecklichen Einseitigkeiten verkümmert und erstarrt. Da ist der naturalistische Mensch, der nur noch ein rein vegetatives Dasein führen will, das über Essen, Trinken, Schlafen, Verdauen und Genießen hinaus keine höheren Zielsetzungen kennt. Das geistige Sein wird völlig vernachlässigt. Kein Wunder, wenn ein solcher Mensch schließlich zerbricht an der Inhaltsleere seiner Tage, wenn er früh verfällt, weil keine geistige Kraft und Betätigung den naturgesetzlichen, bioshaften Ablauf begleiten und durchdringen durfte.

Aber sehen wir doch nicht immer nur die materialistische und marxistische Verirrung im menschlichen Leben. Behalten wir die Augen auch offen für die Entstellungen und Entartungen nach der anderen Seite hin! Sind wir nicht alle, besonders wir Akademiker, heute bedroht von einer immer weiter fortschreitenden Naturentfremdung? Wir haben den Geist überzüchtet, wir können nur noch begrifflich abstrakt denken, aber nicht mehr anschaulich und seelenvoll. Wer von uns ist noch gesund, wer kann noch schlafen und verdauen, ohne künstliche Mittel zu Hilfe nehmen zu müssen? Wer spielt, wandert und musiziert noch mit seinen Kindern? Die Unrast und Ruhelosigkeit hat uns alle gefressen. Wir finden keine Zeit mehr zur Stille und zur Muße. Unsere Kultur ist viel zu einseitig nur vom männlichen Geist geprägt. Das weibliche, mütterliche Element kommt zu wenig zu seinem Recht. Es müßte sich auch im Leben des Mannes auswirken können und dürfen in Gestalt von Empfänglichkeit, Liebeswärme und intuitiver Kraft.

Auch Kirche und Theologie sind diesen Fehlentwicklungen heute durchaus mitverfallen. Unsere Sprache ist weithin ungenießbar geworden. Von des Gedankens Blässe angekränkelt, vermögen diese Produktionen nicht mehr zu erquicken und zu beschenken. Die rationalistischen Reflexionen zersetzen die Wunder und Geheimnisse, von denen die Kirche allein lebt. Eine nervöse Betriebsamkeit hat uns alle erfaßt und läßt uns zu keiner gesammelten schöpferischen Produktion mehr kommen. Braucht man sich da noch zu wundern, wenn Müdigkeit und Verödung der Seele, wenn Erlebnisarmut und Kälte des Herzens über uns hereinbrechen und uns nicht mehr loslassen wollen? Diese Schäden gehen heute so tief, daß man nicht mehr davon schweigen darf. Alle Neurosen sind seelische Mangelkrankheiten. Sie können nur überwunden werden durch Auffüllung der Lebenselemente, die allzu vernachlässigt im Schatten geblieben sind. Auch die religiöse Unlust hat ihren Grund in dem Abfall aus der Seinsfülle des Lebens, in die Gott uns hineingestellt hat und zu der wir heimkehren müssen, wenn uns geholfen werden soll.

Die sogenannte »dialektische Theologie« wäre vielleicht geneigt zu sagen: das Problem der religiösen Unlust ist völlig uninteressant; denn es kommt bei der Begegnung mit Gott überhaupt nicht darauf an, daß wir dabei etwas fühlen oder empfinden. Es genügt, wenn wir uns an Gottes Zusage in seinem Wort halten, auch wenn wir »gar nichts fühlen von seiner Macht«. Ja, niemals erweise sich der Glaube größer als in der Gestalt des fühllosen Glaubens. Daran ist sicher etwas Richtiges. Es kann sein, daß in mir alles tot und erstorben ist, und dennoch klammere ich mich in all meiner Erlebnisschwäche und Seelenarmut an den Vollzug meiner Taufe, die mir zusagt, daß ich Gottes liebes Kind bin und bleiben darf.

Und trotzdem ist es falsch, aus der Tatsache, daß der Glaube auch fühllos sein kann, den Schluß zu ziehen, also möge er ruhig fühllos bleiben. Wer als Pfarrer auf der Kanzel oder als Predigthörer unter der Kanzel den ganzen Jammer der fühllosen, farblosen, glanzlosen Predigten, der vertrockneten »Gottesaufsätzchen« kennt, der kann niemals wünschen, daß dieser Zustand zur Normalsituation der christlichen Existenz erhoben werde. Im Gegenteil, nichts ist mehr zu wünschen, als daß wir als Theologen und Christen aus dieser Dürre immer wieder herauskommen dürfen.

Darum seien noch einige Hinweise zur Überwindung der Akedeia gegeben. Man möge sich nicht daran stoßen, wenn diese Ratschläge überwiegend nichtgeistlichen Charakter tragen. Wenn die religiöse Unlust der moralischen Überbelastung entstammt, dann kann sie nicht gut geheilt werden durch Vermehrung der Wege, die diese Not ausgelöst haben. Das erste, was wir brauchen, wäre ein neues, besseres Verhältnis zu den natürlichen Grundlagen des Lebens. Die Gesetze des Leibes, die Kräfte der Erde dürfen nicht übersehen und vernachlässigt werden. Reine Nahrung, reine Haut, reichlicher Schlaf, Atemerziehung, Arbeit im Garten, Wanderweg und gelegentliches Fasten müssen dem am Herzen liegen, der unter der quälenden Krankheit der religiösen Unlust leidet. Entweder gehen wir *mit* der Natur, die Gottes Gabe an uns Menschen ist, und dann werden wir leben. Oder wir gehen *gegen* die Natur, und dann werden wir zuletzt immer die Besiegten, die Unterlegenen sein. Gottes heilige, herrliche Größe dispensiert auch die Bekehrten, die Frommen nicht von der Gültigkeit seiner Ordnungen. Es ist erschütternd zu sehen, wieviel leibliche und seelische Krankheit sich gerade unter erweckten, gläubigen Menschen findet. Der Grund dafür ist der einseitige Spiritualismus, ist ein platonisch und hellenistisch verseuchtes Christentum, das so tut, als käme es bei Gott allein auf die Seele an, und nicht auch auf die Größen: Leib, Natur und Erde, in die wir mit unserer ganzen Existenz eingebettet sind.

Zu der biologischen Ehrfurcht muß als zweite Lebensordnung hinzukommen ein größeres Maß von Freiheit und spielerischer Heiterkeit dem Leben gegenüber. Wir sind alle immer noch zu feierlich, zu streng und ernst gegenüber uns selbst, gegenüber Frau und Kindern. Was nehmen wir alles tragisch, wie belasten wir uns und den Lebensstil in unserem Haus oft so unnötig durch Zumutungen und Überforderungen, die niemand froh machen können. Warum gönnen wir uns so selten eine Erholung, eine Ausspannung, warum haben wir die Steckenpferde unserer Jugendzeit so vernachlässigt oder ganz vergessen? Wir deutschen Menschen schaffen zuviel, darum wirken wir so leicht abgeschafft, verdrossen, schwerfällig und humorlos.

Die christliche Kirche und Seelsorge sollte sich dieser Schaffenswut entgegenwerfen, indem sie hinweist auf die Lebenskräfte, die aus der Stille, aus dem Schweigen, aus Spiel und Feier geboren werden. Statt dessen stellt sich die Kirche womöglich noch an die Spitze dieses tierischen Ernstes und verspricht den Pflichtathleten zeitliche und ewige Prämien! Kein Wunder, wenn sich dann in ihren eigenen Reihen die religiöse Unlust und Ermattung zuallererst breitmacht. Bei Menschen, die seelisch einigermaßen gesund sind, braucht es im Grund gar keine großen Dinge, um die Akedeia zu überwinden. Es genügt vielleicht schon ein grauer Sommeranzug anstelle der ständigen Schwärze im Kleid, es genügt eine kleine Reise, eine kurze schöpferische Pause, ein Streichquartettabend mit musikalischen Freunden, und die Freude aus Gott, ja die Freude aus *Gott* fängt wieder an zu strömen. Aber niemals kann diese ewige Freude, einmal verloren gegangen, sich wieder einstellen, wenn Naturabdrosselung, finsterer Geist der Gesetzlichkeit und Pflichtleistungsdenken als rettende Heilmittel angeboten werden.

Gewiß, man kann der Glaubensunlust auch durch *geistliche* Lebensregeln zu Hilfe eilen. Aber diese müssen dann von besonderer Art und Beschaffenheit sein. Alles, was beschwert und durch Zumutungen belastet, muß unbedingt vermieden werden. Alles, was wohltut und erquickt aus dem Reich der göttlichen Welt und Wahrheit, ist erlaubt und mag voll zur Auswirkung kommen. Es wird sich dabei herausstellen, daß einen religiös erschöpften Menschen die Musica Sacra mehr erfrischt und tröstet als jedes noch so vorzügliche theologische Gedankenprodukt. Bilder aus der Welt des Heiligen pflegen der ermatteten Seele besonders wohlzutun. Moderne Bibelübersetzungen, etwa die von Pfäfflin, die das Wahrheitsgut der Heiligen Schrift in ganz neuer Weise weitersagen, sprechen den vertrockneten Menschen unmittelbarer an als der überkommene Text, besonders, wenn sich an ihn negative Erinnerungen aus dem Religions- und Konfirmandenunterricht der Jugendzeit knüpfen. Die Lektüre von Biographien großer christlicher Glaubensgestalten hat schon manches erstorbene Gemüt wieder zu neuem Leben erweckt. Auch hier ist es wieder die Bildgewalt eines wirklichen Lebens, die stärker auf die ermüdete Seele einwirkt als jeder abstrakte Wahrheitsgehalt, mag dieser noch so sehr von gültigem Wert sein. Erziehung zur Meditation ist hilfreicher als Verschärfung der Reflexion, wenn es gilt, das ausgetrocknete Seelenland wieder zum Blühen zu bringen. Kurze Seufzer des Gebets, aus der Tiefe des Herzens aufbrechend, sind auch dem möglich, der noch keine Kraft besitzt, dem großen Agendengebet im Hauptgottesdienst der Kirche schon wieder zu folgen.

Wer die notvollen Zustände der religiösen Unlust aus eigenem Erleben nicht kennt, mag sich schwer tun, diese Ausführungen zu verstehen und zu billigen. Wer aber selbst schon einmal durch die Täler der Kälte und der Öde hindurchgegangen ist, der wird das hier Vorgebrachte nicht so ganz abwegig finden. Die religiöse Unlust ist eine Anfechtung besonderer Art. Man kann ihr nicht in der gleichen Weise beikommen, wie man etwa in der Volksmission gegen Ausschweifungen, Unzucht und betrügerisches Wesen ankämpft. Die religiöse Unlust entstammt nicht der Vernachlässigung, sondern der Übersteigerung der religiösen Pflicht. Wo die Akedeia ausbricht, hat der fromme Mensch wohl immer um Gott geeifert, aber im Unverstand. Man muß den freudlos gewordenen Menschen hineinstellen in eine geheiligte Natürlichkeit, dann fängt der Baum des Lebens wieder an, frische Blätter zu treiben und süße Früchte zu bringen.

Ein Letztes ist noch zu sagen. Es gehört zu den Grundüberzeugungen der modernen Seelenheilkunde, daß die Neurose nicht nur ein Unglück ist, sie ist zugleich immer auch ein heilsames Fieber. Der Neurotiker ist nicht nur ein armer Schlukker, den man bemitleiden muß. Er ist zugleich auch ein Mensch, der gemerkt hat, daß etwas in unserem Leben und Zusammenleben, in unserer Kirche und Kultur nicht in Ordnung ist. Darunter leidet dieser Mensch, und er trägt sein Leiden stellvertretend für viele andere, die einstweilen noch nichts gemerkt haben. Der Neurotiker ist der schon Kranke unter vielen noch nicht Kranken, die ihre Krise noch vor sich haben, während der andere bereits weiter ist in seinem Aufbruch zwischen Not und Reife.

Diese Erkenntnis, die zum Allgemeingut moderner Heilanschauung gehört, dürfen und müssen wir auch auf das Problem der religiösen Unlust anwenden. Die religiöse Unlust entstammt einem Enttäuschungserlebnis darüber, daß unser kirchlich-theologisches Schreiben, Reden und Handeln so matt geworden ist. Würde das Leben in der Kirche einem blühenden Garten gleichen mit fröhlichem Dienen, Singen und Loben, es könnte gar nicht geschehen, daß uns sooft Müdigkeit, Trockenheit und Langeweile überfällt. So aber weist die Akedeia darauf hin, daß etwas krank geworden ist in dem Corpus Christianum.

Damit aber sind wir alle aufgerufen, das Beste der Stadt Gottes zu bedenken. Denn die Kirche ist ja nicht eine gegenständliche Größe, die wir mit unserem Lob oder Tadel zu versehen hätten. Die Kirche Christi, das sind wir alle zusammen, soweit wir uns zu dieser Gliedschaft rechnen und halten. Darum trägt jeder von uns mit an der Verantwortung, ob die Menschen durch das Vorhandensein der Kirche in der Welt beschenkt oder belastet werden.

Es ist nicht ausgeschlossen, daß die religiöse Unlust in kommenden Zeiten noch wächst. Das wird dann der Fall sein, wenn wir nichts lernen wollen aus den vorhandenen Anzeichen, wenn wir fortfahren, den Intellektualismus in der Theologie zu pflegen und das gesetzlich bevorschriftende Wesen auszubauen. Es wäre aber auch denkbar, daß wir uns warnen lassen von dem Unbehagen in der Frömmigkeit, daß wir zu neuen Möglichkeiten aufbrechen, zu neuer Freiheit und zu neuer Fülle.

Zur Psychologie der Angst und Schuld
bei Freud, Adler und Jung

von Wilhelm Bitter

Der Begriff »Angst« ist zurückzuführen auf das lateinische angustiae und bedeutet Enge, Einengung, Bedrängnis. Die mit Angst verbundene Gemütsstimmung ist nicht nur ein Unlustaffekt, sondern mehr als das: eine eigene Weise der Existenz. Sie ist dem Menschen eingeboren, ebenso wie allem Lebendigen. *Angst ist Daseinsangst.* Sie ist, wie die Existentialpsychologie es ausdrückt: die Angst des In-die-Welt-geworfen-Seins. »In der Welt habt ihr Angst« sagt Christus. Angst gehört also zum Leben überhaupt und ist ein alles Lebendige bestimmendes Grundmotiv, ein Urphänomen des Lebens. Wir sprechen deshalb auch von *Urangst.* Sie ist unlösbar verbunden mit der Schuld; im weitesten Sinne mit der *Urschuld* als Folge der Absonderung von Gott, dem tragenden und bergenden Grund des Seins. Doch will ich heute nicht die religiös-philosophische Seite des Angst- und Schuldproblems erörtern, sondern seine tiefenpsychologischen Aspekte zusammenzufassen versuchen, wie die verschiedenen, bei unserer Tagung zu Worte kommenden Schulen sie herausarbeiten.

Allgemein läßt sich feststellen, daß Angst eine Reaktion auf Gefahr darstellt. Sie ist ein *Signal zur Flucht* oder zu anderen Formen der Bewältigung der Gefahr. Sie löst Sicherungsversuche aus gegen Bedrohungen von außen oder innen.

Überwiegend biologisch orientierte Psychologen halten das Geborenwerden für das Paradigma der Angst, das Heraustreten aus der dunklen, warmen Geborgenheit im Mutterleib in die als bedrohlich erlebte Welt. Für sie ist also die *Geburt* das ursprüngliche und schwerste Angsttrauma. Andere Autoren legen den Schwerpunkt auf das Aus-der-Welt-Treten, das Sterbenmüssen. Für sie ist der *Tod* die Ursache der Grundangst. – Abgesehen davon, daß die Geburtserlebnisse nicht nachprüfbar und somit wissenschaftlich nicht zu fundieren sind, erscheint mir diese Theorie einseitig biologisch-konkretistisch;

die Theorie von der Todesangst als Angst-Prototyp ist als psychologische Hypothese eher vertretbar. Wir werden im weiteren zu zeigen haben, welche Bedeutung Geburt und Tod im Rahmen einer vielschichtigen und weitgefaßten psychologischen Betrachtung einnehmen.

Angst geht aus vom Erlebnis menschlicher Unsicherheit und Hilflosigkeit gegenüber den mannigfachen Gefahren des Daseins: diese können unbestimmbarer Natur sein, aus dem eigenen Innern kommend, oder konkret erfaßbar sein und von außen herantretend, wie Krankheit, materielle Not, Naturkatastrophen, Kriege. Jeder »normale« Mensch muß mit der Möglichkeit der Gefährdung seiner Existenz oder seiner Lebenswerte durch diese Bedrohungen rechnen. *Angstfreiheit existiert nicht.* Wenn der Psychotherapeut gelegentlich davon spricht, seinen Patienten angstfrei machen zu wollen, so bezieht sich das auf die krankhafte, neurotische Angst. Es wäre wirklichkeitsfremd und bedenklich, völlige Angstfreiheit anzustreben. Manchmal ist es sogar geboten, Angst zu wecken. Gilt es doch bisweilen, Menschen aufzurütteln, um sie mit der Wirklichkeit des Lebens zu konfrontieren, ihnen die Augen zu öffnen über die tatsächlichen Gefahren des Lebens und sie davon abzuhalten relative Angstfreiheit durch vegetierendes Dahinleben zu erkaufen. Dasselbe gilt von einer Gruppe von Menschen, die einen oft erschreckenden Mangel an Ehrfurcht vor dem Schicksal, an Gottesfurcht zeigen. Das hat dann zur Folge einen Mangel an Respekt vor der Würde des Individuums. In diesen verhärteten Menschen muß die Ehrfurcht vor dem Numinosen, die Verantwortung sub specie aeternitatis geweckt werden. »Schaffet, daß ihr selig werdet mit Furcht und Zittern«, das ist der Aufruf der Bibel an uns alle, die wir in Trägheit und Beharrlichkeit dahinzuleben neigen.

Noch ein Wort über den Begriff der *Furcht.* In der Literatur wird häufig versucht, eine strenge Abgrenzung der Begriffe Furcht und Angst vorzunehmen. Furcht bezieht sich auf konkrete Dinge und Situationen. Die Unterscheidung wird aber weder in der Umgangssprache noch in der Psychologie streng eingehalten. Wir sprechen von Gewitterangst und Straßenangst, von Angst vor Hunden und allen möglichen Objekten, wo wir nach obiger Definition von Furcht reden sollten. Diese gleichsinnige Verwendung der beiden Begriffe bezieht sich auch zum Teil auf den der Sorge. Von der Angst des Gesunden, sogenannten Normalen bis zur Angst des Kranken gibt es fließende Übergänge.

Die Tiefenpsychologie hat, von der Neurosentherapie herkommend, die Erkenntnis der Erscheinungsformen und Entstehungsursachen der Angst auch im normalen Menschen gefördert.

Angst kann sich im Seelischen und im Körperlichen ausdrücken. Wir neigen unter dem Einfluß der Ganzheitsauffassung heute dazu, diese Unterschiede nicht mehr streng einzuhalten. Der Mensch *hat* nicht Angst, sondern *ist* Angst, d. h. also, die gesamte körperlich-seelisch-geistige Existenz ist eine Manifestation der Angst. Das ist besonders deutlich beim schweren *Angstanfall,* etwa bei der Platzangst, die darin besteht, daß der Patient eine Straße nicht überqueren kann. Der ganze Mensch ist in Aufruhr, er wird geschüttelt vom Angstaffekt. Körperlich: er wird blaß oder rot, der Schweiß bricht aus, die Haare sträuben sich, er bekommt eine Gänsehaut, der Atem stockt, das Herz jagt, die Muskeln werden hart, der Darm kann sich entleeren, die Pupillen weiten sich, die Kehle schnürt sich zusammen. Man spricht von Höllenangst, um das schlimmste Grauen auszudrücken; auch von panischer Angst, um darzutun, daß die alte griechische Gottheit Pan uns ergriffen hat. Pan, der Dämon des Schreckens, und nicht der Mensch in seiner freien Willensbestimmung ist Herr im Hause. – Außer den eigentlichen Angstkranken gibt es das Heer der *ängstlichen Charaktere* bis zum neurotischen Hypochonder hin. Diese charakterlich fixierten Haltungen verraten sich durch stete Unsicherheit und Überhelligkeit des Bewußtseins. Die Unbefangenheit geht verloren: Solche Menschen sind gleichsam in steter Angstabwehr. Eine derartige Haltung kann sich zu dem Krankheitsbild der »ängstlichen Erwartung« steigern. Jedes Zureden ist unnütz. Mit Vernunft, Einsicht in die »Unbegründetheit« der Angst, mit Appell an den Willen wird mehr Schaden als Nutzen angerichtet. Auch Ersatzformen der Angst, wie allgemeine Unruhe, ständige Reizbarkeit, Neigung zu unbegründeten Gewissensbissen und dergl. müssen hier erwähnt werden. In diesen Fällen ist Angst aus den verschiedensten Gründen verdrängt worden, also nur latent vorhanden. Sie steckt auch hinter vielen Formen der Depression (de-pressio, d. h. das Herabgedrückt-Sein).

Ferner ist sie die Ursache vieler Formen von Schlafbeschwerden und Krampfzuständen. Die bekannte geschäftige Betriebsamkeit, die das Signum nicht nur der abendländischen Welt geworden ist, ist großenteils eine Flucht vor sich selbst, vor dem Manifestwerden der Angst. Viele andere Unlustaffekte können eng verbunden sein mit der Angst: schlechte Laune, Ekel, Scham usw. Angst ist der »zentrale Motor« der Neurosen. Ihre Analyse bietet einen der wichtigsten Zugänge zu den seelischen Konflikten des Neurotikers.

Der Affekt der Angst ist von dem des *Schuldgefühls* nicht zu trennen; zuweilen ist freilich die Verbindung nur schwer aufzudecken. Beide Affekte sind so unerträglich, daß die Tendenz besteht, sie unverzüglich abzuschieben und zu verdrängen. Sie können so quälend sein, daß selbst eine schwere körperliche Krankheit als Erleichterung empfunden wird. Das wird an einigen Beispielen noch deutlich zu machen sein. Bei der »Flucht in die Krankheit« bleiben aber Reste von Angst- und Schuldgefühlen bestehen. Der Kranke »weiß«, daß ein solcher Ausweg aus dem Konflikt vermeidbar wäre, daß die neurotische Erkrankung keine Lösung bedeutet, wenn sie ihn auch von Angst- und Schuldgefühlen im Augenblick mehr oder weniger befreit. Ein »geheimes« Schuldgefühl an der Schwelle des Bewußtseins bleibt bestehen und bestimmt die Haltung, oft nur dem Fachkundigen bemerkbar.

Ehe wir auf die einzelnen Formen neurotischer Angst eingehen, sei noch mit ein paar Worten auf die zum Teil schweren Angstzustände bei *Geisteskrankheiten* hingewiesen; bei der endogenen Depression, der echten Melancholie, tritt sie besonders in der agitierten Form von schweren Angstausbrüchen zutage. Auch die Angst z. B. des Schizophrenen und des Süchtigen sei in diesem Zusammenhang erwähnt. Wir wollen uns hier jedoch auf die *neurotischen Ängste* beschränken, d. h. auf solche, die aus seelischen Gründen infolge innerer Konflikte entstanden sind. Bei diesen Konflikten handelt es sich in der Regel um widerstreitende Regungen. Im Gegensatz zur Psychose führt die aus dem Konflikt resultierende neurotische Spaltung nicht zur Dissoziation der Persönlichkeit, nicht zum völligen Kontaktverlust und zum »Weltuntergang«.

Beginnen wir bei unserem Streifzug durch die psychotherapeutischen Schulen mit der *Individual- und Gemein-*

schaftspsychologie von Adler, Seif und Künkel. Johannes Neumann hat Ihnen in seinen beiden grundlegenden Referaten die wesentlichen Elemente dieser für den Nichtfachmann am ehesten verständlichen tiefenpsychologischen Richtung dargelegt. Für Theologen und Pädagogen empfiehlt es sich daher, die leicht eingehenden Veröffentlichungen von Adler, besonders aber von Künkel und Neumann durchzuarbeiten. Für den Fachpsychotherapeuten, der mit schweren Neurosen zu tun hat, dürfte diese psychologische Richtung allerdings nicht ausreichen. Sie werden sich erinnern, daß unser Referent Neumann in der Aussprache bekannte, daß auch er »nicht mit ihr auskomme« und sich deshalb zusätzlich mit der Jungschen Psychologie beschäftigt habe.

»Jede Neurose ist eine Form der *Entmutigung*«, das war einer der Leitsätze Neumanns in der Interpretation der Adlerschen Psychologie. »Der Wille zur Macht ist Angstgefühl im Ausgleich.« Sie sehen, wie Angst der »Motor« für das neurotische Arrangement ist. Das kompensatorische Machtstreben wurde anfangs ausschließlich auf *Organminderwertigkeit* zurückgeführt. Wir alle wissen, daß ein zu klein gewachsener Mann, eine zu groß gewachsene Frau leicht unter einem Gefühl der Minderwertigkeit leiden. Das trifft stärker noch zu für angeborene oder in früher Kindheit erworbene Verunstaltungen und Körperbehinderungen. Denken Sie nur an die seelischen Gefahren für Kinder, die in den ersten Lebensjahren einer Kinderlähmung mit Verkrüppelungsfolgen zum Opfer gefallen sind. Die meist verderbliche besondere Rücksichtnahme oder gar Verzärtelung verstärkt die »Entmutigung«, die solche Kinder gegenüber den Spiel- und Schulkameraden mit gesunden Gliedern empfinden. Sie ängstigen sich, oft ohne sich dessen bewußt zu sein, vor Ansprüchen des Lebens und versuchen, ihre Angst zu kompensieren durch extreme Leistungen. Die Therapie besteht demgemäß darin, im Menschen sein Selbstwertgefühl zu wecken bzw. zu stärken, ihm Mut zum Leben und damit eine Befreiung von der Angst zu vermitteln.

Diese Schule interpretiert auch das Problem der Geschlechter aus den genannten Gesichtspunkten. Die Frau fühlt sich in vieler Beziehung dem Mann unterlegen und entwickelt dagegen ihren »männlichen Protest«. Bei der Erfüllung des Leitziels der Überlegenheit ist es die Furcht vor der Entscheidung, die als Furcht vor dem anderen Geschlecht, dem Prüfstein der eigenen Kraft, erlebt wird (Adler). Anstelle des Freudschen Mutterkomplexes tritt die Angst des »Sohnes« vor der mütterlichen Frau.

Sie steht dem Mann vor Augen als eine Figur, die ihn durch Beherrschung oder Verwöhnung in Abhängigkeit hält. In der Frau als Partnerin und Ehekameradin fürchtet er die überlegene Mutter, die Macht des Weibes. So wird das Machtbedürfnis in den Dienst der Geschlechter-Beziehung gestellt.

Nun gebe ich Adler und Künkel selbst das Wort. Beide haben ihre Theorie anschaulich dargestellt an einer Form der Angstneurose: der Straßen- oder Platzangst. In einem seiner Spätwerke (»Menschenkenntnis«. Zürich 1947, S. 190 ff.) führt Adler aus:

»Die Erscheinungsformen der *Platzangst* sind deshalb so interessant, weil wir bald entdecken, daß in der Seele solcher Menschen nie das Gefühl stumm wird, sie seien der Zielpunkt irgendwelcher feindlichen Verfolgung. Sie meinen, irgend etwas unterscheide sie ganz besonders von den anderen. Manchmal drückt sich das in phantastischen Ideen aus, wenn sie z. B. glauben, sie könnten fallen, was für uns nichts anderes heißt, als das sie sich recht hoch oben stehend fühlen. In den Krankheitserscheinungen, in den Ausartungen der Angst schwingt also wieder dasselbe Ziel der Macht und Überlegenheit, und man sieht, wie auch hier das Leben unter Druck gerät und ein trauriges Schicksal bedrohlich in die Nähe rückt. Denn bei vielen Menschen bedeutet die Angst nichts anderes, als daß jemand da sein muß, der sich mit ihnen beschäftigt. Wenn nun gar jemand das Zimmer nicht mehr verlassen kann, muß sich alles seiner Angst unterordnen. Durch das den andern auferlegte Gesetz, daß alle anderen zu ihm kommen müssen, während er zu niemand zu kommen braucht, wird er zu einem König, der die andern beherrscht.

Aufgehoben kann die Menschenangst nur durch das Band werden, welches den einzelnen mit der Gemeinschaft verknüpft. Nur der wird ohne Angst durchs Leben gehen können, der sich seiner Zugehörigkeit zu den andern bewußt ist.«

Künkel* vertieft den Adlerschen Begriff der Gemeinschaft. Er sieht »als wirksamen Ausgangspunkt immer nur eine Angst, die durch

---

* Fritz Künkel, »Grundzüge der praktischen Seelenheilkunde«. 1935 S. 87.

den Zusammenprall zwischen Mensch und Mensch hervorgerufen worden ist. Und zwar handelt es sich in unserem Kulturkreis regelmäßig um das Zerbrechen des ursprünglichen ›Wir‹ ... Ganz offen liegt dieser Zusammenhang noch bei der Errötungsangst (Erythrophobie) zutage. Etwas versteckter, aber meist auch nachweisbar, wirkt er sich in der Platzangst (Agoraphobie) aus. Man kann nicht über die Straße gehen, weil man sich sonst als klein, verlassen, ausgeliefert und hilflos erleben müßte. Diese Tatsache aber wäre eine Erinnerung an das erste große Verratensein, das man im Wir-Bruch durchlitten hat. Darum geht man um so sicherer über die Straße, je zuverlässiger der Beschützer ist, an den man sich klammert«.

Auch körperliche Krankheiten aus seelischen Gründen, also die sogenannten Organneurosen, stehen nach Adler im Dienst der Überlegenheitstendenzen. Sie sind »arrangiert«, um sich Hilfe und Pflege zu erzwingen. Die Umgebung muß Rücksicht nehmen und sich unterordnen. Die Beherrschung der Umwelt kommt am stärksten zum Ausdruck gegenüber dem Pflegepersonal. Mit »gutem« Gewissen kann der Kranke jetzt kommandieren. Das alles gilt aber nur in Anführungsstrichen. Ganz fein klingt noch ein *Schuldgefühl* wegen des arrangierten Manövers mit. Damit ist auch die Angst, die aus dem neurotischen Unterlegenheitsgefühl entspringt, nicht restlos gebannt.

Jeder erfahrene und nicht in einer Schulmeinung festgelegte Psychotherapeut kennt Fälle, in denen die Adlersche und Künkelsche Psychologie die Struktur der Neurose richtig erkennt und ins Schwarze trifft. In anderen Fällen reicht diese Psychologie allein nicht aus. Bei Kernneurosen z. B. oder bei anderen tiefgehenden Störungen greift die Bewußtmachung der genannten Zusammenhänge zwischen dem Gefühl der Minderwertigkeit und der entsprechenden Überkompensation nicht durch. Hier sind die Forschungsergebnisse der Schulen von Sigmund Freud und C. G. Jung heranzuziehen.

Einmütigkeit besteht bei allen tiefenpsychologischen Richtungen darüber, daß sehr *häufig* in der *frühen Kindheit die Ursachen* für neurotische Angst gelegt werden. Das kleine Kind probiert, sich durchzusetzen. Es will sich gegenüber den Autoritätspersonen mit allen Mitteln behaupten und wird trotzig und unartig. Besonders, wenn es das einzige Kind unter vielen Erwachsenen ist, oder wenn das einzige Geschwister sehr viel älter ist und auch noch an dem jüngeren herumerzieht. Das ewige Nein-Sagen der Autoritätsperson wird illustriert durch folgenden Scherz: Ein Besucher fragt Fritzchen: »Wie heißt du?« Fritzchen antwortet: »Vater nennt mich Fritzchen, Mutter nennt mich Fritzchen-laß-das!« – Wird das Kind nun besonders fest, vielleicht brutal in seine Schranken gewiesen, so erscheinen ihm Vater und Mutter bedrohlich: Der Vater etwa als der schwarze Riese, der das Kind mit seiner großen Kraft zermalmen könnte; besonders bei körperlichen Züchtigungen oder gar Mißhandlungen. So entsteht in dem Kind Angst, genauer gesagt, zunächst Furcht vor dem Vater und dann eine allgemeine Ängstlichkeit. Anders ist es, wenn das Verbot durch das Kind angenommen werden kann, wenn die Zurückweisung mit adäquaten Mitteln und im rechten Augenblick geschieht, aus liebender Einfühlung und durch nichtneurotische Erzieher. Kommen im späteren Leben des verängstigten Kindes weitere seelische Erschütterungen oder schwere Versagungen oder auch Versuchungen hinzu, so kann die Neurose ausgelöst werden. Der Einwand, daß gesunde, kräftig konstituierte Kinder trotz solcher frühen Erlebnisse gesund bleiben, schlägt nicht durch. Wir sollten über den gut ausgehenden Fällen die große Zahl *der* Kinder nicht vergessen, die durch die Erlebnisse der letzten Jahre höchst sensibel geworden sind. Die Schar der nervös disponierten und gefährdeten Kinder ist heute bedenklich gewachsen. Bei der Erziehung dürfen wir uns weniger denn je auf die robuste Disposition und damit auf die psychische Resistenz gegenüber Fehlern und Lieblosigkeiten verlassen.

Hier trennen sich nun die Wege Adlers und Freuds. Nach Adler entsteht die Angst aus dem Gefühl der Unterlegenheit, nach Freud letztlich durch den drohenden *Verlust* des *geliebten Objektes;* beim kleinen Kind ist es in erster Linie die Trennung von der Mutter, woraus die Angst entsteht. Ein weiteres Merkmal der Freudschen Psychologie besteht in der Auffassung, daß der Angstaffekt durch das Kind verdrängt wird. Das kann zur Bildung eines neurotischen Symptoms führen. Man denke an Asthmaanfälle, Bettnässen, nächtliches Aufschrecken, Tierängte und andere Phobien der Kinder. Ernste Kapitel bilden die Onanie, der sexuelle Forschungsdrang und die Aufklärungsfrage. Grobe Zurückwei-

sung von kindlichen Fragen, die in bestimmten Entwicklungsphasen berechtigt, ja notwendig sind, kann ernste Folgen haben. Bedenklich sind Strafandrohungen bei masturbatori-
schen Betätigungen etwa in der Form, daß das kleine Glied
mit der Schere abgeschnitten würde. Diese unglaubliche Lieblosigkeit ist auch heute noch häufiger festzustellen, als man
es für möglich halten sollte. Solche Drohungen, die der Erwachsene oft gedankenlos hinredet, nimmt das Kind durchaus
ernst. Schwerste Ängste können dadurch ausgelöst werden.
Das Kind fürchtet wirklich den Verlust des Gliedes (»Objekt-
verlust«). Die »Kastrationsangst« ist bei Freud der entscheidende Faktor bei der Angstentstehung.

In der Trotzphase führt die unterdrückte Auflehnung zu
einer feindseligen Stimmung. Es entstehen Haßgefühle gegenüber den Erziehern. *Aus dem Haß erwachsen Schuldgefühle.*
Wie die Angst, so werden auch diese Schuldgefühle häufig
verdrängt und bereiten den Boden für neurotische Charaktere, Psycho-Neurosen und Organ-Neurosen.

Eine weitere Angstquelle bildet die *Ödipussituation.* Im
einfachsten Fall etwa dann, wenn der kleine Knabe im Alter
von drei bis sechs Jahren unbewußt sexuelle Besitzansprüche
auf die Mutter geltend macht, nach Freud eine notwendige
Phase der Kleinkindentwicklung. Die Folge ist eine – wiederum unbewußte – Angst vor dem Vater, der als Konkurrent
und übermächtiger Gegner empfunden wird. Es leuchtet ein,
daß dadurch Haß und Beseitigungswünsche gegen den Vater
auftauchen können, die ihrerseits zu Schuldgefühlen Anlaß
geben.

Inzest-Ängste und *-Schuldgefühle* können auch aus zu
starken Bindungen zwischen Geschwistern entstehen, wie
Ihnen Vera Scheffen an einem Fall ihrer Praxis illustriert hat.

Mit zunehmendem Alter, am ausgeprägtesten bei Erwachsenen, kommt eine Angstquelle hinzu, nämlich die aus der
Instanz des Über-Ich. Sie stellt gewissermaßen die in das
eigene Innere hineingenommene Vaterinstanz dar, die ähnlich
wie das Gewissen eine selbständige Funktion ausübt. In diese
letztere Gruppe gehören nach Freud die *Schuldängste,* welche
durch grausame Verurteilung des Menschen durch sein Über-
Ich entstehen und ihn oft dazu verleiten, sich unbewußt selbst
zu bestrafen. Köberle hat in seinem Referat bereits einen sol-

chen Fall der Bestrafung aus Schuldangst zitiert. Die Patientin hatte einen kriminellen Abort mit der rechten Hand selbst eingeleitet und bekam, ohne sich im geringsten der innerseelischen Zusammenhänge bewußt geworden zu sein, eine Lähmung des rechten Armes. Schon Janet hat auf diese häufige Erscheinung hingewiesen. Der innere Sinn liegt darin, daß mit der Erkrankung zwei unbewußte Ziele erreicht werden: es wird eine Selbstbestrafung herbeigeführt und das unerträgliche Schuldgefühl dadurch auf ein Minimum herabgesetzt. Gleichzeitig wird eine neue »Versündigung« unmöglich gemacht, denn das ausführende Organ, in diesem Fall die rechte Hand, ist außer Funktion gesetzt.

Am ausgeprägtesten ist dieses System der Schuldängste bei Zwangsneurosen. Wird das Zeremoniell (z. B. immer wiederholtes Waschen beim Waschzwang) nicht eingehalten, so bricht unerträgliche Angst aus. Für die Furchtkrankheit, die *Phobie,* gilt das gleiche: wagt es der Platzangst-Kranke, die Straße zu überqueren, so erleidet er einen schweren Angstanfall mit allen Zeichen der Todesangst.

Ganz allgemein sind es bei Freud zwei Triebtendenzen, die bei der Angst- und Schuldentstehung eine Hauptrolle spielen: *die Sexualität und die Aggressivität.* Abgesehen von den oben erwähnten psychologischen Mechanismen weist Freud, besonders in seinen frühen Schriften, auf die rein biologisch aus Triebstauungen hervorgerufene Angstentwicklung hin. Praktische Bedeutung gewinnt diese Angstentwicklung bei sexueller Abstinenz und bei nicht adäquater Abfuhr sexueller Bedürfnisse. Bereits Kierkegaard hat davon gesprochen, daß die Angst mit dem Ansteigen der Sinnlichkeit zunehme.

Die feindselige Stimmung, als die andere große Triebrichtung im Menschen (später bei Freud zum Todestrieb bzw. Destruktionstrieb ausgebaut), bedeutet eine Gefährdung im familiären und sozialen Leben, die gleichfalls Angst- und vor allem Schuldgefühle provoziert. Die »Legierung« von sexuellen Strebungen (wobei auch die erotischen und überhaupt alle lebensbejahenden Strebungen einbegriffen sind) mit aggressiven (im weitesten Sinne abbauenden und zerstörerischen Tendenzen) bleibt ein therapeutisches Hauptziel der Freudschen Psychologie. Die so entstandene »Triebmischung« muß dazu noch auf das geeignete Objekt gerichtet sein (insbeson-

dere nicht auf den homosexuellen, sondern den andersgeschlechtlichen Partner). Um es mit anderen Worten zu sagen:
Freud will den Menschen ehe- und bindungsfähig machen.
Der Vorwurf eines sexuellen Libertinismus ist bei aller kritischen Einstellung zu Freud unbegründet.

Bisher behandelten wir Macht- und Geltungsstreben, Sexualität und Aggressivität. *Besitzstreben*, kaptatives und re-
tentives Verhalten im Sinne von Schultz-Hencke, kann zur
Sicherung der Existenz eine große Bedeutung gewinnen. Eine
Psychologie der Angst muß die tiefe Tendenz zur Besitzsiche-
rung und ihre pathologischen Formen berücksichtigen.

Wir kommen nun zu der Jungschen Psychologie, die Ihnen
durch die Referate von Marie und Wilhelm Laiblin in ihren
wichtigsten Positionen vorgelegt worden ist. Aus C. G. Jungs
Typenlehre ist der Begriff der Introversion und Extraver-
sion bekannt. Etwas schwer zugänglich ist der Kern seiner
Typenlehre, wonach in jedem Menschen beide Haltungen
vorhanden sind. Bei dem ausgeprägt Extravertierten ist die
Introversion lediglich verkümmert, archaisch geblieben. Das
Entsprechende gilt für die seelischen Funktionen: das Denken, Fühlen, Empfinden und Intuieren. Bei dem ausgeprägt
Intellektuellen ist die Gefühlsfunktion (das »Denken mit
dem Herzen«, wie man es auch nennen könnte) unentwik-
kelt und primitiv. Mit der so verbreiteten, extrem-einseitig
extravertierten Einstellung, gekoppelt mit Intellektualität,
sind Gleichgewichtsstörungen verbunden, die zu Unsicherheit
und Angst führen. Es ist, als ob dem Menschen sein Kompaß
fürs Leben fehle. Er fühlt sich unsicher und verhält sich un-
zweckmäßig in entscheidenden Lebenssituationen. Die Entwicklung dieses Typs wird stark begünstigt durch die Überbewertung von Technik und Organisation in unserem Zeitalter, besonders in der abendländischen Welt. Allein aus dieser Betrachtungsweise sind »Nervenzusammenbrüche«, die
immer mit Angst- und Schuldgefühlen einhergehen, zu verstehen. Entsprechendes gilt für die zu einseitige Entwicklung
der Introversion – in Verbindung mit einer der drei anderen
seelischen Funktionen, dem Fühlen, Empfinden und Intuieren.

Stärker als Freud sieht C. G. Jung die relative Unabhän-
gigkeit des Unbewußten vom bewußten Ich. Schon die Tatsache des ungenügenden Ausgleichs zwischen dem Bewußt-

sein und dem Unbewußten führt zu Spaltungserscheinungen. Jung unterteilt den Bereich des Unbewußten in das *persönliche* und in das *kollektive Unbewußte*. Letzteres schließt die Archetypen ein; das sind Kräfte und Mächte, die durchaus bedrohlich erlebt werden können. Daraus resultiert die Entwicklung von Angst- und Schuldgefühlen, gegebenenfalls von Neurosen, wenn nicht gar Psychosen Es ist wiederum eine Krankheit unserer Zeit, daß der vielbeschäftigte, auf Bewältigung des äußeren Lebens gerichtete, intellektuelle Willensmensch keine Muße und Beschaulichkeit findet und damit von seiner Innenwelt, seinem Unbewußten, zunehmend abgespalten wird. Nach Jung ist also die Abspaltung von dem kollektiven Unbewußten, von dem mütterlichen, »kosmischen« Grund unserer Seele ein wesentlicher Faktor bei der Angstentstehung. Das, was Freud Kastrationsangst nennt, wird von Jung vertieft und erweitert. Es ist nicht die Angst vor dem eifersüchtigen, strafenden Vater, sondern vor der Rache der Urmächte, aus deren Trennung das Leben und zuletzt der bewußtseinsfähige Mensch entstanden ist (s. Erich Neumann, »Ursprungsgeschichte des Bewußtseins«. Zürich 1949). In vielen Sagen, Mythen und Märchen wird von dem Kampf mit dem Drachen erzählt. Dabei handelt es sich letztlich um die Angst des männlichen Prinzips vor dem weiblichen, verschlingenden. Es ist die Gefahr der Auflösung des Bewußtseins, des Versinkens im Unbewußten, auf welche die Jungsche Konzeption der Angstentstehung hinweist. Daß der Sieg über den Drachen gekrönt wird mit der Wandlung im Sinne der Erneuerung, der Wiedergeburt, das ist der positive Aspekt des Drachen-Archetyps. (Man denke an Jonas' Erfahrung mit dem Walfisch-Drachen und in ihm.)

Solche archetypischen Bilder erscheinen unseren Analysanden in Träumen und Visionen (in schlafnahen Zuständen). Zu ihnen gehört auch die Schlange. Sie ist dem Christen aus vielen Hinweisen in der Bibel bekannt. Deutlich wird die *Ambivalenz des Schlangen-Symbols:* Einmal ist es die Schlange, der der Kopf zertreten werden soll, dann wieder erscheint sie als aufgerichtete Schlange, als Symbol des Heils. Schlangenträume sind oft Angstträume. Sie kündigen meist eine Wendung des Schicksals, eine Wegkreuzung für den Träumer an.

In jedem Menschen sind ferner die Archetypen der *anima* und des *animus* wirksam als gegengeschlechtliche seelische Funktionen: Beim Mann die anima, bei der Frau der animus. Sie sind gewissermaßen immanente Partner. Goethe zeigt den doppelten Aspekt der anima im Begriff des »Ewig-Weiblichen«, das hinanzieht, und im Meerweib des Gedichts »Der Fischer«, das den Mann in die Fluten herabzieht.

Das psychologische Ziel der Begegnung mit den Urbildern ist die Selbstverwirklichung des Menschen. »Er soll seinen individuellen Kosmos, das Gegenbild des universellen, aufbauen«, so faßt Guardini die Jungsche Forderung der Individuation zusammen. Daß durch die Konfrontierung mit den genannten Mächten und Kräften des kollektiven Unbewußten, den Archetypen, Angst entsteht, und daß ein Ausweichen vor dieser Aufgabe Schuldgefühle mit sich bringt, leuchtet ein. An umfangreichem Material haben Jung und seine Schüler die Existenz der Urbilder und ihre Wirkung nachgewiesen. Sie sind psychologische Faktoren, in klinischer Beobachtung festgestellt und in bestimmten Phasen des analytischen Prozesses nachprüfbar. –

Philosophische oder theologische Deutungen lehnt Jung ab. Sie überschreiten die Kompetenz des Psychotherapeuten. Daß die Archetypen solche Deutungen zulassen, ja herausfordern, geht bereits aus dem Begriff hervor: Typos heißt Geprägtes; es drängt sich die Frage auf: Was ist das Prägende? Woher kommen die prägenden Kräfte? Nach katholischer Auffassung (Guardini) sind es Dämonen im Sinne von abgefallenen Engeln, die den negativen Aspekt des Archetyps prägen.

Es ist nicht Aufgabe des Arztes und Psychotherapeuten, zu diesen Deutungen Stellung zu nehmen. Aber trotz der notwendigen Trennung der Kompetenzen von Arzt und Theologen ist nicht zu verkennen, daß die seelische Verarbeitung der Archetypen an das Religiöse nahe heranreicht. Persönlich bin ich der Meinung, daß hier letzte Entscheidung und Verantwortung des Menschen herausgefordert wird, die nur aus dem Religiösen, aus der Kraft des Glaubens, aus persönlicher Erfahrung bewältigt werden kann. Tiefenpsychologie und Religion gehen hier zusammen.

Die Symbole, in denen sich die Archetypen manifestieren, kehren in allen Hochreligionen wieder. Den Christen überrascht es nicht, daß die großen biblischen Symbole, deren sich z. B. die Sakramente bedienen, in Träumen und Visionen auch anti- und areligiöser Patienten spontan auftauchen können und zur inneren Stellungnahme aufrufen!

Ein Wort noch über den »*Schatten*«, die Personifikation der dunklen, abgewehrten Seite des Menschen. Die Forderung des Psychotherapeuten, sich mit ihm auseinanderzusetzen: ihn zu erkennen und aus der Abspaltung herauszuheben, bietet ein häufig gehörtes Angriffsziel, besonders von theologischer Seite. Es heißt, wir Psychotherapeuten nähmen das Schuldhafte beim Patienten zu leicht. Die Aussprache auf dieser Tagung ging vielfach um diese Frage. Köberle hat sie vom Standpunkt des Theologen, der sich ernstlich mit der Tiefenpsychologie befaßt hat, zum Teil beantwortet. Von anderer theologischer Seite wurde hervorgehoben, daß Luther sich mit seinem »sündige tapfer« an Melanchthon, den Übergewissenhaften, wandte und nicht eine allgemein zu verstehende Lebensregel empfehlen wollte. Wir können dem nur beipflichten. Der übermäßig Gewissenhafte ist es ja, dem die »Annahme« seines Schattens not tut, damit er von seinen neurotischen Spannungen geheilt wird.

Immer wieder finden wir bei der Analyse der »Lammfrommen«, daß sie im Unbewußten »reißende Wölfe« sind. Es kann für den Sanftmütigen notwendig sein zu lernen, unterdrücktem Zorn zur rechten Zeit und in adaequatem Ausmaß Ausdruck zu geben. Verdrängte Feindseligkeit wird allzu oft mit einer inneren Vergiftung bezahlt. Bei einer späteren Tagung sollte einmal die Psychologie dieses Menschentyps aus der theologischen und psychotherapeutischen Praxis heraus behandelt werden. Zugegeben, es gehört Mut dazu, sich ehrlich zu seinem Schatten zu bekennen und ihn in die Persönlichkeit »einzubauen«, ihn zu integrieren. Hören wir, was C. G. Jung in seinem neuesten Buch »Aion« (Zürich 1951) dazu sagt: »Es gibt sehr viel mehr Menschen, die Angst vor dem Unbewußten haben, als man erwarten würde. Sie haben schon Angst vor dem eigenen Schatten. Kommt man gar zu Anima und Animus, so steigert sie sich zu Panik ... Die Überwindung dieser Angst allein bedeutet gegebenenfalls an sich schon eine moralische Leistung von ungewöhnlichem Ausmaß.«

Zu dem Problem des Schattens wäre noch hinzuzufügen, daß wir in Träumen und anderen Äußerungen des Unbewußten nicht nur dem persönlichen, sondern auch dem Kollektivschatten begegnen. Mit ihm, dem »Weltschatten«, ist ein Paktieren nicht möglich. Damit stoßen wir wiederum auf das religiöse Gebiet.

Ich habe versucht, mit diesem Streifzug durch die tiefenpsychologischen Schulen einige wichtige Gesichtspunkte herauszuheben und glaube, daß sich die Psychologie der Angst und Schuld gut dazu eignet. Diese Aspekte konnten aber im Rahmen einer kurzen Stunde nur angedeutet werden. Eine umfassende Neurosenlehre, etwa in Form einer Synthese der Schulen von Freud, Adler und Jung wird von verschiedenen Kollegen heute in Angriff genommen. Die hier aufgeworfenen Fragen der Bedeutung von Angst und Schuld im seelischen Geschehen bieten dabei die größten Schwierigkeiten. Freud bekennt in einem seiner späteren Werke (»Hemmung, Symptom und Angst«, 1926): »Es wäre eine Vermessenheit, zu glauben, daß es mir diesmal gelungen ist, das Problem, welches uns die Verknüpfung der Angst mit der Neurose vorlegt, endgültig zu lösen.« Und an anderer Stelle: »Wo wir von der Angst handeln, sehen Sie alles in Fluß und Wandlung begriffen ...« C. G. Jung ist in der Beurteilung einer allgemeinen, verbindlichen Neurosenlehre und damit einer wissenschaftlichen Behandlung unseres Problems von Angst und Schuld eher noch zurückhaltender. Trotzdem müssen wir dankbar sein für die wichtigen Funde der Tiefenpsychologie im letzten halben Jahrhundert, und es scheint mir für den Arzt wie für den Theologen eine vordringliche Aufgabe, das Brauchbare und Bewährte aus allen Schulen zu entnehmen, um einem möglichst großen Kreis von Menschen zu helfen.

Zum Schluß möchte ich Ihnen von Erfahrungen berichten, die zwei ärztliche Kollegen in ihrer eigenen Charakteranalyse (Lehranalyse) mit der Überwindung der Angst durch den Glauben gemacht haben. Der eine, durch enge pietistische Erziehung der Kirche entfremdet, hat im Laufe seiner Analyse wiederholt schwere Angstträume. In einem solchen Traum steht er im Kampf mit einem gnomartigen Unwesen. In verzweifeltem Ringen wird ihm klar, daß sein Untergang besiegelt ist; er ist dem Unwesen hoffnungslos unterlegen.

Furchtbare Angst überfällt den Träumer. Plötzlich kommt ihm die einzige Möglichkeit der Rettung: Er muß dem Gegner den Namen Christi entgegenrufen! Das allein genügt. Er gehorcht der Eingebung, der Gegner kapituliert, die tödliche Gefahr ist gebannt, die Angst weicht.

Sie sehen, wie im Unbewußten eines Skeptikers die Kräfte des Glaubens »aktiviert« werden können bei der Auseinandersetzung mit den dämonischen Mächten in der Seele.

Bei dem anderen Kollegen ist der Glaubenszweifel durch die Kriegs- und Nachkriegszeit verursacht worden: kann ein liebender Gott, ein gütiger Vater so schreckliches Leiden und Sterben Unschuldiger zulassen? Im Laufe der Analyse ist der Zweifel gewichen. Die Kraft des Gebetes in der Auseinandersetzung mit dem Unbewußten, die er in der kritischen Phase der Analyse erfuhr, wird am besten durch die Worte des Kollegen selbst illustriert. Er schrieb mir nach Abschluß der erfolgreichen Analyse, daß er gelernt habe, keine Hilfe von außen, *letztlich* auch nicht vom Psychotherapeuten, zu erwarten, so unentbehrlich diese auch vorübergehend sei.

»Was mir half in dieser Zeit, war der Gedanke an Sie und damit die Gewißheit, daß *ein* Mensch da ist, der schon vor mir solche Schrecknisse durchgestanden hat. Und das Geschenk einer neuen Kameradschaft, aus dem gemeinsamen Wissen und Erlittenhaben heraus.

Aber in der schlimmsten Nacht half auch das nicht mehr. Wenn's ganz hart auf hart geht, ist nur noch Beten möglich. Ich habe zum ersten Mal erlebt, welche Ruhe und Kraft damit über einen kommen kann. Die einzige Kraft, die wirklicher Angst entgegengesetzt werden kann. In solchen Stunden ist man nur noch ein Schlachtfeld, auf dem Gewalten miteinander ringen, die viel zu groß sind, als daß sie im Menschen wohnen könnten. Was man an Kräften aus sich selbst mobilisieren kann, ist niemals zureichend, um die Ängste in Schach zu halten, die sich aus dem Weltall in einen Menschen hineinziehen können. Erst dann, wenn durch das Gebet Gegenkräfte Einlaß finden, die ebenfalls überdimensional sind, entgeht man der Vernichtung.«

Diese Äußerungen geben zugleich einen Hinweis auf die Beziehung Arzt–Analysand: Aus der Übertragung wird eine Kameradschaft. Sie zeigen die schwere Angst, die in kritischen

Phasen des Individuationsprozesses gelegentlich entstehen kann, wenn der Analysand es ganz ernst nimmt mit seiner »Neuwerdung«. Der Brief wird hier mit Erlaubnis seines Verfassers wiedergegeben, um den Übergang von der analytischen Arbeit zum lebendigen Glauben in der Praxis vor Augen zu führen.

»Seid getrost, ich habe die Welt überwunden«, heißt es im Neuen Testament. Jene Welt, in der wir sind; in der auch die Mächte und Kräfte unseres Unbewußten wirksam sind, die Angst und Schuld hervorrufen.

Praktische Hinweise für das Studium
der Tiefenpsychologie

von Wilhelm Bitter

In Diskussion und persönlichen Gesprächen während der Tagung ist immer wieder die Frage aufgeworfen worden, welche Möglichkeiten der tiefenpsychologischen Ausbildung für den Theologen bestehen. Zunächst muß darauf geantwortet werden, daß die rein theoretische Erarbeitung unseres Gebietes nicht genügt. Um einen wirklichen Eindruck von der Dynamik und Macht des Unbewußten zu gewinnen, muß der künftige Therapeut und Heilpädagoge sich einer eigenen Charakteranalyse unterziehen, eine Forderung, die von allen psychotherapeutischen Instituten des In- und Auslandes gestellt wird. Für *Fachpsychotherapeuten* wird eine solche *»Lehranalyse«* nicht weniger als 150 bis 300 Sitzungsstunden – in der Regel zwei bis drei in der Woche – betragen müssen. Zu einer *vertieften Einführung* in unser Gebiet genügt eine sogenannte *Informationsanalyse* von 30 bis 50 Sitzungsstunden. Das gilt für Theologen, Ärzte, Pädagogen, Psychologen und Juristen. Immer wieder hören wir, wie selbst eine so kurze Analyse von nachhaltiger Wirkung auf die charakterliche Entwicklung eines Menschen sein kann. Das Maß des Erfolges hängt von der inneren Aufgeschlossenheit und Bereitschaft zur Reifung ab. Die Konfrontierung mit dem eigenen Unbewußten ist ein Erlebnis, das sich nicht durch ein noch so gründliches Studium der Literatur ersetzen läßt. Abgesehen von diesem Kernstück des praktischen Studiums empfiehlt es sich, an Vorlesungen und Übungen der *psychotherapeutisches Institute* teilzunehmen. Der angehende Fachpsychotherapeut bedarf einer Ausbildung von mindestens *sechs Semestern.* Voraussetzung ist in der Regel ein abgeschlossenes akademisches Studium in Medizin oder Psychologie.

Im zweiten Teil der Ausbildung behandelt der angehende Psychotherapeut eigene Patienten, jedoch unter Kontrolle eines erfahrenen Kollegen (Kontrollanalysen). Eine gewisse Anzahl solcher Analysen, auch einige langwährende, müssen auf diese Weise durchgeführt werden. Außer Vorlesungen werden Seminare abgehalten (Kasuistik, Träume, Anamnesen, Technik der Analyse, Literatur). Da diese Ausbildung fast ausschließlich von Berufstätigen durchgeführt wird, liegen die Vorlesungen, Kurse, Seminare in den Abendstunden.

Die *Kurzausbildung* mit Informationsanalyse vermittelt eine vertiefte Menschenkenntnis und gewährt Einblicke in Grenzfälle zwischen dem seelsorgerlichen und dem medizinischen Gebiet. In der Praxis kennt jeder Seelsorger neurotische Angstzustände, Zweifel und Schuldgefühle – um nur diese Gebiete herauszugreifen – bei denen die Seelsorge allein nicht ausreicht. Eine Kurzausbildung in der Tiefenpsychologie erleichtert dem Theologen die Feststellung, ob krankhafte Zustände vorliegen, die die Heranziehung eines Fachpsychotherapeuten oder Psychiaters erforderlich machen. –

Ein dankbares Arbeitsfeld für den tiefenpsychologisch geschulten Theologen bietet die *Eheberatung*. Die Vorbeugung von seelischen Störungen der Ehepartner, besonders aber der Kinder in schwierigen Ehen, bildet einen Hauptteil der seelischen Hygiene und Neurosen-Prophylaxe. Erwähnt seien noch die großen Möglichkeiten für die *Krankenhaus- und Gefängnispfarrer*. Sehr erwünscht wäre es, wenn in jeder größeren Gemeinde wenigstens ein Theologe eine solche Kurzausbildung durchgemacht hätte.

Einführende Literatur

Zu Freud:
Sigmund Freud, Vorlesungen zur Einführung in die Psychoanalyse.
   Leipzig 1907.
Sigmund Freud, dasselbe, Neue Folge. Leipzig 1933.
Paul Federn und Heinrich Meng, Das psychoanalytische Volksbuch.
   Bern 1948.
Herman Nunberg, Allgem. Neurosenlehre auf psychoanalytischer Grund-
   lage. Bern 1932.
Helene Deutsch, Die Psychologie der Frau. Bern 1948.

Zu Adler:
Alfred Adler, Über den nervösen Charakter. Zürich [4]1947.
Alfred Adler, Menschenkenntnis. Zürich [5]1947.
Fritz Künkel, Einführung in die Charakterkunde. Leipzig [7]1935.
Johannes Neumann, Leben ohne Angst. Stuttgart 1948.

Zu Jung:
C. G. Jung, Wirklichkeit der Seele. Zürich 1934.
C. G. Jung, Seelenprobleme der Gegenwart. Zürich 1946.
C. G. Jung, Psychologie und Religion. Zürich 1947.
C. G. Jung, Die Beziehungen der Psychotherapie zur Seelsorge.
   Zürich 1937.
Wilhelm Bitter, Der Verlust der Seele – ein Psychotherapeut analysiert
   die moderne Gesellschaft. Freiburg [2]1970.
Jolan Jacobi, Die Psychologie von C. G. Jung. Zürich 1945.
Jos. Goldbrunner, Individuation. Die Tiefenpsychologie C. G. Jungs.
   München 1949.
Wilhelm Laiblin. Ein Krankheitsbericht. Heidelberg 1949.
Esther Harding, Der Weg der Frau. Zürich 1943.
Esther Harding, Frauenmysterien. Zürich 1946.

Allgemeine Einführung:
Psychotherapie und religiöse Erfahrung, Tagungsbericht, Hg. Wilhelm
   Bitter. Stuttgart 1965.
Wilhelm Bitter, Die Angstneurose. Mit 2 Analysen nach Freud und Jung.
   München [2]1970.
Gustav Heyer, Vom Kraftfeld der Seele. Stuttgart 1949.
Gustav Heyer, Organismus der Seele. Stuttgart 1951.

Harald Schultz-Hencke, Lehrbuch der analytischen Psychotherapie. Stuttgart 1951.
Richard Siebeck, Medizin in Bewegung. Stuttgart 1949.

Psychotherapie und Religion:
Adolf Allwohn, Evangelische Pastoralmedizin. Stuttgart 1970.
Oskar Pfister, Das Christentum und die Angst. Zürich 1944.
Hans Schär, Religion und Seele in der Psychologie C. G. Jungs. Zürich 1946.
Josef Goldbrunner, Heiligkeit und Gesundheit. Freiburg 1949.

Verschiedenes:
Romano Guardini, Die Sinne und die religiöse Erkenntnis. Würzburg 1950.
Ida Friederike Görres, Von Ehe und von Einsamkeit. Donauwörth 1950.
Gertrud von Le Fort, Die ewige Frau. München 1946.
Schweizer Rundschau, Sondernummer Psychologie Jg. 48, Heft 8/9, Einsiedeln.

Personen- und Sachregister

Rezensionen, Taschenbuch Wilhelm Bitter, »Die Angstneurose«

Dr. med. G. R. Heyer in »Hippokrates«:
»Das hervorragend geschriebene Buch ist um die Platzangst zentriert. Fälle aus der Literatur aller Richtungen und ›Schulen‹ der Psychotherapie geben plastische Beispiele, wie verschieden strukturiert die einzelnen Ängste sein können, welche Behandlungsformen daher jeweilig zu bevorzugen sind ... hervorragend geeignet, auch nicht psychotherapeutischen Kollegen einen überzeugenden Einblick in diese neue Disziplin zu verschaffen ...«

Dr. med. A. Maeder, Zürich, in »Schweizer Zeitschrift für Psychologie«:
»... B. hat eine ungewöhnliche Gabe der Darstellung und schildert in fließend lebendiger Sprache sowohl die Theorien als auch die seelischen Vorgänge selbst. Er hat eine wahre didaktische Begabung. B. gehört zu den Psychotherapeuten, die in sich eine beginnende ›Synthese‹ des gesamten psychotherapeutischen Suchens der Zeit verwirklicht haben – dies ist seine eigentliche Originalität –, die ihn befähigt, das Instrumentarium der verschiedensten Methoden am rechten Orte zu gebrauchen ...«

Prof. Dr. med. R. Siebeck, Heidelberg, in »Deutsche medizinische Wochenschrift«:
»Sehr klare schlichte Einführung in das Wesen der neurotischen Angst ...«

Prof. Dr. med. A. Jores, II. Med. Universitätsklinik Hamburg:
»Die ... Schrift vermittelt ... einen ausgezeichneten Eindruck in wesentliche therapeutische Lehren und ... kann deshalb insbes. jedem Arzt, der sich über diese Dinge informieren will, nur empfohlen werden. Aber auch der Kenner der Materie wird mancherlei Anregung ... erfahren.«

KINDLER TASCHENBÜCHER
GEIST UND PSYCHE

In GEIST UND PSYCHE erscheinen die Schriften namhafter Psychologen, Psychoanalytiker und Pädagogen.

(2062)**	Alphonse Maeder	Selbsterhaltung und Selbstheilung
(2064)*	Heinz Artur Strauß	Psychologie und astrologische Symbolik
(2065)***	Rudolf Gelpke	Drogen und Seelenerweiterung
(2067)**	Josef Rattner	Psychologie und Psychopathologie des Liebeslebens
(2069)**	Michael und Enid Balint	Psychotherapeutische Techniken in der Medizin
(2071)*	Josef Rattner	Individualpsychologie
(2072)**	Wilhelm Bitter	Die Angstneurose
(2074)**	J. H. Schultz	Grundfragen der Neurosenlehre
(2076)*	Hoimar von Ditfurth	Die endogene Depression
(2077)*	Leonard J. Friedman	Virginität in der Ehe
(2078)***	Herbert Lippert	Einführung in die Pharmakopsychologie
(2079)*****	Parin/Morgenthaler Parin-Matthèy	Die Weißen denken zuviel
(2080)**	Medard Boss	Sinn und Gehalt der sexuellen Perversion
(2082)****	Jean-Hyppolyte Michon	System der Graphologie
(2083)****	Hans Giese	Der homosexuelle Mann

Neuerscheinungen Sommer/Herbst 1972

(2084)*	Heinz-Rolf Lückert	Der Mensch – das konfliktträchtige Wesen
(2085)**	Hans Strotzka	Psychotherapie und soziale Sicherheit
(2086)*	Hoimar von Ditfurth	Aspekte der Angst
(2087)****	Max Pulver	Symbolik der Handschrift
(2088)****	Robert Heiss	Allgemeine Tiefenpsychologie
(2089)**	Kurt Seelmann	Kind, Sexualität und Erziehung
(2090)***	Karen Horney	Neue Wege in der Psychoanalyse
(2091)***	Wilhelm Bitter	Freud, Adler, Jung
(2092)***	Emil Schmalohr	Frühe Mutterentbehrung
(2093)**	Dieter Eicke	Vom Einüben der Aggression
(2094)***	Werner W. Kemper	Psychoanalytische Gruppentherapie

*	Einfachband:	DM 3,90; sfr. 5,10
**	Zweifachband:	DM 5,80; sfr. 7,60
***	Dreifachband:	DM 7,80; sfr. 10,20
****	Vierfachband:	DM 9,80; sfr. 12,80
*****	Fünffachband:	DM 11,80; sfr. 15,40